बौद्ध निबन्धावली

समाज एवं संस्कृति

बौद्ध निबन्धावली

समाज एवं संस्कृति

कृष्णनाथ

वाणी प्रकाशन

वाणी प्रकाशन

ज्ञान के विविध आयामों के प्रकाशक

वाणी प्रकाशन का 'लोगो' विख्यात चित्रकार मक़बूल फ़िदा हुसेन की कूची से

वाणी प्रकाशन, 4695, 21-ए, दरियागंज, नयी दिल्ली-110002

वाणी प्रकाशन, अशोक राजपथ (पटना कॉलेज के सामने), पटना (बिहार)

BUDDHA NIBANDHAWALI : SAMAJ EVAM SANSKRITI
***Category :* Buddhism / Buddhist Philosophy / Buddhist Culture**
***by* : Krishnanath**

ISBN : 978-81-8143-933-8

प्रथम संस्करण

मूल्य : 495/-

वाणी प्रकाशन

फोन : 0091#11#23273167, 23275710
फैक्स : 0091#11#23275710
वेबसाइट : www.vaniprakashan.in
ई-मेल : vaniprakashan@gmail.com
vani_prakashan@yahoo.com

आर.टेक ऑफसेट प्रिंटर्स द्वारा दिल्ली-110095 में मुद्रित

प्राक्कथन

बौद्ध निबन्धावली (समाज एवं संस्कृति) एक त्रयी का अंग है। बौद्ध निबन्धावली (दर्शन) केन्द्रीय उच्च तिब्बती शिक्षा संस्थान, सारनाथ, वाराणसी से वर्ष १९९७ में प्रकाशित है। इसके लिए परम पावन दलाई लामा ने 'शुभाशंसा' लिख कर इसका मान बढ़ाया। प्रकाशकीय वक्तव्य प्रोफेसर समदोङ् रिनपोछे का है। रिनपोछे तब संस्थान के निदेशक थे और अब प्रवासी तिब्बती केन्द्रीय प्रशासन (कशग) के प्रधानमन्त्री (कलोन ट्रिपा) हैं। इसमें प्रतीत्यसमुत्पाद, हेतु-प्रत्यय परीक्षा, चित्तमात्रता, बोधि : क्रम या एक क्षण, सहज संकलित हैं। निबन्धावली की कल्पना इस प्रकार की गयी कि दर्शन विषयक निबन्धों का एक संकलन हो। दूसरा समाज एवं संस्कृति विषयक निबन्धों का; और तीसरा बौद्ध साधना विषयक। प्रस्तुत संकलन त्रयी का दूसरा पद है। तीसरा साधना विषयक लिखने के बारे में दुविधा है। साधना अभ्यास और वैराग्य का विषय है। इसके बारे में लिखना क्या? फिर भी, मित्रों के आग्रह पर कुछेक बार शमथ-विपश्यना और बौद्ध तन्त्र के बारे में व्याख्यान किया है। लिखना शेष है।

हमारी यह आम आदत है कि जो है उसे न देख कर जो नहीं है उसे ढूँढ़ते हैं। दर्शन विषयक निबन्धों को देखते हुए कहते हैं कि यह तो गूढ़, गहन गम्भीर हैं। समाज में इनका क्या रूप है सो तो बताइए। ऐसे ही मुझे आशंका है कि समाज संस्कृति विषयक निबन्धों को पढ़ते हुए, बल्कि आज-कल पढ़ता कौन है, देखते हुए यह सुनने में आने लगा है कि यह सब सामाजिक चीजें हैं, इनके पीछे दर्शन क्या है ? साधना क्या है ? सो बताइए। तो जिन्हें दर्शन विषयक मेरे लिखे में रुचि हो, वे बौद्ध

निबन्धावली (दर्शन) देख सकते हैं। वह तो प्रकाशित है। बौद्ध साधना तो अभी लिखी जानी है।

इस संकलन को तैयार करने में केन्द्रीय उच्च तिब्बती शिक्षा संस्थान, सारनाथ, वाराणसी के दुर्लभ बौद्ध ग्रन्थ शोध अनुभाग के युवा शोध सहायक श्री ठिनलेराम शासनी ने सहकार किया है। कम्प्यूटर में कम्पोजिंग श्री एम.एल. सिंह एवं श्री एस.पी. सिंह ने की है। हार्दिक साधुवाद।

भूमिका प्रोफेसर रमेशचन्द्र तिवारी ने कृपापूर्वक लिख कर इस संकलन को परिपूरित किया है। कृतज्ञ हूँ।

प्रकाशन का जुगाड़ श्री ओम थानवी और श्री गगन गिल ने किया। और श्री अरुण माहेश्वरी और वाणी प्रकाशन के सहयोगियों ने सुरुचि से प्रकाशित किया। प्रीत हूँ। कृतज्ञ हूँ।

इन शब्दों के साथ बौद्ध निबन्धावली (समाज एवं संस्कृति) आपके अध्ययन-अनुशीलन के लिए प्रस्तुत है।

सारनाथ
वाराणसी

–कृष्णनाथ
१८ मई, २००९

भूमिका

कल्याणमित्र प्रोफेसर कृष्णनाथ देश के जाने-माने विचारक, विद्वान् तथा लेखक हैं। उनका लेखन बहुआयामी है। वे विगत करीब पाँच दशकों से विविध विषयों पर लिखते रहे हैं। उनके ग्रन्थ तथा लेख-संकलन छप चुके हैं। उन्हें अनेक सम्मान तथा पुरस्कार भी प्राप्त हो चुके हैं। वे एक कुशल सम्पादक भी हैं। जहाँ एक ओर उन्होंने अर्थशास्त्र, समाजवाद, गाँधी-दर्शन तथा समसामयिक राजनीति पर काफी लिखा है वहीं दूसरी ओर उन्होंने भाषा, साहित्य, संस्कृति, धर्म तथा दर्शन का भी अपने लेखन में विशद विवेचन किया है। हिन्दी जगत् में यह अपने यात्रा-वृत्तान्तों के लिए विख्यात हैं। लेकिन उक्त क्षेत्रों से हटकर जिस क्षेत्र में कृष्णनाथ जी का लेखन विशेष रूप से उल्लेखनीय है, वह है बौद्ध धर्म, दर्शन तथा संस्कृति। प्रस्तुत निबन्धावली में उनके द्वारा समय-समय पर लिखे गये बौद्ध संस्कृति तथा समाज विषयक लेखों को संगृहीत किया गया है। इस संग्रह को वाणी प्रकाशन द्वारा प्रकाशित किया जा रहा है। बौद्ध दर्शन तथा सिद्धान्त से सम्बन्धित उनकी एक निबन्धावली कुछ वर्ष पूर्व केन्द्रीय तिब्बती उच्च अध्ययन संस्थान, जिसे अब केन्द्रीय तिब्बती विश्वविद्यालय कहा जाता है, से प्रकाशित हो चुकी है।

बौद्ध धर्म, दर्शन तथा संस्कृति के विद्वान् के रूप में कृष्णनाथ जी की अपनी विशिष्ट पहचान है। उन्होंने किसी विश्वविद्यालय या बौद्ध संस्था में बौद्ध विद्या का परम्परागत अध्ययन नहीं किया। वे अर्थशास्त्र के विद्यार्थी तथा अध्यापक थे। किसी विश्वविद्यालय के बौद्ध अध्ययन विभाग या किसी मठ आदि पारम्परिक संगठन या संस्था से औपचारिक रूप से भी वे नहीं जुड़े। फिर भी वे बौद्ध विद्या के अध्ययन,

मनन और चिन्तन में कैसे प्रवृत्त हुए ? इसकी थोड़ी जानकारी उनके बौद्ध धर्म एवं विद्या सम्बन्धी लेखन का मूल्यांकन करने हेतु उपयोगी होगी।

अपने जीवन के प्रारम्भिक काल में ही कृष्णनाथ जी बौद्ध वातावरण से थोड़ा परिचित हो गये थे। उस जमाने में कट्टर सनातनी हिन्दू धर्म के गढ़ काशी में बौद्ध धर्म के बारे में घोर अपरिचय था। यदि कुछ पारम्परिक विद्वान् तथा प्रबुद्ध लोग परिचित भी थे तो वे अधिकांशतः उसके विषय में भ्रान्त धारणाओं तथा पूर्वाग्रहों से ग्रसित थे। यदि लोगों को सारनाथ के बारे में मालूम भी था तो बस यही कि वह काशी के पवित्र पंचक्रोशी क्षेत्र के बाहर स्थित है जहाँ बौद्ध युग के खँडहर फैले हुए हैं और जहाँ कभी-कभी श्रीलंका, बर्मा आदि देशों के भिक्षु दिखाई पड़ते हैं। इसलिए उस जमाने में छोटी उम्र में बौद्ध वातावरण से परिचित होना सामान्यता सम्भव नहीं था। लेकिन संयोगवश कृष्णनाथ जी को उससे परिचित होने का अवसर मिला। कृष्णनाथ जी के पिताजी श्री विश्वनाथ शर्मा एक प्रसिद्ध स्वतन्त्रता सेनानी, शिक्षाविद्, राजनीतिज्ञ तथा लेखक थे। शर्मा जी असहयोग आन्दोलन के दौरान विद्यार्थी काल से काशी विद्यापीठ से जुड़े और फिर अन्त तक जुड़े रहे। उनका घर महान् राष्ट्रनेता एवं पाली, संस्कृत, बौद्ध दर्शन तथा प्राचीन भारतीय इतिहास के अप्रतिम विद्वान् और काशी विद्यापीठ के यशस्वी आचार्य नरेन्द्रदेव के आवास के एकदम निकट था। फलस्वरूप बचपन में कृष्णनाथ जी आचार्य जी के स्नेहभाजन बन गये। वह प्रायः आचार्य जी को शाम होने के बाद लालटेन की रोशनी में मेज पर पोथियों के अध्ययन में जुटे हुए तथा कुछ लिखते हुए देखते थे। उनके पिताजी ने उन्हें बताया कि आचार्य जी बौद्ध विद्या के बड़े विद्वान् हैं और दिन के समय विद्यापीठ की जिम्मेदारियाँ पूरी करने के बाद प्रायः शाम को छुट्टियों के दिन बौद्ध विद्या के पुराने ग्रन्थों का अध्ययन तथा तद्विषयक लेखन करते हैं। आचार्य जी के आवास पर देश-विदेश के बौद्ध विद्वान् तथा वरिष्ठ भिक्षुगण आते रहते थे। सर्वश्री धर्मानन्द कोशाम्बी, राहुल सांकृत्यायन, भदन्त आनन्द कौशल्यायन, भिक्षु जगदीश काश्यप, श्रीलंका के भिक्षु शिबली बोधि जैसे लोग उसमें शामिल थे। उनमें से कुछ लोग आचार्य जी के आवास के पास एक छोटे अतिथि गृह में कई दिनों तक रहकर बौद्ध धर्म के बारे में चर्चा करते थे। किशोर कृष्णनाथ यह सब देखा करते थे। कृष्णनाथ जी पर आचार्य जी के यहाँ आने-जाने वाले इन बौद्ध विद्वानों तथा भिक्षुओं का प्रत्यक्ष और अप्रत्यक्ष प्रभाव पड़ा। कालान्तर में आचार्य

जी अन्य गुरुतर दायित्वों का पालन करने वाले काशी विद्यापीठ से चले गये और कृष्णनाथ जी काशी हिन्दू विश्वविद्यालय में उच्च अध्ययन में संलग्न हो गये। किन्तु बौद्ध धर्म के प्रति उनका थोड़ा बहुत आकर्षण बना रहा। विश्वविद्यालय में छुट्टियों के दिनों में वे कभी अपने मित्रों के साथ और कभी अकेले भी कन्धे पर कैमरा लटकाये साइकिल से सारनाथ निकल जाते थे। बौद्ध अवशेषों के बीच बैठ-बतियाकर समय बिताना उन्हें अच्छा लगता था।

विश्वविद्यालय से अर्थशास्त्र में एम.ए. की उपाधि प्राप्त करने के बाद वह कुछ वर्षों तक समाजवादी आन्दोलन में सक्रिय होकर संघर्षात्मक तथा बौद्धिक दोनों प्रकार के कार्यों में व्यस्त रहे। अनेक आन्दोलनों में उन्होंने जेल यात्राएँ कीं और लम्बी सजाएँ भोगीं। लेकिन कुछ ही वर्षों में उनका मन राजनीति से भर गया। वह सक्रिय राजनीति से अलग हो गये। उन्हें शान्त बौद्धिक जीवन रुचिकर लगता था। वे अध्ययन-अध्यापन में प्रवृत्त हो गये और काशी विद्यापीठ में अर्थशास्त्र पढ़ाने लगे। साथ ही लेखन भी चलने लगा।

संयोग से अपने अध्यापन काल के बाद के वर्षों में कृष्णनाथ जी एक बार फिर बौद्ध विद्वानों और भिक्षुओं के सम्पर्क में आये। छोटी उम्र में बौद्ध धर्म के प्रति जिज्ञासा का जो बीज विद्यापीठ में पड़ा था वह अंकुरित होने लगा। उक्त सम्पर्क के केन्द्र में थे वाराणसेय संस्कृत विश्वविद्यालय के प्रसिद्ध बौद्ध विद्वान् प्रो. जगन्नाथ उपाध्याय। वे आचार्य नरेन्द्रदेव के बहुत निकट थे और उन्हें अपना गुरु मानते थे। उपाध्याय जी से कृष्णनाथ जी का सम्पर्क समय के साथ गहरा होता गया। बौद्ध गोष्ठियों में सम्मिलित होने तथा निबन्ध लेखन का जो क्रम शुरू हुआ वह आज तक जारी है। उपाध्याय जी के जरिये देश-विदेश के अनेक बौद्ध विद्वानों तथा भिक्षुओं के साथ सत्संग हुआ। इन विद्वानों में उस समय के युवा विद्वान् और आज के मूर्धन्य बौद्ध आचार्य पं. रामशंकर त्रिपाठी भी शामिल थे। इसी सिलसिले में सारनाथ में नवस्थापित तिब्बती उच्च अध्ययन संस्थान के प्रवासी विद्वान् भिक्षुओं से निकटता बढ़ी। यह संस्थान आज विश्व में बौद्ध विद्या का शीर्षस्थ केन्द्र है। जिन तिब्बती विद्वानों से कृष्णनाथ जी का सम्पर्क हुआ, उनमें अग्रणी थे उक्त संस्थान के तत्कालीन निदेशक तथा प्रसिद्ध बौद्ध विद्वान् प्रो. भिक्षु समदोङ् रिनपोछे। इन सम्पर्कों के चलते कृष्णनाथ जी का बौद्ध दर्शन तथा

साहित्य का गहन अध्ययन शुरू हुआ। साथ-साथ चलने लगा देश के प्रसिद्ध बौद्ध तीर्थों, प्राचीन केन्द्रों तथा हिमालय के परम्परागत बौद्ध क्षेत्रों की यात्राओं का क्रम। देश का कोई ऐसा प्रमुख बौद्ध स्थल न होगा, जहाँ रहकर उन्होंने पर्याप्त समय न बिताया हो। भारत और नेपाल से हिमालय तक का कोई ऐसा परम्परागत बौद्ध इलाका न होगा जहाँ विद्वानों से सम्पर्क न बढ़ा। उन्होंने देश के अन्दर तथा विदेशों में अनेक अन्तर्राष्ट्रीय बौद्ध गोष्ठियों में भाग लिया। दक्षिण, दक्षिण-पूर्वी तथा उत्तर-पूर्वी देशों की यात्राओं के दौरान या यात्राओं से लौटकर अपनी जानकारी तथा अनुभवों को अवश्य लिपिबद्ध कर लेते हैं। इस निबन्धावली में बौद्ध केन्द्रों से सम्बन्धित ऐसे लेखन के अनेक नमूने शामिल हैं।

प्रस्तुत निबन्ध संग्रह में कृष्णनाथ जी के बौद्ध संस्कृति तथा समाज से सम्बन्धित निबन्धों को शामिल किया गया है। यह निबन्ध इस दृष्टि से महत्त्वपूर्ण हैं कि इनमें प्रस्तुत विचार तथा विश्लेषण बौद्ध धर्म के सांस्कृतिक और सामाजिक पक्ष पर प्रकाश डालते हैं। विदित है कि संस्कृति का धर्म से गहरा सम्बन्ध होता है। यह बात संस्कृतियों के मूल आधार समाज में मान्य मूल्य-व्यवस्था में निहित रहती है। मूल्यों के द्वारा समाज में व्यक्तियों और समूहों को आदर्शों का बोध तथा जीवन में उनके महत्त्व का ज्ञान प्राप्त होता है।

किसी भी समाज में मूल्यों तथा आदर्शों के निर्धारण में धार्मिक परम्पराओं की केन्द्रीय भूमिका होती है। इन परम्पराओं द्वारा निर्धारित मूल्य तथा आदर्श व्यक्तियों की चेतना को संस्कारित करते हैं। सुसंस्कारित चेतना से व्यक्ति के अन्दर शुभ-अशुभ और उचित-अनुचित का विवेक विकसित होता है। इस विवेक को विकसित करना संस्कृति का मुख्य कार्य है। इसी बात को ध्यान में रखकर आचार्य नरेन्द्रदेव ने गुरुदेव टैगोर की भाँति संस्कृति को 'चित्तभूमि की खेती' कहा है। सभी धार्मिक परम्पराएँ अपनी विशिष्टताओं के अनुसार और अपने-अपने तरीकों से चित्त का संस्कार करती हैं। इस मामले में बौद्ध परम्परा की अपनी कुछ खास विशेषताएँ हैं। यह विशेषताएँ बौद्ध सूत्रों तथा शास्त्रों में वर्णित मूल सिद्धान्तों, प्रत्ययों, नीतिशास्त्र, साधना पद्धतियों, दर्शन धाराओं, साहित्य, विद्या आदि अभिव्यक्तियों में तथा वास्तुकला, मूर्तिकला, चित्रकला आदि रूपों में अलग-अलग तरीके से प्रकट होती हैं। यह सभी मिलकर समाज के

सदस्यों की जीवन-दृष्टि को ढालती हैं। व्यावहारिक या सामाजिक स्तर पर इन विशेषताओं का सबसे सशक्त प्रकटीकरण बौद्ध जीवन पद्धति के विविध रूपों तथा भिक्षु-भिक्षुणियों की संघात्मक व्यवस्था के माध्यम से होता है। बौद्ध समाजों या समुदायों में उक्त विशेषताएँ विभिन्न क्षेत्रों में किसी-न-किसी मात्रा में और किसी-न-किसी रूप में देखने में आती हैं। जीवन पद्धति के सभी स्तरों पर अनेक विधियों से किसी समाज अथवा समुदाय में एक संस्कृति अपनी निरन्तरता कायम रखते हुए व्यक्तियों के चित्त तथा समूहों के लिए सामाजिक आदर्शों तथा व्यवहार विधियों का निरूपण करती है। नैतिक नियमों, रहने और सोचने के तरीकों, भाषा तथा उसकी अभिव्यक्ति के स्वरूपों, धार्मिक तथा सामाजिक प्रथाओं, परिपाटियों, अनौपचारिक शिक्षा, कथाओं, गीतों, मुहावरों तथा कला के विविध प्रकारों, आदि न जाने कितने रूपों में बौद्ध संस्कृति व्यक्तियों तथा समूहों में रच-बस जाती है। कृष्णनाथ जी ने अपने अध्ययन, मनन और चिन्तन के आधार पर जिस प्रकार बौद्ध संस्कृति के स्वरूप को साक्षात देखा है और बौद्ध समुदायों के बीच रहकर गहराई से जो कुछ अनुभव किया है वह प्रस्तुत निबन्धों में उन्होंने अपनी विशिष्ट शैली में लिपिबद्ध किया है।

इस निबन्धावली में कृष्णनाथ जी द्वारा 1974 से 2008 के बीच लिखे गये तैंतीस निबन्धों को संकलित किया गया है। यह विविध प्रकार के हैं। इनमें हिमालयी क्षेत्रों में बौद्ध समाज तथा संस्कृति विषयक लेखों का प्राधान्य हैं। ऐसे कुल चौदह लेख हैं। इनमें अधिकांश वह लेख हैं जो हिमालय के पूर्वी छोर में अरुणाचल से लेकर पश्चिमी छोर में लदाख तक फैले हुए उन प्रमुख इलाकों से सम्बन्धित हैं जहाँ तिब्बती कलेवर वाले तन्त्र केन्द्रित महायान का बोलबाला है। इनके अलावा चार लेख उत्तर तथा दक्षिण भारत में स्थित बौद्ध तीर्थों या ऐतिहासिक महत्त्व के स्थलों से सम्बन्धित हैं। अन्य अनेक लेख अवधारणात्मक हैं जिनमें अहिंसा, निर्वाण, मन्त्र तथा पंचमहाविद्या जैसी बुनियादी बौद्ध अवधारणाओं की व्याख्या की गयी है। बौद्ध संस्कृति और विशेषकर महायानी बौद्ध संस्कृति वाले समाजों में इन अवधारणाओं का कितना महत्त्व है यह बौद्ध धर्म के जानकार अच्छी तरह समझ सकते हैं। निबन्धावली के दो लेख भेंट वार्ताओं पर आधारित हैं जिनमें से पहला बौद्धकला से सम्बन्धित है जो प्रो. समदोङ् रिनपोछे से हुई बातचीत पर आधारित है। दूसरा निबन्ध तिब्बत-भारत व्यापार से

सम्बन्धित है। बौद्ध संगीतियों पर लिखा गया लेख प्राचीन बौद्ध साहित्यिक स्रोतों पर आधारित है। कुछ लेख कृष्णनाथ जी की डायरी के अंश हैं जो उन्होंने अपनी यात्राओं के दौरान लिखे थे।

कृष्णनाथ जी जो कुछ लिखते हैं वह अपने में विशिष्ट प्रकार का होता है। भाषा, शैली तथा विषय-प्रस्तुति के स्वरूप आदि लेखन विषयक सभी पहलुओं पर यह बात लागू होती है। यदि वे किसी दार्शनिक अवधारणा या सिद्धान्त पर लिखते हैं तो पहले उसके सैद्धान्तिक सन्दर्भ का सांगोपांग अध्ययन करते हैं। सूत्रों, शास्त्रों तथा उनकी टीकाओं और अनुटीकाओं का अध्ययन करने के उपरान्त और यदि आवश्यकता पड़ी तो प्रामाणिक बौद्ध विद्वानों से उसके गूढ़ निहितार्थों की जानकारी प्राप्त करते हैं। सम्बन्धित विषय के आधारों तथा स्वरूप को जब तक पूरी तरह समझ नहीं जाते तब तक वे कलम नहीं उठाते। यदि वे किसी बौद्ध तीर्थस्थान या ऐतिहासिक स्थल के बारे में लिखते हैं तब पहले उससे सम्बन्धित पारम्परिक विवरणों के साथ प्राचीन तथा अर्वाचीन साहित्य का अध्ययन करते हैं। उसकी भौगोलिक, ऐतिहासिक और पौराणिक पृष्ठभूमि को समझने के बाद उस स्थल की यात्रा करते हैं। वे जब तक किसी बौद्ध तीर्थस्थान या पवित्र स्थल को देख-समझ नहीं लेते तब तक उसे लेखन का विषय नहीं बनाते। बिना उस स्थान को देखे और बिना वहाँ पर्याप्त समय बिताये बिना उसके बारे में नहीं लिखते। यह जीवन भर सतत एकाकी यात्री रहे हैं। चारिका करते हुए वे कठिन से कठिन स्थानों पर पहुँच जाते हैं और प्रतिकूल परिस्थितियों के बावजूद वहाँ रहकर कुछ समय बिताते हैं। आज भी वे आयु और स्वास्थ्य की परवाह किये बिना लम्बी यात्राओं पर निकल जाते हैं।

कृष्णनाथ जी के लेखन में विषय की प्रस्तुति का स्वरूप भी निराला होता है। आम तौर पर वे लेखकों की चिर-परिचित शैली से हटकर विषय की भूमिका बाँधे बिना पुराने जमाने के पारम्परिक विद्वानों का अनुसरण करते हुए विवेच्य विषय में सीधे प्रवेश करते हैं। इस निबन्ध संग्रह में सम्मिलित निर्वाण विषयक उनके लेख को इसके एक नमूने के तौर पर लें। उसका प्रारम्भ इस तरह होता है, 'निर्वाण दुःख-ध्वंस है, साधारण ध्वंस नहीं। आत्याधिक दुःख-ध्वंस।' केवल प्रारम्भ में ही नहीं मध्य तथा अन्त अर्थात् पूरे लेख में प्रस्तुति सीधी होती है। न कुछ अनावश्यक और न कुछ

जटिल। लेखन का यह तरीका प्रभावकारी होने के साथ बोधगम्य भी होता है। निबन्धावली के कुछ निबन्ध उनकी यात्रा-डायरी की तरह होते हैं जिनमें तथ्यात्मक सूचनाओं और उनके यात्रानुभव की संवेदनाओं तथा मानसिक प्रतिक्रियाओं का अद्भुत योग रहता है। उनकी यात्रा बाहर और अन्दर दोनों स्तरों पर चलती है। भेंटवार्ता वाले लेख में यह वार्तालाप के अंश सीधे उद्धृत करते हैं। जैसे 'तिब्बत से व्यापार' वाले लेख में यह उत्तराखण्ड के उत्तरकाशी जिले के तिब्बत-भारत सीमान्त ग्राम संकुल नीलङ-जादुङ के पूर्व निवासी सतानवे वर्षीय श्री हरिसिंह भोटिया से हुई वार्ता पर आधारित लेख को उन्हीं के शब्दों से प्रारम्भ करते हैं, "महाराज, अति कोई भी अच्छा नहीं। अति बूढ़ा हो गया। याद भी कम आता है।" यदि कृष्णनाथ जी के निबन्धों की भाषा और शैली को देखें तो स्पष्ट ही उनमें विशिष्टता दृष्टिगत होती है। तत्सम और देशज दोनों प्रकार के शब्दों को बिना किसी प्रयास के वे अत्यन्त प्रभावशाली रूप में ऐसे प्रस्तुत करते हैं कि विषय को ठीक से समझने में सुविधा होती है। कभी-कभी तो एक ही वाक्य में उक्त दोनों प्रकार के शब्दों को नायाब तरीके से इस्तेमाल करके कथन को अधिक असरदार बना देते हैं। कृष्णनाथ जी अधिकतर छोटे-छोटे वाक्य प्रयुक्त करते हैं। कोई-कोई वाक्य तो तीन या चार शब्दों के होते हैं। कम शब्दों को अधिक कहना उनके लेखन की खूबी है।

बौद्ध धर्म और संस्कृति के विविध पक्षों के अध्ययन और मनन-चिन्तन में कृष्णनाथ जी विगत आधी शताब्दी से संलग्न हैं। वे उसके गम्भीर अध्येता ही नहीं हैं, उन्होंने बौद्ध साधना पद्धति को भी जीवन में अपनाया है। उन्होंने भिक्षु जीवन का वरण तो नहीं किया लेकिन उन्होंने गृहस्थ जीवन की राह भी कभी नहीं पकड़ी। वे एक स्वतन्त्रचेता एकाकी साधक हैं। इन तमाम कारणों से बौद्ध जगत् में उनकी बड़ी प्रतिष्ठा है। कृष्णनाथ जी जो कुछ लिखते हैं वह अनुभव और ज्ञान में रसा-पगा होता है। यह निबन्धावली इसका प्रमाण है।

—रमेशचन्द्र तिवारी

लखनऊ
माघ पूर्णिमा
९ फरवरी, २००९

अनुक्रम

हिमालय के प्रत्यन्त प्रदेश में भाषा, धर्म और संस्कृति की समस्याएँ

सीमा संगम होती है। राज्यों का संगम, भाषा, संस्कृति और जीवन-शैलियों का संगम सीमान्त पर होता है। इसलिए सीमा का अपना रोमांच होता है। वह या तो तीर्थ बनती है या फिर युद्ध-स्थल। हिमाचल का किन्नौर, लाहुल-स्पीति का सीमान्त प्रदेश भी ऐसा संगम है। भारत और तिब्बत का संगम, हिन्दू और बौद्ध का संगम, भोटी, हिन्दी और अंग्रेजी का संगम। पुरानी कोटि में कहें तो यह प्रत्यन्त देश है। इसका मध्यदेश के धर्म, भाषा और जीवन-शैली से कितना लगाव या अलगाव है, यह विचारणीय है।

भूगोल और इतिहास को मिलाकर इन पर ठीक से विचार किया जा सकता है। इन प्रदेशों के भूगोल की विशेषता है-इनका अलंघ्य होना। ऊँचे हिमालय के बर्फ से ढँके पहाड़, बर्फीली नदियाँ, ग्लेशियर और दूरी, इन्हें देश के अन्य भागों से काट देती है। इससे संचार टूट जाता है। आना-जाना, भाषा, धर्म, राजनीति, जीवन-शैली हर दृष्टि से संचार टूटा हुआ है। जैसे इन पर बर्फ जम गयी। इस संचारहीनता का प्रत्यन्त प्रदेश के जन-जीवन और संस्कृति पर गहरा प्रभाव रहा है। अब धीरे-धीरे बर्फ पिघल रही है और संचार शुरू हो रहा है।

इन सीमान्त प्रदेशों में, खासकर किन्नौर में बौद्ध और हिन्दू धर्म और संस्कृति के संगम का संकेत मिलता है। इसमें कौन प्रभाव कितना है, इसका अलग-अलग माप कठिन है। अपने शुद्ध रूप में यहाँ न तो बौद्ध धर्म है, न हिन्दू धर्म। बुद्धवाद और हिन्दूवाद पर ब्रिटिश राज के दिनों में और आजादी के सत्ताईस वर्षों में, पश्चिमवाद का जबरदस्त असर पड़ा है। आजकल यह असर चेतना और जीवन-शैली की ऊपरी सतहों

पर सबसे जबरदस्त लगता है। हालाँकि, अन्दर-अन्दर बौद्ध धर्म, तन्त्र, जीवन-शैली का सबसे बड़ा असर आज भी है। इसलिए, प्रधान रूप से, किन्नौर, लाहुल और स्पीति परम्परागत रूप से बौद्ध हैं। किन्तु इन पर हिन्दू और पश्चिमी संस्कृतियों का भी प्रभाव है। किसका कितना प्रभाव है यह माप तो कठिन है, लेकिन यह प्रभाव महसूस किया जा सकता है।

भूगोल को जोड़कर देखें तो किन्नौर और लाहुल के नीचे के हिस्सों में, किन्नौर में रामपुर (बुशहर) राज्य के आसपास और लाहुल में चन्द्रभागा नदी की निचली घाटियों में बौद्ध जमाव के साथ-साथ हिन्दू प्रभाव भी आ गया लगता है। जैसे-जैसे ऊपर जाते हैं, किन्नौर में कालपा और उसके उत्तर, लाहुल में चन्द्र और भागा नदियों के संगम और उसके उत्तर, वैसे-वैसे परम्परागत बौद्ध धर्म, तन्त्र, कला, साहित्य और जीवन-शैली अपने शताब्दियों के ऐश्वर्य को सँजोए हुए मिलती है। स्पीति तो पूरी तरह से बौद्ध है। स्थानीय आबादी में कोई भी हिन्दू प्रभाव नहीं है। बाहर से आकर नौकरी के लिए बसने वाले अफसर और कर्मचारियों में हिन्दुओं की जाति प्रथा, शिव, विष्णु और काली की पूजा वगैरह है। लेकिन यह स्पीति के केन्द्र काज़ा के एक टुकड़े में है। शेष स्पीति परम्परागत रूप से बौद्ध हैं। स्पीति की गोनपा परम्परागत बौद्ध धर्म साधना और कला का जाग्रत केन्द्र आज भी है। नीचे जहाँ बौद्ध धर्म पर हिन्दू धर्म का प्रभाव है शायद वहाँ भी ब्राह्मण कर्मकांड नहीं है। सिर्फ जाति प्रथा है। एक माने में तो हिन्दू धर्म की पहचान ही जाति रह गयी है। जाति की ऊँच-नीच, अलगाव, शुद्ध-अशुद्ध की कट्टरता ही हिन्दू को औरों से अलग करती है। रामपुर (बुशहर) के आसपास यह जाति प्रथा है। इस जाति प्रथा का प्रभाव थोड़ा-थोड़ा बौद्ध सामाजिक संरचना पर भी पड़ा है। किन्नौर में नेगी तो द्विज जैसे हैं, क्षत्रिय जैसे हैं, और चमंग-डोमंग अस्पृश्य जैसे हैं। लाहुल में ठाकर क्षत्रिय जैसे हैं और वेदा, गारा, शिपी हरिजन जैसे हैं। हालाँकि इनमें हिन्दुओं जैसी अस्पृश्यता, अलगाव और शुद्ध-अशुद्ध का विचार नहीं है फिर भी सामाजिक संस्तरण, ऊँच-नीच आ गयी है। हिन्दू जाति प्रथा का यह प्रभाव बौद्धों पर देखा जा सकता है।

इसके पहले का आदिम धर्म और टोटकों का प्रभाव भी यहाँ सुरक्षित है। बर्फ जैसे सब चीजों को बचाकर रखती है। यहाँ आदिम देवता हैं। एक-एक गाँव के एक-

एक देवता जैसे कुल्लू में। या गेपंग राजा जैसे देवता हैं लाहुल में। या फिर ग्लेशियर से बचाव के देवता हैं लाहुल और स्पीति में। आदिम भय और कामना के ये देव परिवार बौद्ध देव परिवार में शामिल हो गये हैं। सब अपना-अपना राग भोग पाते हैं। यह संगम है आदिम+बौद्ध+हिन्दू+पश्चिम का। इनमें प्रधानता बौद्ध की है। शेष गौण हैं।

हिमालय के इन प्रत्यन्त प्रदेशों में एक शून्य आ गया है। भूगोल, इतिहास, व्यापार, भाषा, धर्म, कला और संस्कृति की दृष्टि से। ये प्रदेश भारतीय होते हुए भी तिब्बत से जुड़े हुए थे, राजकीय दृष्टि से नहीं, सांस्कृतिक दृष्टि से। ये इलाके और तिब्बत परम्परागत महायान बौद्ध धर्म, तन्त्र और कला के क्षेत्र हैं। भारत के मध्य देश में जब बौद्ध धर्म लुप्त हो गया तो भी इस प्रत्यन्त देश में यह सुरक्षित रहा और आज भी है। कालक्रम में इनका सम्बन्ध भारत की मुख्य भूमि से कट कर तिब्बत से जुड़ गया। इन प्रदेशों के आचार्य, साधक, वैद्य, चित्रकार, व्यापारी तिब्बत की, और तिब्बत के आचार्य, साधक, वैद्य, चित्रकार, व्यापारी वगैरह भारत की यात्रा छठी शताब्दी से बीसवीं शताब्दी के मध्य तक करते रहे। इसका अटूट सिलसिला है। १९५० में कम्युनिस्ट चीन का तिब्बत पर प्रभुत्व मानकर भारत सरकार ने शताब्दियों के सिलसिले को अपनी ओर से तोड़ दिया। १९६२ के चीनी आक्रमण के बाद तो यह टूट और गहरी हो गयी है। इनकी पुरानी दुनिया नष्ट हो गयी और नयी मिली नहीं है। तिब्बत से संचार कट गया, व्यापार और धर्म का संचार; और भारत से यह संचार जुड़ा नहीं या बहुत कम जुड़ा, इसलिए इन प्रत्यन्त प्रदेशों में एक शून्य है।

देश की मुख्य भूमि, धर्म और जीवन-शैली से इन इलाकों का परिचय सेना के जरिये हो रहा है। '६२ के चीनी आक्रमण के बाद सड़कें बन रही हैं। संचार बढ़ रहा है। मैदान की हवा यहाँ पहुँच रही है। सेना ने इन प्रदेशों को खोलने में, जीविका देने और चीजें पहुँचाने में अपना करतब दिखाया है। सुरक्षा के लिए और संचार के लिए सेना की जरूरत से इनकार नहीं किया जा सकता। लेकिन हिमालय की सुन्दर घाटियाँ और किन्नर-किन्नरियाँ सिर्फ सेना के सम्पर्क में आयें और सेना के जरिए ही देश को जानें यह भयावह है। सैन्य वातावरण और सम्पर्क की विकृतियाँ जग-जाहिर हैं। 'प्रतिरक्षा की अन्दरूनी रेखा' के नाम पर पलटन के अधिकारी जहाँ सुरक्षा की जरूरत नहीं है वहाँ भी प्रवेश निषेध कर देते हैं। सुरक्षा की जरूरत क्या है? क्या नहीं है? इसकी परख की जरूरत है। फिर साम्राज्यशाही सुरक्षा और जनतांत्रिक सुरक्षा की दृष्टियों में भी अन्तर

है। जनतन्त्र में सेना सामान्य जनता के साथ सीमा की रक्षा कर सकती है। मछली जल में ही तैरती है, बिना जल-पानी के तो मीन पियासी रहती है। इसलिए पलटन को सीमान्त जनता के सुख-दुःख, खेती, व्यापार, शिक्षा, दवा-दारू से बिलकुल अलग रखना अच्छा नहीं। अति परिचय भी अच्छा नहीं। अलगाव और अति-परिचय दोनों ही अतियाँ वर्जनीय हैं। इसके अलावा, आज जिसे प्रतिरक्षा की अन्तरंग रेखा कहते हैं उसके बहुत अन्दर तक देश के साधकों, व्यापारियों, सैलानियों, युवा-युवतियों को जाने की न सिर्फ छूट मिलनी चाहिए बल्कि आने-जाने को प्रोत्साहित करना चाहिए। देशवासी यह जानें कि इतिहास-पुराण साहित्य में जिन किन्नर-किन्नरियों का वर्णन है वे हिमालय में आज भी बसते हैं। अपने देश में लाहुल-स्पीति के ठाकर, बेदा, गारा, शिपि जैसी स्वस्थ और सुन्दर जातियाँ हैं इनका पता तो आने-जाने से ही चल सकता है। युवा-युवतियाँ इन सीमाओं का रोमांस महसूस करें और प्रत्यन्त देशों और मध्य देश के बीच तन-मन के मर्यादित सम्बन्ध बनें तो श्रेय-प्रेय दोनों सधे। अभी तो सिर्फ सैन्य-संचार और सम्पर्क है। इन सम्बन्धों का आगत तो वीभत्स ही है, अनागत तो रौद्र रूप ले सकता है। सीमा अगर तीर्थ नहीं बनती तो अन्दरूनी-बाह्य युद्ध का स्थल बन जायेगी।

संचार के जुड़ने-टूटने का बड़ा माध्यम भाषा है। बोधि या भोटी भाषा हिमालय के इन प्रत्यन्त देशों की धर्म भाषा है। मातृभाषा तो है ही। लदाख, हिमाचल प्रदेश के लाहुल-स्पीति, किन्नौर, उत्तर प्रदेश के पहाड़, नेपाल, सिक्किम, भूटान, अरुणाचल जैसे विशाल हिमालयी क्षेत्रों की मातृभाषा और धर्म-संस्कृति की भाषा भोटी है। इसका विकास तिब्बत में हुआ। यह मूल रूप से संस्कृत परिवार की भाषा है। बोधि-भोटी भाषा मूल रूप से भारतीय है और यहाँ से तिब्बत गयी, या तिब्बत से भारत के इन हिमालयी प्रदेशों में आयी, यह इतिहास के विवाद का प्रश्न हो सकता है। भाषा के क्षेत्र राजनीतिक सीमाओं से बँधे हुए नहीं होते। इतिहास में हिमालय में राजनीतिक भारत-तिब्बत की सीमाएँ घुलती-मिलती भी रही हैं। पृथक भी रही हैं। लेकिन सांस्कृतिक भारत और तिब्बत तो पहले पन्द्रह शताब्दियों से प्रायः एक रहा है। इस क्रम में भोटी का तिब्बत सहित पूरे हिमालयी राज्यों में विकास हुआ है। अंग्रेजों ने इसका जमाव तिब्बत में देखकर इसे तिब्बती कहना शुरू किया, अन्यथा तिब्बती भी इसे तिब्बती नहीं, बोधि-भोटी भाषा ही कहते हैं। अंग्रेजों की चाल पर देशी साहब भी भोटी को तिब्बती, इसलिए विदेशी

मान बैठे हैं। हिमाचल प्रदेश सरकार के त्रिभाषा फार्मूला में अंग्रेजी, हिन्दी के साथ उर्दू पढ़ाई जाती है, भोटी नहीं। जब भोटी की पढ़ाई की बात सीमान्त प्रदेशीय बौद्ध महासभा के प्रतिनिधि मण्डल ने सरकार के नेताओं और अफसरों से की तो जवाब यह मिला कि यह तो तिब्बती है, विदेशी भाषा है, इसकी पढ़ाई देशी भाषा के रूप में कैसे हो सकती है? शिक्षा अधिकारियों को कौन शिक्षित करेगा? भोटी हिमालयी सीमान्त की मातृभाषा है। धर्म भाषा है। जीवित-जाग्रत भाषा है। इसकी अपनी लिपि है, साहित्य है, व्यवहार है। अगर इसका विस्तार तिब्बत में है तो और भी अच्छा है। जैसे जर्मन भाषा का विस्तार पश्चिमी पूर्वी जर्मनी के पश्चिमी पूर्वी दो राज्यों के बाहर आस्ट्रिया वगैरह में है तो क्या इस कारण जर्मनी में इसकी पढ़ाई-लिखाई निषिद्ध हो सकती है? इसके विपरीत, विस्तार से तो भाषा का गौरव और गुण ही बढ़ता है।

भाषा के मामले में हिन्दी-उर्दू-भोटी का झगड़ा नहीं। हालाँकि उर्दू तो पंजाब में हिमाचल के इन जिलों के रहने की निशानी के रूप में है। पंजाबी से अलग रखने की जरूरत के लिए भी हिमाचल सरकार ने उर्दू को जैसे बहुत सोचे-बिचारे बिना रख छोड़ा है क्योंकि उर्दू न तो इन प्रत्यन्त देशों में किसी की मातृ भाषा है, न राजभाषा, न बाजार व्यापार व्यवहार की भाषा ही है। अगर त्रिभाषा फार्मूले में ही फिट करना हो हिमाचल के किन्नौर लाहुल-स्पीति के जिलों में उर्दू के बजाय भोटी होनी चाहिए। लेकिन यह ध्यान में बराबर रहे कि झगड़ा हिन्दी-उर्दू-भोटी का नहीं है। असल शक्ति की जगहों में-शिमला और नयी दिल्ली में अंग्रेजी का राज है। हिन्दी, उर्दू तो दूसरे दर्जे की भाषाएँ हैं। भोटी का तो दर्जा ही नहीं है। भोटी की पढ़ाई-लिखाई, अदालत, सरकारी दफ्तर, रेडियो वगैरह में करीब-करीब नहीं के बराबर है। इन प्रदेशों में मातृ भाषा होने के नाते भोटी का स्थान पढ़ाई-लिखाई वगैरह में होना ही चाहिए। भोटी शिक्षा का माध्यम् हो, या उर्दू की जगह पढ़ाई जाये, यह विचारणीय हो सकता है। हिन्दी माध्यम की वजह से पिछले सत्ताईस वर्षों में पढ़े-लिखे लड़के-लड़कियों की एक पीढ़ी जवान हो गयी है, जो हिन्दी जानती है। और इस तरह हिन्दी के जरिये देश से जुड़ती है। इस पुल को तोड़कर अगर भोटी माध्यम बनती है तो क्या होगा? लेकिन मातृ भाषा शिक्षा का माध्यम हो तो यह भी संविधान और शिक्षा शास्त्र में मान्य बात है। इस बारे में और गहराई से विचार किया जा सकता है। भोटी की पढ़ाई रोक कर नहीं, भोटी की पढ़ाई के

साथ-साथ, यह विचार-व्यवहार चले, तो कोई नतीजा व्यवहार से निकलेगा।

भाषा ही नहीं, हर दृष्टि से प्रत्यन्त प्रदेशों की मूल समस्या मध्य देश से जुड़ने की होती है। बराबर कहा जाता है कि सीमान्त प्रदेश देश की मुख्य भूमि से जुड़ें। मुख्य धारा से जुड़ें। लेकिन देश में धर्म और संस्कृति की कोई एक धारा नहीं है, अनेक धाराएँ हैं। मुख्य रूप से दो धाराएँ तो हैं ही—एक ब्राह्मण धारा दूसरी श्रमण धारा। ब्राह्मण धारा में वैदिक शास्त्र, कर्मकांड देव परिवार हैं। श्रमण धारा में बुद्ध, महावीर, कबीर, नानक के मानने वाले हैं। हिमालय के इन प्रदेशों में परम्परागत रूप से बौद्ध रहते हैं। ये महायान के धर्म, तन्त्र के लोग हैं। ये धर्म संस्कृति की किस धारा से जुड़ सकते हैं? जाहिर है कि ब्राह्मण धारा से नहीं, श्रमण धारा से ही जुड़ सकते हैं। प्रतीक रूप में कहें तो काशी के विश्वनाथ से नहीं, वाराणसी के सारनाथ से, वाराणसी के ऋषिपतन मृगदाव में हुए धर्मचक्र प्रवर्तन वाली धारा से ही ये जुड़े हुए हैं। या फिर अगर कोई नया विश्वधर्म मध्यदेश सहित इन प्रत्यन्त प्रदेशों को और विश्व को व्यापे तो यह उससे सार्थक रूप से जुड़ सकते हैं; अन्यथा नहीं।

•

लदाख के बारे में

१. लदाख भारत का धुर उत्तर का जिला है। यह ३२°१५' से ३६° अक्षांश और ७५°१५' से ८०°१५' देशान्तर के बीच स्थित है।

२. लदाख के उत्तर और पूर्व में तिब्बत है जिस पर कम्युनिस्ट चीन का आधिपत्य है। उत्तर-पश्चिम में गिलगिट जिला और स्कर्दू तहसील है जो पाकिस्तान के नाजायज कब्जे में है। पश्चिम में बारामूला, श्रीनगर अनंतनाग और डोडा के जिले हैं, और दक्षिण में पंजाब और हिमाचल प्रदेश हैं।

३. स्थल मार्ग से लदाख का रास्ता है : श्रीनगर-सोनमर्ग-दरास-करगिल-लेह। श्रीनगर से सोनमर्ग तक तो कश्मीर की घाटी है। चिनार की छाया है, समतल और पहाड़ों से घिरी। सोनमर्ग से दरास के बीच जोजीला दर्रा (११,५८० फीट) ऊँचा है। बर्फ पड़ने से इस दर्रे में नवम्बर से मई तक आवागमन प्राय: ठप रहता है। श्रीनगर से लेह तक मोटर के लायक सड़क बन गयी है। इसलिए श्रीनगर से एक रात करगिल रैन बसेरा कर दूसरे दिन शाम तक लेह पहुँचा जा सकता है। पहले लेह से श्रीनगर पहुँचने में लगभग २० दिन लग जाते थे।
वायुमार्ग है : चण्डीगढ़-जम्मू-लेह। इस पर भारतीय वायुसेना का विमान उड़ता है। स्थान रहा तो गैर-सैनिक यात्री भी इस मार्ग से उड़ान भर सकते हैं। इसमें लगभग डेढ़ घंटा लगता है। कभी-कभी मौसम ठीक न रहने से उड़ान रद्द हो जाती है।

४. १९६१ की जनगणना पर आधारित लदाख जिले की *डिस्ट्रिक्ट सेंसस हैंडबुक* (श्रीनगर, १९६७, पृष्ठ २) के अनुसार : १९४७ में आजादी के पहले लदाख में तीन तहसीलें थीं : लेह, करगिल और स्कर्दू। क्षेत्रफल ४७,३१७ वर्ग मील

था। पाकिस्तानी कबायली और चीनी हमले के कारण ९५६३.२ वर्ग मील का इलाका खो दिया। अब लदाख का क्षेत्रफल मात्र ३७,७५३.८ वर्ग मील रह गया।

१९७१ की जनगणना पर आधारित लदाख *डिस्ट्रिक्ट सेंसस हैंडबुक* (श्रीनगर, १९७४) के अनुसार लदाख जिले का क्षेत्रफल ९५,८७६.० वर्ग किलोमीटर है। इसमें ३७,५५५ वर्ग किलोमीटर का वह क्षेत्रफल भी शामिल है जो चीन के नाजायज कब्जे में है।

क्या १९६१ और १९७१ के क्षेत्रफल के आँकड़े एक ही हैं। अगर भिन्न हैं तो क्या कारण हैं?

५. सिन्धु नदी हिमालय से निकल कर लदाख में दक्षिण-पूर्व में प्रवेश करती है और इसे उत्तर-पश्चिम तिक्खा काटते हुए पाकिस्तान चली जाती है। भारत में सिन्धु का दरस-परस सिर्फ यहाँ ही होता है, अन्यत्र नहीं। अन्य नदियाँ हैं दरास, जंस्कर, श्योक, नूब्रा आदि।

६. १९७१ की जनगणना के अनुसार लदाख की जनसंख्या १,०५,२९१ है। इसमें ५३,३१५ पुरुष और ५१,९७६ स्त्री हैं लदाख में सिर्फ दो शहर हैं : लेह और करगिल। इन दोनों की शहरी आबादी ७,९०९ है, जिसमें पुरुष ४,२६१ और स्त्री ३,६४८ हैं। शेष लदाख गाँवों में बसता है। गाँव की कुल जनसंख्या ९७,३८२ है, जिसमें पुरुष ४९,०५४ और स्त्री ४८,३२८ हैं।

१९७१ के अनुसार प्रति वर्ग किलोमीटर आबादी का ठीक हिसाब नहीं लगाया जा सका है। जब जनसंख्या का पता है, और क्षेत्रफल का, तो प्रति वर्ग किलोमीटर जनसंख्या का हिसाब लगाने में क्या कठिनाई है? वैसे तो लगभग २ व्यक्ति प्रति वर्ग किलोमीटर बसते हैं। फिर भी *डिस्ट्रिक्ट सेंसस हैंडबुक* में लिखा है कि प्रति वर्ग किलोमीटर आबादी का आँकड़ा उपलब्ध नहीं।

ऐसा लगता है कि जनसंख्या या क्षेत्रफल या जनसंख्या का या दोनों का आँकड़ा इतना पक्का नहीं है कि प्रति वर्ग किलोमीटर की जनसंख्या ठीक-ठीक बतायी जा सके।

जबकि १९६१ की जनगणना के अनुसार प्रति वर्गमील जनसंख्या सिर्फ २ है। यह देश में सबसे विरल है।

७. लदाख देश का सबसे ऊँचा इलाका है। इसका अधिकांश समुद्र की औसत सतह से १०,००० फीट से १५,००० फीट की ऊँचाई पर बसा है। इस हिमवत प्रदेश की चोटियाँ २०-२५ हजार फीट ऊँची हैं। इसका अधिकांश पहाड़ी रेगिस्तान, कटान और सलेटी है। नंगे पहाड़ हैं। वीरान टप्पे हैं। कहीं-कहीं चश्मे हैं। चरागाह हैं। चांग्मा, यूलत, येरपा के पेड़ हैं। खेत हैं। जैसे लेह में। लेह का अर्थ ही है पहाड़ी रेगिस्तान के बीच नखलिस्तान-चश्मा, चरागाह, आबादी।

८. जलवायु खुश्क और ठण्डी है। जाड़े में तापक्रम २३ सेंटीग्रेड तक गिर जाता है यानी हिमबिन्दु से २३ सेंटीग्रेड नीचे। एक विचित्रता है कि धूप तेज लगती है। छाये में ठण्ड लगती है।

यात्रियों का अनुभव है कि रात में जो हवा चलती है वह उत्तर-पूर्व से आती है, दिन में दक्षिण-पश्चिम से। लदाख की गरमी के दिनों में हवा हौले-हौले दुपहरिया के पहले चलने लगती है। फिर धीरे-धीरे यह पश्चिमी पवन प्रभंजन होने लगती है। तो ३-४ बजे शाम तक तो जैसे झपट्टा मारती है। इस समय यह सबसे अधिक प्रबल होता है। इसके विपरीत चलने में कठिनाई होती है, साथ चलने में जैसे उड़ाये लिये जाती है। सूर्यास्त होते-होते यह पश्चिम-उत्तर पश्चिम बहती है। और मंद पड़ती जाती है। रात ९ बजे तक यह फिर उत्तर-पश्चिम से हौले-हौले बहती है। आधी रात तक हल्की उत्तरी हवा बहती है। भोर तक मंद पड़ती जाती है। सुबह फिर तरो-ताजा होकर उत्तर-पूर्व बहती है। किरण फूटने के बाद कहीं सूरज दीखता है। इसके पहले ऊँची-ऊँची चोटियों के पीछे होता है। सूर्योदय, सूर्यास्त प्रायः नहीं दीखता। सूर्यास्त के समय सूर्य पहाड़ों के पीछे चला जाता है। फिर भी रात देर तक आभा बिखेरता रहता है। इसलिए गर्मियों में ८ बजे तक जैसे शाम होती है। सूरज की रोशनी में तपस होती है। इसे हिम की ढेर भी बुझा नहीं पाती। रात और छाया शीतल है। जल भी।

जल का प्रमुख स्रोत ग्लेशियर है। लेह, हेमिस, फियांग, तिमिसगम, माठो आदि गाँव ग्लेशियर से जल लेते हैं। पीने के लिए चश्मे का पानी इस्तेमाल करते हैं। स्त्रियों के दैनन्दिन कार्य में पानी भरना एक जरूरी और कष्टसाध्य कार्य है। चश्मे के आसपास स्त्रियों, लड़कियों और छिटपुट मर्दों का झुंड अपने-अपने टिन लिये सुबह और रात देर तक लाइन लगाये रहते हैं। लेकिन सब शान्त होते

हैं। लड़कियाँ भी।

लदाख जिसे पीली पेटी कहते हैं उसमें आता है, इसलिए जिले में औसत वर्षा १५ से अधिक नहीं होती। लेह में ५ इंच के लगभग और करगिल में २५ इंच वार्षिक वर्षा का औसत है।

९. लदाख की लेह और जंस्कर तहसीलों में बहुसंख्यक बौद्ध बसते हैं, करगिल तहसील में मुसलमान। १९७१ की जनगणना में शहरी आबादी का धर्म के अनुसार बँटवारा बताया गया है। इसके मुताबिक करगिल शहर में आबादी के ९३ प्रतिशत से अधिक मुसलमान हैं। जबकि लेह में ९७ प्रतिशत से ऊपर बौद्ध हैं। हिन्दू, ईसाई, सिक्ख नगण्य हैं। किन्तु शहरी आबादी लदाख की आबादी का अत्यन्त अल्पसंख्यक हिस्सा है। १९७१ की जनगणना में पूरे लदाख जिले का धर्म के अनुसार ब्योरा उपलब्ध नहीं।

१९६१ की जनगणना के अनुसार बौद्ध और मुसलमान जिले की कुल आबादी का ९९ प्रतिशत हैं। बौद्ध बहुमत में हैं। आबादी का ५३ प्रतिशत हैं। मुसलमान ४६ प्रतिशत। अन्य धर्मावलम्बी–हिन्दू कुल ५७५, सिक्ख ८३, ईसाई १० हैं। हिन्दुओं की संख्या १ प्रतिशत से कम है। सिक्ख और ईसाई नगण्य हैं।

१०. लदाख की १९६१ की जनगणना पर आधारित *डिस्ट्रिक्ट सेंसस हैंडबुक* (पृष्ठ १८) के अनुसार १९४१ में १९६१ जितने क्षेत्रफल की आबादी का धर्म के अनुसार ब्योरा इस प्रकार है :

	बौद्ध	**ईसाई**	**हिन्दू**	**मुसलमान**	**सिक्ख**
ग्रामीण संख्या	३८,३३७	५२	९८	३४,१२९	४२
प्रतिशत	५३ प्र.	–	–	४७ प्र.	–
शहरी संख्या	१,८२७	८३	२१६	१,२३७	९
प्रतिशत	५४ प्र.	३ प्र.	६ प्र.	३७ प्र.	–

१९६१ की जनगणना के अनुसार इस प्रकार है :

	बौद्ध	ईसाई	हिन्दू	मुसलमान	सिक्ख
ग्रामीण संख्या	४५,२४३	–	३८७	३९,२२४	७७
प्रतिशत	५३ *प्र.*	–	१ *प्र.*	४६ *प्र.*	–
शहरी संख्या	२,४६५	१०	१८८	१,०५१	–
प्रतिशत	६६ *प्र.*	१ *प्र.*	५*प्र.*	२८ *प्र.*	–

इन आँकड़ों से पता चलता है कि गाँवों में बौद्धों के अनुपात में १९४१–१९६१ में कोई हेर–फेर नहीं हुआ है : वही ५३ प्रतिशत बौद्ध हैं। जबकि मुसलमानों की आबादी १ प्रतिशत घटी है। ४७ प्रतिशत से घट कर ४६ प्रतिशत रह गयी है। इसका कारण शायद गाँवों से कुछ मुसलमानों का पाकिस्तान जाना हो सकता है। या १९४८ में लदाख में उनका संहार भी एक कारण हो सकता है। शहरी आबादी में सिर्फ बौद्धों का अनुपात १२ प्रतिशत बढ़ा है। ५४ प्रतिशत से बढ़कर ६६ प्रतिशत हुआ है। शेष सभी समुदायों का अनुपात घटा है। मुसलमानों का ९ प्रतिशत, ईसाइयों का २ प्रतिशत और हिन्दुओं का १ प्रतिशत।

१९७१ की जनगणना में पूरे जिले का धर्मवार ब्योरा उपलब्ध नहीं है। इसलिए यह तुलनीय नहीं। शहरी आबादी इस प्रकार है :

	कुल	बौद्ध	ईसाई	हिन्दू	मुसलमान	सिक्ख
संख्या	७,९०९	३,४२७	४३	४५३	३,८८८	९८
प्रतिशत	१००.००	४३.३३	०.५४	५.७३	४९.१६	१.२४

इस तालिका से यह स्पष्ट है कि लदाख के लेह और करगिल शहरों में मुसलमान और बौद्ध ही महत्व के हैं, क्रमशः ३,८८८ और ३,४२७ हैं। शेष में हिन्दू ४५३ (५.७३ प्रतिशत), सिख ९८ (१.२४ प्रतिशत) और ईसाई ४३ (०.५४ प्रतिशत) हैं।

१९७१ के आँकड़ों की १९४१ और १९६१ के आँकड़ों से तुलना करने पर एक खास बात दीखती है : १९४१, १९६१ में शहरों में बौद्धों की संख्या क्रमशः १,८२७ और २,४६५ थी, जो १९७१ में ३,४२७ है। जबकि मुसलमानों की संख्या १९४१, १९६१ और १९७१ में क्रमशः १,२३७; १,०५१; और

३,८८८ है। प्रतिशत की दृष्टि से १९४१ में बौद्ध शहरी आबादी का ५४ प्रतिशत रहे हैं जो १९६१ में बढ़कर ६६ प्रतिशत हो गये, वे ही बौद्ध १९७१ में सिर्फ ४३ प्रतिशत रह जाते हैं। मुसलमान १९४१ में शहरी आबादी के ३७ प्रतिशत से घट कर १९६१ में २८ प्रतिशत रह जाते हैं, वे ही मुसलमान १९७१ में ४९.१६ प्रतिशत हो जाते हैं। यानी शहरों में अब मुसलमान बहुमत में हैं, बौद्ध नहीं। इसका क्या कारण है? इसकी खोज जरूरी है। इसका एक सामाजिक कारण तो यह कहा जा सकता है कि बौद्धों में जहाँ बहुपति प्रथा रही है वहीं मुसलमानों में बहुपत्नी प्रथा। इससे इनकी संख्या तेजी से बढ़ी है। किन्तु लिंग या योनि अनुपात के आँकड़ों से पता चलता है कि मुसलमानों में १,००० मर्द पीछे सिर्फ ७६० औरतें हैं।

फिर, मुसलमान आबादी के अनुपाततः बढ़ने का क्या कारण हो सकता है? *डिस्ट्रिक्ट सेंसस हैंडबुक* (१९७४) के अनुसार शहरी मुसलमान आबादी का खासा हिस्सा उनका है जो राज्य के अन्य भागों से आ कर लदाख में बसे हैं। रोजगार, वाणिज्य-व्यवसाय की जरूरतों के कारण मर्द अकेले आये हैं, औरतों को अपने मूल निवास पर छोड़ कर आये हैं।

शायद इसका एक कारण श्रीनगर सरकार की पक्षपात पूर्ण नीति है। कहते हैं सरकारी नौकरियों में खास कर श्रीनगर की सरकार मुसलमानों को तरजीह देती है। इससे बौद्धों की तुलना में उनकी संख्या, दर्जा, और विवाह की पात्रता बढ़ती है। फलतः और संख्या बढ़ती है।

फिर १९६४ में एक नृतत्त्वशास्त्री का लदाख का अनुभव है वह यह कि मुसलमान चेष्टा करके अपनी संख्या बढ़ा रहे थे। इसका एक रूप तो यह था कि वे जिन बौद्ध युवकों की शादी बहुपति प्रथा के कारण नहीं हो सकती थी उन्हें मुसलमान बनाने की कोशिश करते थे। पहले वे बौद्ध और मुसलमान दोनों रह सकते थे। फिर वे उन्हें एक मसजिद से दूसरी और एक इलाके से दूसरे इलाके में बार-बार ले जाते थे। धीरे-धीरे बौद्ध सम्पर्क तुड़वा देते थे। फिर वह सिर्फ मुसलमान रह जाता था। दूसरे, एक कोशिश यह होती थी कि जो बौद्ध युवतियाँ विवाह से छूट जाती थीं उनमें से कुछ को अपनी ओर खींच कर उनसे निकाह पढ़ा लेते थे। वे भी शुरू में लदाखी बौद्ध जैसे रह सकती

थीं। फिर धीरे-धीरे उन्हें मुसलिम रंग में रंग दिया जाता था। यह भी ध्यान देते थे कि ये नव-मुसलमान ऐसे परिवारों से आएँ तो अच्छा जहाँ से वे अपने साथ जमीन-जायदाद भी ले आएँ। इधर यह रुझान कम हुई है। बौद्ध युवतियों और मुसलमान युवकों में विवाह प्रायः नहीं हो रहा है।

इन सबके पीछे श्रीनगर की सरकार की शक्ति भी प्रत्यक्ष-अप्रत्यक्ष रूप में काम करती रही है। ऊँचे ओहदे, प्रशासन, पुलिस की रुझान, सिंचित भूमि के बँटवारे और अन्य प्रकार के सरकारी संरक्षण के तहत यह प्रयत्न चला। कारण जो भी हो, परिणाम स्पष्ट है।

वैसे यह सिर्फ एक दशक का काम नहीं। लदाख की मुसलमानी पश्चिम और मध्य और दक्षिण एशिया में बौद्ध धर्म और संस्कृति के इस्लाम धर्म और संस्कृति से संघर्ष का एक नमूना है। लदाख में यह संघर्ष आज भी कम-बेश चल रहा है। इसके विश्लेषण का यह समय नहीं, स्थान नहीं, और जानकारी नहीं। सिर्फ एक और सूचना दर्ज कर देना चाहता हूँ : १८९० में प्रकाशित *गजेटियर ऑफ कश्मीर एंड लदाख* के अनुसार १८७३ में लदाख की जनसंख्या इस प्रकार थी :

	पुरुष	स्त्री	कुल
हिन्दू	१०७	–	१०७
मुसलमान	२१५	४५	२६०
बौद्ध	१०,७८४	९,४७०	२०,२५४
योग	११,१०६	९,५१५	२०,६२१

१८७३ और १९७१ के बीच के लगभग १०० वर्षों में आबादी और धर्मों के अनुसार इनके अनुपात का यह आँकड़ा सूचक है। इस पर कोई और टिप्पणी जरूरी नहीं।

११. १९६१ की जनगणना के अनुसार जिले की प्रमुख भाषा लदाखी है जो आबादी के ५६ प्रतिशत की भाषा है। दूसरी प्रमुख भाषा बल्ती है जिसे ३६ प्रतिशत बोलते हैं। अन्य मातृभाषाएँ हैं बोधि और तिब्बती जिनमें प्रत्येक को २ प्रतिशत बोलते हैं और ब्रोकपा और कश्मीरी जिन्हें १-१ प्रतिशत बोलते हैं। इसके अलावा ११ अन्य मातृभाषाएँ भी लदाख में बोली जाती हैं किन्तु इनके बोलने वालों की संख्या १ प्रतिशत ही है। ये भाषाएँ हैं : दरदी, दरवी, डोगरी, अंग्रेजी, हिन्दी, कल्वी, मलयालम,

नेपाली, पंजाबी, उर्दू, यारकंदी।

बोधि लदाख के ही नहीं समस्त बौद्धों की लदाख से लगा कर अरुणाचल तक के महा हिमालय की धर्म भाषा है। लदाख में श्री कुशक बकुल के प्रयास से बोधि की पढ़ाई हाई स्कूल तक होती है। किन्तु स्कूली शिक्षा का माध्यम उर्दू भाषा और अरबी लिपि है। जबकि उर्दू १ प्रतिशत से भी कम की मातृभाषा है। करगिल के मुसलमानों की मातृभाषा भी उर्दू नहीं। वह तो लदाखी और बल्ती की मिली-जुली ज़बान पुरिक है। पुरिक संस्कृति की तरह पुरिक भाषा में लदाखी और बल्ती का सामरस्य है। फिर भी कश्मीर की राजभाषा होने के कारण लदाखी विद्यार्थियों पर उर्दू भाषा और अरबी लिपि का अनावश्यक बोझ लदा हुआ है। यह भाषा और लिपि लदाखियों को, विशेषकर लदाखी बौद्धों को देश के शेष भाग से जोड़ने में भी कारगर नहीं। सरकारी नौकरी, व्यापार, तीर्थ, पर्यटन, किसी में इसकी उपयोगिता नहीं। फिर भी उर्दू है। लदाख के बौद्ध हिन्दी पढ़ना चाहते हैं। हिन्दी सिनेमा के गाने-धुनें तो सभी लदाखी चाव से सुनते और दुहराते हैं।

१२. बौद्ध-मुसलमान द्वन्द्व जितना आँकड़ों में है उतना शायद लदाखी जीवन में नहीं है। राजनीति में है। जिस हद तक राजनीति जीवन का महत्वपूर्ण अंग बन रही है उस हद तक यह द्वन्द्व भी उभर रहा है किन्तु यहाँ यह बात भी नोट करना जरूरी है और अच्छा भी कि लदाखी बौद्ध या मुसलमान दोनों ही पहले लदाखी हैं। फिर बौद्ध या मुसलमान। बौद्ध या मुसलमान होने के पहले ये कबाइली थे। उस काल की स्मृतियाँ और संस्कार का पहले-पहल बौद्ध धर्म और संस्कृति से सामरस्य हुआ। फिर इस्लाम से भी। धर्म अलग है किन्तु बहुत करके इनकी संस्कृति एक है। धर्म और संस्कृति के इस लगाव-अलगाव के अध्ययन का लदाख एक दिलचस्प क्षेत्र है।

फिर, लदाखी बौद्ध और मुसलमान एक-दूसरे के ज्यादा नजदीक हैं बनिस्बत कश्मीरी हिन्दू या मुसलमान के। वैसे ही जैसे कश्मीरी हिन्दू-मुसलमान ज्यादा एक-दूसरे के नजदीक हैं बनिस्बंत लदाखी बौद्ध-मुसलमान के। यह शायद देश की एकता है, जो धर्म के परे है।

१३. फिर लदाख के चित्त में शायद बौद्ध-मुसलमान द्वन्द्व उतना नहीं है जितना लदाखी परम्परा और पश्चिमी आधुनिकता का द्वन्द्व है। पश्चिमी वेश-भूषा, और

चीजों के लिए लदाखी लड़के-लड़कियों में जबर्दस्त आकर्षण है। वैसे यह अंग्रेजी राज के दिनों से है। जब श्रीनगर में अंग्रेज रेजिडेंट हुआ करता था। वह या उसकी ओर से चीजों की, तरक्की की लालच में कुछ लदाखी परिवार ईसाई भी बने। लेकिन यह पश्चिमीकरण उतना अंग्रेजी राज में नहीं हुआ जितना ३० साल के स्वराज्य में हुआ। पलटन और अब पर्यटन इसका वाहक है। हर कोई जो गोरी चमड़ी का है, चाहे वह अमरीकी हो, या जर्मन या जापानी, लदाखी के लिए सब 'अंग्रेज' हैं। आकर्षण का विषय है। वैसे हिप्पियों को देख कर हँसते भी हैं। और कुछ जो जागरूक हैं वे थोड़ा गौरव भी महसूस करते हैं कि उनके लदाख के लिए और विशेषकर बौद्ध धर्म के लिए अंग्रेजों में इतना आकर्षण है इसके चलते वे कुछ खोया हुआ आत्म-विश्वास वापस पाते हैं। किन्तु यह अत्यन्त अल्पमत है। ज्यादा कर के तो 'अंग्रेज' टूरिस्ट के दबदबे में आ रहे हैं। जैसे उनके सामने भिखमंगा बन रहे हैं। छोटे-छोटे लड़के-लड़कियाँ 'टूरिस्ट' देखते ही एक स्वर में माँगते हैं : 'वन पेन प्लीज' या 'वन फोटो प्लीज' या 'वन चाक्लेट प्लीज'। ज्यादा करके 'वन पेन प्लीज'। एक छोटी सी चीज के माँगने से भीख माँगने की गंदी आदत पड़ रही है। जो टूरिस्ट के आने के पहले लदाख में नहीं रही है। यह बुराई मुझे भय है कि बड़े अनर्थ का कारण बनने वाली है। इतने बड़े पैमाने पर टूरिस्ट का आवागमन लदाख के काय, वाक्, चित्त को विकृत कर रहा है। एक पीढ़ी में ही, अगले २० वर्षों में बहुत करके यही लदाख नहीं रहने वाला है। यह शांति, यह संतोष, यह सद्धर्म नष्ट हो जाने वाला है। यह कल्पना ही भयावह है। लदाख में अगर धर्म नहीं रहेगा तो कौन बचेगा?

लदाख : नाम-रूप

'लदाख के रास्ते में' (दिनमान, १३ नवम्बर-३ दिसम्बर, १९७७) ही बझ गया। करगिल तक पहुँचा। वहाँ रैन बसेरा किया। करगिल लदाख की तहसील है। करगिल में कहते हैं कि लदाख में मिलेंगे। जैसे करगिल लदाख न हो। इस माने में लदाख नहीं पहुँचा। चलते-चलते कहीं पहुँचा नहीं जा सकता। और बिना पहुँचे छुटकारा नहीं। इसलिए अकुलाहट है।

तो रास्ता क्या है? पहुँचने से तो रास्ता ज्यादा जरूरी है। रास्ते पर एक-एक

कदम बढ़कर कभी पहुँचा भी जा सकता है। न भी पहुँचा जाये तो कम-से-कम अनदेखा दिखता है।

करगिल से लेह एक दिन में पहुँचा जा सकता है। लेकिन लेह ही तो लदाख नहीं है। तो फिर लदाख क्या है?

यह सवाल पूछना आसान है। जवाब देना कठिन है। लदाख हो कर वापस आने पर भी इसका जवाब नहीं दे सकता। चुप रहने से भी नहीं चलेगा। मौन रहने का कई मतलब लगाया जायेगा। इसलिए लदाख का कुछ बखान करता हूँ।

नाम-रूप से पहचान होती है। रूप तो मन में बसा है। उसका बखान करने के लिए भाषा काफी नहीं। इसलिए नाम से शुरू करता हूँ।

लदाख के पाँच नाम

लदाख देश के उत्तरी प्रत्यन्त प्रदेश का नाम है। भोट भाषा में इसका उच्चारण और हिज्जा इससे थोड़ा भिन्न होता है। एक खास प्रकार लदग लिखते हैं। उच्चारण भी थोड़ा भिन्न करते हैं। हिन्दी और अन्य आधुनिक भाषाओं में इसे लदाख लिखने की चाल है।

इसका एक नाम मर-युल या 'लाल गाँव' भी है। शायद ऊँचे-ऊँचे काराकोरम और कैलास पहाड़ों के नीचे है, इसलिए निचली भूमि है। फिर यहाँ की मिट्टी कहीं-कहीं तपे हुए तांबे जैसे रंग की है, इसलिए इसे लाल भूमि का देश भी कहते हैं।

लदाख का एक और नाम 'ख-चन्' भी है। बर्फीला। 'ख-चन्' में ख का अर्थ है हिम, चन् का अर्थ है पूर्ण। हिम से पूर्ण या हिमवन्त प्रदेश। खचन् के निवासी 'ख-चन्-पा' कहलाते हैं। जैसे स्तोक या तोक गाँव के निवासी स्तोकपा या तोकपा।

चीनी तीर्थ यात्री शाक्यपुत्र का फाहियान के यात्रा-वृत्तांत में लदाख का नाम 'की-छा' है। फाहियान का यात्रा-वृत्तांत लदाख का सबसे प्राचीन लिखित ब्योरा माना जाता है। फाहियान, हो-किंग ३९९-४०० ई. में यू-श्यान (खोतन) पहुँचे। वहाँ फाहियान मूर्तियों की शोभा यात्रा देखने के लिए रुक गया। हो-किंग पहले ही 'की-छा' चल दिया। मूर्तियों की शोभा यात्रा का जुलूस देख कर फाहियान शुंग-लिंग पर्वत पार कर के दक्षिण दिशा में 'की-छा' पहुँचा। इन पहाड़ों से होकर यह एक महीने का सफर था। यहाँ बर्फ कभी पिघलती नहीं। और यहाँ के निवासी हिमवंत गिरि के वासी कहलाते हैं। यहाँ से तीर्थ यात्री एक महीने तक पश्चिम चल कर 'थो-ली' पहुँचे।

इस तरह ये उत्तरी भारत में 'की-छा' से होकर पहुँचे।

इस वृत्तांत के आधार पर श्री सैमुअल बील (बुद्धिस्ट रेकार्ड्स ऑफ द वेस्टर्न वर्ल्ड, १८८४) यह नहीं समझ पाते कि 'की-छा' किस तरह लदाख है। जब कि सर अलेक्जेंडर कनिंघम को (लदाख, पुनर्मुद्रित १९७०, प्रथम संस्करण १८५३, पृष्ठ १) इसमें तनिक भी संदेह नहीं कि 'की-छा' आज का लदाख है।

श्री कनिंघम इस बाबत फाहियान द्वारा लिखे अन्य ब्योरे का विश्लेषण करते हुए लिखते हैं कि इनसे यह पहचान निःसन्देह सिद्ध होती है। यह ब्योरा है कि यह देश पहाड़ी है, और इतना ठण्डा है कि गेहूँ, जौ के अलावा कोई अन्न नहीं पकता। ठीक यही दशा लदाख की है। 'की-छा' में बुद्ध के भिक्षा पात्र के रंग का एक पत्थर का पात्र है। और बुद्ध का दाँत है। ऐसी फाहियान की सूचना है। इनमें से भिक्षा पात्र श्री कनिंघम के अनुसार लेह के उत्तर एक गोनपा में अभी भी है। (मैं इसे नहीं देख सका।) श्री कनिंघम के अनुसार यह एक बड़ा मिट्टी का पात्र है जो मिलसा स्तूप से प्राप्त पात्रों जैसा है। लदाख में बुद्ध के दाँत का अब पता नहीं। श्री कनिंघम सूचित करते हैं कि यह लेह के एक स्तूप में था। यह स्तूप तब तक टूटी-फूटी दशा में था। कहा जाता है कि यह पवित्र अस्थि बल्ती का अली शेर उठा ले गया। जब कनिंघम के वृत्तांत (१८५३) से लगभग २०० वर्ष पूर्व (आज से लगभग ३२५ वर्ष पूर्व) पश्चिम से मुसलमानों ने लदाख पर हमला किया और उसे लूटा। शायद अली शेर ने उस अमूल्य अवशेष को तिरस्कारपूर्वक सिंधु नदी में फेंक दिया। जो हो, फिर उसका कोई उल्लेख नहीं मिलता।

श्री कनिंघम का अन्तिम तर्क है कि 'की-छा' नाम और यहाँ के लोगों के लिए हिमवत प्रदेश के निवासी कहना दोनों लदाख के अचूक सूचक हैं। लदाख को आज भी 'ख-पा-चन्' या 'ख-चन्' या हिमवत प्रदेश कहते हैं और यहाँ के निवासियों को 'ख-चन्-पा' या हिम प्रदेश के निवासी कहते हैं। इसकी पाद टिप्पणी में श्री कनिंघम जोड़ते हैं : ख का अर्थ है 'हिम', चन् का 'पूर्ण', पा का 'निवासी'। हिमवन्त का निवासी।

इस प्रकार श्री अलेक्जेंडर कनिंघम के अनुसार फाहियान का 'की-छा' लदाख है, इसमें तनिक भी सन्देह नहीं।

जो हो, फाहियान इसका बयान कैसे करता है? यह जानने की जिज्ञासा होती है। सो इस प्रकार है : "चौथे महीने मूर्ति की शोभा यात्रा के बाद साथियों में से एक-एक

तार्तार (हू) तीर्थयात्री के साथ का-पिन (काबुल) की ओर गया। फाहियान और अन्य शु-हो (शायद यारकंद) देश की ओर बढ़े। पन्द्रह दिन का रास्ता तय कर वे इस राज में पहुँचे। इसका राजा धर्म में एकतान है। यहाँ एक हजार से अधिक भिक्षु हैं। मुख्य रूप से महायान के अनुयायी हैं। यहाँ पन्द्रह दिन रुक कर वे फिर चार दिन दक्षिण चले और शुङ-लिङ पर्वत पहुँचे। यू-ह्यू पहुँच कर उन्होंने धार्मिक रीति से विश्राम किया। विश्राम के उपरान्त पचीस दिन चल कर की-शा पहुँचे। जहाँ ह्यू-किंग और अन्य मिले।

इस देश का राजा 'पंच वर्ष परिषद्' या पंचवार्षिक परिषद् करता है। परिषद् के समय वह चारों दिशाओं से श्रमणों को आहूत करता है। जो बादलों की तरह इकट्ठा आ पहुँचते हैं; जब जुटते हैं तो वह परिषद् के मण्डप को सजाता है। रेशमी झंडे टाँगता है। चँदवा तनाता है। सोने, चाँदी के कमल बनवाता है। सिंहासन के पीछे रेशमी वस्त्र पसारता है। इस तरह श्रमणों के सिंहासन का सारा सरंजाम जुटाता है। राजा और मन्त्री वसंत ऋतु में एक या दो या तीन महीने तक दान देते हैं। राजा द्वारा आहूत परिषद् समाप्त होने पर वह अपने मन्त्रियों से आग्रह करता है कि अब वे अपनी भेंट चढ़ाएँ। तब वे एक या दो या तीन दिन तक भेंट चढ़ाते हैं। जब यह भेंट चढ़ाना हो चुकता है तो राजा देश के विभिन्न सामंतों से घोड़ा लेकर और जीन और लगाम कस कर उस पर सवार होता है। और यह नाना प्रकार के रत्न और श्रमणों के इस्तेमाल की चीजें लेकर अपने मंत्रियों सहित उन्हें श्रमणों को दान करने का संकल्प करता है। यह सब चीजें दान करके उन्हें वह उनसे उनकी कीमत अदा कर वापस ले लेता है।

देश पहाड़ी है और ठण्डा है। यहाँ कोई अन्न नहीं पैदा होता, सिर्फ गेहूँ ही पकता है। जब भिक्षु दान पा चुकते हैं तो सुबह कुहरा पड़ने लगता है। इसलिए राजा भिक्षुओं से प्रतिवर्ष दान ग्रहण कर और गेहूँ के पकाने की प्रार्थना करता है। और उसमें से अपना अंश प्रति वर्ष ग्रहण करने को कहता है। यहाँ बुद्ध का पत्थर का पीकदान है, जो उसी रंग का है, जिसका उनका भिक्षापात्र होता है। यहाँ बुद्ध का एक दाँत भी है। इसके लिए इस देश के लोगों ने एक स्तूप बनाया है। यहाँ लगभग १००० या उससे अधिक भिक्षु हैं। सभी हीनयान के अनुयायी हैं। पहाड़ों के पूर्व साधारण जन मोटा-झोटा कपड़ा पहनते हैं, जैसे कि शिन देश में, लेकिन ऊनी होने से इनमें फर्क है। श्रमणों की धार्मिक रीतियाँ इतनीं विविध और विस्तृत हैं कि उनका बखान नहीं किया जा सकता। यह देश

शुङ-लिङ पहाड़ के मध्य में है। शुङ-लिङ पहाड़ के आगे पेड़-पौधे और फल भिन्न प्रकार हैं।

यहाँ से उत्तर भारत की ओर एक महीने का सफर तय कर हम शुङ-लिङ पार कर सके। शुङ-लिङ पर जाड़ा और गर्मी दोनों में बर्फ जमी रहती है। इसके अलावा यहाँ विषधर नाग हैं जो जब गुस्सा होते हैं तो जहर हवा, बारिश, बर्फ, बालू, सलेटी पत्थर उगलते हैं। जो इनकी चपेट में आ जाते हैं उनमें हजारों में से इक्का-दुक्का भी नहीं बचते। उस देश के लोग तुषार प्रदेश के निवासी (तुषारस्) कहे जाते हैं। शुङ-लिङ पार कर हम उत्तर भारत पहुँचे। (बील, पहले उद्धृत, पृष्ठ २७-२९)

फाहियान के इस वृत्तांत को पढ़ने और लदाख की यात्रा करने के बाद मैं भी इसी निष्कर्ष पर पहुँचा हूँ कि यह 'की-छा' लदाख है।

इस वृत्तांत पर श्री कनिंघम की टिप्पणी को अपनाते हुए कुछ अन्य तथ्यों की ओर ध्यान दिलाना चाहूँगा।

लदाख अत्यन्त प्राचीन मार्ग पर स्थित है। इससे होकर भारत का मध्य एशिया, तिब्बत, चीन तक व्यापार होता रहा है। यह ईसा मसीह और हजरत मुहम्मद के पहले से बुद्ध प्रतिष्ठित क्षेत्र है, इसमें तनिक भी संदेह नहीं। परम्परा से मानते हैं कि लदाख में जल मध्याह्न अर्हत् का स्तूप है। इन अर्हत् ने जल के बीच मध्याह्न में उपसम्पदा ली थी। इसलिए इनका नाम ही जल मध्याह्न पड़ा। यह आगे चलकर अर्हत् हुए। मध्याह्न अर्हत् तथागत आनन्द के शिष्य हैं। इनका स्तूप लदाख में लामायुरु और बास्गो के बीच है। इसकी ठीक-ठीक पहचान नहीं हो सकी है। जो हो, इस तरह लदाख में बौद्ध धर्म बुद्ध के ही आस-पास पहुँचा।

कनिष्क के काल में तो हर हालत में बौद्ध धर्म वहाँ प्रतिष्ठित है। लदाख में कनिष्क के काल का स्तूप प्राप्त हुआ है।

लदाख तक बौद्ध धर्म का रास्ता क्या हो सकता है? कई रास्ते हो सकते हैं। एक तो श्रीनगर से है। दूसरा तक्षशिला से है। तीसरा जलंधर-कुल्लू-लाहुल होकर है। कुल्लू के मध्य में राजा अशोक के बनवाये स्तूप का जिक्र प्रसिद्ध चीनी बौद्ध तीर्थयात्री य्वान-श्वांग (ह्वेनसांग) ने किया है : "पुराकाल में तथागत इस देश में अपने शिष्यों के साथ मनुष्यों के कल्याण के लिए धर्म का उपदेश करने आये थे। यह स्तूप उनकी उपस्थिति के स्मारक के रूप में है।..." (बील, पहले उद्धृत) कुल्लू से लाहुल होकर

लदाख से व्यापार और युद्ध और लूट-मार और सम्बन्ध अत्यन्त प्राचीन काल से होता रहा है। उसी रास्ते से सद्धर्म कुल्लू-लाहुल-लदाख पहुँचा हो, यह सम्भव है। चौथा ल्हासा-टशील्हुन्पो-गरतोक होकर सिंधु के किनारे-किनारे लेह तक है। इन पर व्यापारी और तीर्थयात्री और धर्म प्रचारक प्राचीन काल से आते-जाते रहे हैं।

पाँचवाँ चीन से खोतन, यारकंद वगैरह होकर है। ध्यान रहे फाहियान चीनी बौद्ध तीर्थयात्री है। इसलिए वह इस परम्परागत मार्ग पर चलकर खोतन यारकंद होकर लदाख पहुँचा हो, सो सहज है।

खोतन, यारकंद होकर लगभग एक महीने में काराकोरम की पहाड़ियों को पार कर फाहियान का लदाख पहुँचना सहज है। इसी तरह लदाख से एक महीना चलकर उत्तर भारत पहुँचना भी।

स्थल मार्ग से यात्रा के अनुभव के बाद एक अन्त:साक्ष्य की ओर मैं ध्यान खींचना चाहूँगा : "इसके आगे पेड़-पौधे, फल बिल्कुल भिन्न हैं।" यह लदाख से जोजीला दर्रा पार कर हर किसी यात्री को अनुभव होता है। उस ओर नंगे पहाड़ हैं, इस ओर पेड़-पौधे, फलों से ढँके हुए हैं।

पश्मिोत्तर हिमालय में अगर 'की-छा' लदाख नहीं है तो और कौन-सा देश है? कोई बताए।

दूसरे लदाख के पहाड़ों को पार करते ही पेड़-पौधे, फल-फूल इतने जोरदार ढंग से दीखते हैं कि कोई पुराना या नया यात्री इसे अनदेखा नहीं कर सकता। यह एक जबर्दस्त अनुभव है जो तर्क के परे है। फिर लदाख से उत्तर भारत का रास्ता पश्चिम होकर है। यह परम्परागत व्यापार और तीर्थ का रास्ता है।

फाहियान बौद्ध तीर्थ यात्री है। इसलिए वह खोतन, यारकंद वगैरह होता हुआ इस परम्परागत बौद्ध देश में आ सकता है।

य्वान-श्वांग (ह्वेनसांग) ने भी लदाख का जिक्र किया है। सातवीं सदी (६४० ई.) के इस महान् चीनी बौद्ध तीर्थ यात्री का रास्ता भिन्न है वह सम्भवत: जलंधर से क्यू-लू-तो (कुलूत-कुल्लू) होकर इसे देखता है। ह्वेनसांग कुल्लू के आगे शायद स्वयं नहीं गया। उसने लिखा है कि "यहाँ (कुल्लू) से उत्तर खतरों और कटानों में भरे रास्ते से पहाड़ों और घाटियों के बीच लगभग १८०० या १९०० ली चलकर लो-यू-लो (लाहुल) पहुँचते हैं।

इससे २००० ली उत्तर खतरे और कटान से भरे रास्ते से, जहाँ बर्फीली हवा और उड़ती हुई बर्फ यात्री पर जैसे आक्रमण करते हैं, चलकर हम मो-लो-सो (जिसे सन-पो-हो) कहते हैं, पहुँचते हैं। (बील, पहले उद्धृत, पृष्ठ १७७-७८)

इस पर श्री बील की टिप्पणी है कि जनरल कनिंघम का सुझाव है कि मो-लो-सो को मर-पो पढ़ना चाहिए। यह स्वीकार्य है। मो-लो का अर्थ है मर, और सो का चिह्न पो प्रायः पढ़ा जाता है। लदाख का सूबा मर-पो या 'लाल गाँव' कहलाता है। ह्वेनसांग ने जलंधर से जो ४६०० ली की दूरी बतायी है वह निश्चय ही लदाख के सीधे रास्ते से अधिक है, लेकिन वह खुद कुलूत के आगे नहीं गया, इसलिए कुल्लू से लाहुल और लाहुल से लदाख की दूरी सुनी-सुनायी बातों पर आधारित होगी।

ज्ञातव्य है कि ली चीन में दूरी का एक माप है। २७ ४/५ ली=१० मील होता है। अर्थात् १ ली = लगभग १/३ मील।

अन्त में, लदाख का अर्थ क्या है?

लदाख भोट भाषा का शब्द है। ला का अर्थ ऊँचे-ऊँचे पहाड़ हैं। दग = पास है। 'ऊँचे-ऊँचे पहाड़ों के पास' लदाख है।

करगिल

करगिल लदाख जिले की इसी नाम की तहसील का हेड क्वार्टर है। इसके उत्तर में गिलगिट जिला है। पूर्व में लेह तहसील है। पश्चिम और दक्षिण-पश्चिम में कश्मीर के बारामूला, श्रीनगर, अनंतनाग और डोडा जिले हैं। दक्षिण में पंजाब और हिमाचल प्रदेश से जुड़ा हुआ है।

लदाख में दो ही कस्बे हैं, जिन्हें 'टाउन' मानते हैं : लेह और करगिल। शेष लदाख गाँव है। करगिल की आबादी १९११ ई. में १३१५ दर्ज की गयी थी। १९७१ की जनगणना के अनुसार २३९० है।

करगिल मुसलमान बहुल है। जैसे कि लेह बौद्ध बहुल। १९७१ की जनगणना के अनुसार करगिल में ५१ पुरुष और २० स्त्रियाँ बौद्ध हैं, जबकि १२७९ पुरुष और ९४९ स्त्रियाँ मुसलमान हैं। हिन्दू, सिक्ख, ईसाई संख्या में और भी कम हैं, हिन्दू पुरुष ४६, स्त्री १५, सिक्ख पुरुष १८, स्त्री ७ और ईसाई पुरुष २, स्त्री ३ हैं।

करगिल सदा ऐसा नहीं रहा है। मुसलमानों की संख्या बढ़ने का एक कारण यह है कि बौद्धों में बहुपति प्रथा प्रचलित रही है। घर में एक ही स्त्री बाहर से आती रही है। शेष स्त्रियाँ अविवाहित रह जाती रही हैं। इनमें कोई ऐसा दुराव भी नहीं रहा है। इसलिए बौद्ध लड़कियाँ मुसलमानों से ब्याही जाती रही हैं। यह एकतरफा ही चला। इधर श्री कुशोक बकुल और अन्य के प्रयत्न से यह सिलसिला कम हुआ है।

बहुपति प्रथा कानून को १९४१ ई. से ही निषिद्ध कर दिया गया। फिर भी लदाख के दूर के हिस्सों में यह प्रचलित है। केन्द्रीय लदाख में यह बाहर के प्रभाव से बहुत कम रह गयी है। इसका कारण पुरुषों की तुलना में स्त्रियों की संख्या का कम होना नहीं है। १९७१ की जनगणना के अनुसार लदाख के प्रति १००० बौद्ध पुरुष के पीछे १०४६ स्त्रियाँ हैं। फिर भी यह प्रथा रही है।

जम्मू-कश्मीर राज्य के डिस्ट्रिक्ट सेंसस हैंडबुक के तहत लदाख डिस्ट्रिक्ट श्रीनगर से १९७४ में एक प्रकाशन हुआ है। यह आँकड़े उसके आधार पर हैं। हैंडबुक के अनुसार : करगिल में औसत वार्षिक वर्षा ३०६.५ मिलीमीटर होती है। अधिकतम तापक्रम ३५ सेंटीग्रेड और न्यूनतम २२.६ सेंटीग्रेड रिकार्ड किया गया है। समुद्र की सतह से ऊँचाई लगभग १०००० फीट है। सबसे नजदीक का नगर श्रीनगर है जो २३२ मील दूर है।

१९४८ की युद्ध विराम रेखा के तहत ३१ गाँव पूरे के पूरे और ५ आधे-अधूरे पाकिस्तान के कब्जे में रहे। १९४१ की जनगणना के अनुसार करगिल तहसील का क्षेत्रफल ७३९२ वर्गमील था। १९५१ में जनगणना न हो सकी। १९६१ की जनगणना के अनुसार तहसील का क्षेत्रफल ५८२४.८ वर्गमील है।

लदाख डिस्ट्रिक्ट सेंसस हैंडबुक (श्रीनगर, १९६७) की सूचना है कि मालगुजारी के महकमे से पूछने पर यह पता न चल सका कि करगिल नाम पड़ने का इतिहास क्या है? जहाँ तक मेरी जानकारी है कि करगिल का कोई लिखित इतिहास उपलब्ध नहीं है।

करगिल के पी. डब्ल्यू. डी. के इंस्पेक्शन बंगले में श्री अब्दुल हमीद तनवीर ने करगिल के इतिहास का ब्योरा सुनाया। उसके आधार पर यह इतिहास दर्ज किया गया। इसके लिए श्री तनवीर का आभारी हूँ। इसके अधूरे होने का एहसास है। आशा है खोज से यह भविष्य में परिपूरित हो सकेगा।

करगिल नाम पड़ने के कई कारण बताते हैं : एक तो यह कि एक बौद्ध राजा था–खीवा खिरग्यल। यहाँ उसका राज था। उसके नाम से बिगड़ कर करगिल हुआ। खिरग्यल–करगिल।

दूसरे, खरकिल–करगिल–तीन खर (महलों) से घिरा स्थान है। यह तीन खर हैं : १. चिकतन खर, २. करछे खर, ३. पसर खर।

तीसरे, मुंशी हशमतुल्ला खाँ, जो यहाँ के डिप्टी कमिश्नर थे, बताते हैं कि गिलगिट से तीन भाई चले। एक का नाम था करगी, दूसरे का बरोर, तीसरे का पुई।

उनके नाम से पता चलता है कि ये बौद्ध थे। करगी बड़े भाई थे। उन्होंने इस इलाके को बसाया। उनके नाम पर यह करगिल हुआ।

पुई सबसे छोटा था, बुरु दरिया के पार बसा। पुई गाँव में। जमींदार था। बरोर बिचला था। वह करगिल से तीन मील दक्षिण बसा। उस गाँव का नाम अभी भी बरू है। करगिल से दीखता है।

यह तीसरा मत प्रामाणिक लगता है।

पहले कबाइली थे। फिर बौद्ध हुए। फिर मुसलिम असर आया। शाह हमदान १८वीं शताब्दी में हुए। वे आलिम थे। जगह–जगह घूमे। उनके खनका जगह–जगह मिलते हैं।

उन्नीसवीं शताब्दी में एक शिया आलिम हजरत शमसुद्दीन इराकी इराक से आये। वे ज्यादातर ठहरे बल्तिस्तान में। जो अब पाकिस्तान में है। जहाँ दरिया का पानी जा रहा है। करगिल में भी ठहरे हैं। गिलगिट बल्तिस्तान में खूब इशाअत किया। उसका असर करगिल पर है। प्रभाव का रास्ता है : ईराक–बल्तिस्तान–करगिल।

इस तरह बुद्धिस्ट पहले थे। अब मुसलिम असर आया। इनके मेल से एक नये किस्म की कल्चर ने जन्म लिया। जो न शुद्ध मुसलिम कल्चर है। न शुद्ध बुद्धिस्ट कल्चर है। न लदाखी, न बल्ती।

फिर कश्मीर से, और दीगर मुसलिम देशों से उलमा आते गये। जिनमें मुख्य हैं : सैयद हाशिम जिनकी मजार करछे में है, और मुहम्मद शरीफ उस्ताद जो बखा में गुजर गये। इन दोनों का करगिल में इंतकाल हो गया।

राजा नमग्यल ने इस्लाम कबूल कर लिया। मुसलमान होने के बाद के नाम का हिस्ट्री में पता नहीं। बेगम का नाम इस्लाम में आने के बाद ही ठी ला खातुन है।

यह दोनों आलिम इनके राजकुमारों को पढ़ाने के लिए कश्मीर से बुलाये गये थे। ठी मुलतान के लिए इन्हें बुलाया। इन दो आलिमों ने कर्चे से लेकर मुलवेक तक प्रचार किया। कर्चे में अभी भी मुसलिम हैं। मुलबेक में दोनों मजहब के लोग बसते हैं।

फिर १८३४ में डोगरे यहाँ हमला करते हैं। वजीर जोरावर सिंह की रहनुमाई में महाराजा गुलाब सिंह के शासन काल में। उस समय जोरावर सिंह ने लदाख, बल्तिस्तान और करगिल फतह किया। लदाख वगैरह फतह करने के बाद गुलाब सिंह ने कश्मीर को अंग्रेजों से खरीदा। जब उन्होंने कश्मीर खरीदा तो कश्मीरी मुलाजिम कश्मीर घाटी से लदाख-करगिल आये। जैसे, श्री तनवीर के पिता मुंशी मुहम्मद इस्माइल श्रीनगर से प्रताप सिंह के राज में आये। जिनमें से कुछ-कुछ यहाँ बसने लगे। इनके परिवार अभी भी खुशहाल और आबाद हैं। मुंशी गुलाम हुसैन, अब्दुल हमीद, तनवीर, काबू मुहम्मद अली खां, मुंशी हबीबुल्ला उल्लेखनीय हैं।

जमीन ज्यादा पुराने राजा परिवार के पास है, फिर जो श्रीनगर से आकर बसे हैं, उनके पास है। राजाओं की जमीन १९४७ के बाद भूमि सुधार में गरीबों को दी गयी।

कश्मीरी मुलाजिमों ने फिर तिजारत की। जैसे श्री तनवीर के चाचा व्यापारी थे। उनका व्यापार यारकंद से अमृतसर तक चलता था। यहाँ से ले जाते थे खाम पशमीना (कच्चा पशमीना), गिरी, खूबानी, नमक चंग-थंग जिसका हिस्सा देश में है, कुछ चीन में चला गया है।

अमृतसर से लाते थे : कपड़ा, चाय, तेल, खांड (चीनी) वगैरह। यहीं से लदाख के सौदागरों को बेच डालते थे। वे लोग यारकन्द ले जाते थे। याक और घोड़ों पर यह व्यापार चलता था।

जब १९४९ में भारतीय पलटन यहाँ पहुँची तो यही याक, घोड़े उन्होंने इस्तेमाल किये। उनको उससे भी ज्यादा उजरत मिली। जब से सड़क हो गयी तब से इनकी उजरत कम हो गयी। घोड़ों का काम कम हो गया। तो यह छोटी सौदागरी, तिजारत, कुली का काम करते हैं-मिलिटरी इंजीनियरिंग सर्विस, वीकन वगैरह में। १९६० में एक प्रोजेक्ट बना। आर्मी के तहत बड़ी-बड़ी सड़क बनाना शुरू किया। पहले तो बेरोजगारी को दूर करने के लिए शुरू किया। बाद में चीन की लड़ाई में इन्होंने बड़ा अच्छा काम किया। सड़क बनायी चुशूल तक। जिस पर शक्तिमान ट्रक चलता है। आमतौर पर लदाख-

करगिल के ५० प्रतिशत लोग रोजगार लेने लगे कुलीगिरी से। कुली को एक रोज का ८ से १० रुपये तक मिलता है। जमीन से भी कुछ निकलता है। करगिल में जामा मसजिद दो हैं : एक शिया की जो यहाँ अकसरियत (बहुमत) में है। दूसरी सुन्नियों की अकलियत (अल्पमत) में है। नमाज बदस्तूर जारी है। सिनेमा, फैशन का असर ज्यादा पड़ा। इसलिए कुछ श्रद्धा कम हो गयी। उल्मा तालीम के लिए इराक जाते हैं। दो-तीन साल से यह बन्द है। इराक की सरकारी पार्टी किसी को जाने-आने नहीं देती। इंडिया गवर्नमेंट ने नहीं रोका। उन्होंने रोका। अभी वहाँ से पढ़कर जो आये हैं वह हैं। अरबी में पढ़ते हैं। फिर पुरकी ज़बान में समझाते हैं।

पुरिक लदाख और बल्तिस्तान के बीच बसा है। करगिल इसका केन्द्र है। इस इलाके में जो ज़बान बोली जाती है वह पुरकी है। पुरिक और लदाखी में और पुरिक और बल्ती में अन्तर है क्योंकि इनकी संस्कृतियों में अन्तर है। पुरिक संस्कृति में लदाखी और बल्ती सामरस्य है। लफ्जों और उच्चारण दोनों में अन्तर है। पुरिक भाषा भोटी और अरबी दोनों लिपियों में लिखी जाती है।

पुरिक भाषा का साहित्य है, इतिहास है, लिपि नहीं है। इसकी अलग स्क्रिप्ट सेंट्रल इंस्टिच्यूट ऑफ लैंग्वेज, मैसूर के तहत बन रही है। वह ज्यादातर अरबी लिपि के नजदीक है। कुछ और वर्ण लिये हैं। यह अभी तैयार हो रही है। बल्ती भाषा पर एक किताब श्री तनवीर ने तैयार की। ध्वन्यात्मक ढंग की।

मैं सोचता हूँ कि इस अलग सुधरी अरबी लिपि का असर क्या होगा? श्री तनवीर मानते हैं कि लिपि न होने से यह जबान परवान नहीं चढ़ी। हो जाने से ज्यादा से ज्यादा लोग पढ़ेंगे।

जो चीन के अन्दर हैं उनका तो कोई सवाल ही नहीं। जो पाकिस्तान में हैं उनसे तो कम-से-कम चिट्ठी आती है। अब उतना कटा-कटा नहीं महसूस करते। जो बच्चे हैं उन्हें याद भी हो, न हो। पहले-पहले तो होता था। अब उतना नहीं। सुरु का पानी जा रहा है। उधर दरिया दरास है। दरास में जो ज़बान बोली जाती है वह शिना है। गिलगिट में इसका चलन रहा है।

खास करगिल में बौद्धों ने गोनपा बनाना शुरू किया। उसका निर्माण झगड़े में पड़ा है। खास करगिल में गोनपा नहीं है। मुलबेक में है। गोनपे में जाते-आते हैं। नयी पीढ़ी में वह कट्टरता नहीं है।

शिया औरतों में जबर्दस्त परदा सिस्टम है। सुन्नियों में उतना नहीं है। फिर भी है। लड़कियों में पढ़ाई है। गाँव में नहीं, या कम है।

बौद्ध लड़कियों में तूफान है। पढ़ रही हैं। पार्वती देवी लदाख से लोकसभा का चुनाव लड़ कर जीतीं।

•

लदाख : इतिहास के अध्ययन के स्त्रोत

लदाख का इतिहास कहाँ से शुरू करें? प्राक् इतिहास काल में लदाख शायद समुद्र था। जब यह उभरा तो यह जैसे बर्फ की टोपी पहने हुए था। यह टोपी तब से पिघल रही है। भूगर्भशास्त्रियों का यह भी मत है कि काराकोरम की सदा बर्फ से ढँकी ढलान उस मूल बर्फ की टोपी के अवशेष हैं।

अब यह भूगर्भशास्त्रियों का अनुमान ही है। जिस हद तक अनुमान प्रमाण होता है उस हद तक इसका भी प्रमाण है। न कम, न बेश। लेकिन यह अत्यन्त प्रारम्भिक है। लदाख के भूगर्भ की गहराई में जाना जरूरी है।

लदाख के प्रथम स्त्री-पुरुष कौन थे? किस नस्ल के थे? कहाँ से आये थे? यह अज्ञात है। फिर भी शुरू-शुरू में कुछ कबीले खानाबदोश की तरह इन पहाड़ी वीरानों में भटके होंगे। जहाँ चश्में मिले होंगे, चरागाह होंगे वहाँ बसे होंगे। लेह का अर्थ पहाड़ी रेगिस्तान के बीच का नखलिस्तान है। या एक और अर्थ किया जाता है कि लेह खानाबदोश द्वारा घेरा हुआ अहाता है। यह प्रथम खानाबदोश कौन थे? लदाख की चट्टानों पर कुछ रेखाचित्र ऐसे हैं जिनमें वे जंगली भेड़ों का पीछा करते हुए दिखाये गये हैं। लदाखी मानते हैं कि वे उत्तर भारत के मोन, बल्तिस्तान के बल्ती और दरद, और मध्य एशिया के मंगोलों के मिश्रण हैं।

तो लदाख कैसे बना? शुरू-शुरू में लदाख में कोई राजा नहीं था। न धर्म था। लोग स्वतन्त्र रहते थे। फिर पश्चिम से यारकंद वगैरह से, दक्षिण से कश्मीर से, उत्तर और पूर्व से तिब्बत से सिंधु नदी के किनारे-किनारे लोगों का आना-जाना शुरू हुआ। व्यापार बढ़ा। इनका कैम्प लदाख में लगा। इनके मेल-जोल से लदाखी जाति बनी, मूल निवासी बहुत क्षीण हो गये। वे कहीं-कहीं ऊपर पहाड़ों में होंगे। लेह में नहीं।

सिन्धु नदी के तट से होकर कश्मीर का तिब्बत से पुराना रास्ता है। शुरू में सिर्फ केसर की गाथा मिलती है। उसकी पूजा होती है। फिर लदाखी राज बना। लदाख में राजाओं में अपने को इक्ष्वाकु वंश से जोड़ने का रिवाज है। यह इतिहास कम पुराण ज्यादा लगता है। इस राजवंश का इतिहास ९०० ई. से मिलता है। प्रथम महत्त्वपूर्ण राजा सेङ्गे नमग्यल (विजय सिंह) हुए। सेङ्गे नमग्यल ने १५९० ई. से १६२० ई. तक राज किया। तभी से लदाख़ में गोनपा वगैरह बनने लगी। कहते हैं कि पितुक का अर्थ है नमूना। पितुक के नमूने पर गोनपा लदाख में बनीं, ऐसा मानते हैं। हेमिस गोनपा लदाख की सबसे महत्त्वपूर्ण गोनपा है। यह लदाख की राज गोनपा है।

फिर कभी तिब्बत का हमला लदाख पर कभी लदाख का तिब्बत पर होता रहा। लदाखी राजाओं ने अपनी रक्षा के लिए जम्मू राजा से प्रार्थना की। १८३४ ई. में जोरावर सिंह ने लदाख जीता। फिर भी लदाखी राजा रहा। लेकिन जम्मू के अधीन रहा। जम्मू राजा ने कश्मीर को भी खरीद लिया। जम्मू-कश्मीर राज जब भारत में विलय हुआ तो लदाख भी भारत का अंग बना।

यह इतिहास की संक्षिप्त रूपरेखा है। विस्तार भय से यहाँ सूत्र रूप में कहा है। नृतत्त्व शास्त्र और पुरातत्त्व और इतिहास की द्रष्टि से इसकी खोज जरूरी है। निश्चय ही, अन्य विधाओं और कलाओं के साथ-साथ, इन विधाओं के लिए लदाख में अतुल अप्रयुक्त सामग्री पड़ी है। किन्तु खेद है कि अभी तक लदाख की गहरी अन्तःशास्त्रीय जाँच-पड़ताल नहीं हुई है।

श्री कनिंघम ने अपनी जाँच के आधार पर १८५३ में *लदाख : फिजिकल स्टैटिस्टिकल, एंड हिस्टॉरिकल विथ नोटिसेज ऑफ द सराउंडिंग कंट्रीज* १८५३ में प्रकाशित की। यह लगभग सवा सौ बरस बाद भी अभी तक लदाख के बारे में जानकारी की शायद सबसे ज्यादा प्रामाणिक और प्रचलित पुस्तक है। किन्तु श्री कनिंघम के पहले और बाद सिंधु नदी में होकर बहुत सा जल लदाख से बह गया है। मोरावियान मिशन के डॉ. कार्ल मार्क्स ने लद्‌वगस्-ग्यल-रब्स या 'लदाख के राजाओं का वृत्तांत' सम्पादित किया है। डॉक्टर कार्ल मार्क्स के इस प्रकाशन का शीर्षक है : '*श्री डाक्यूमेंट्स रिलेटिंग टु द हिस्ट्री ऑफ लदाख*।' यह पहले जर्नल ऑफ एशियाटिक सोसाइटी ऑफ बंगाल में १८९१, १८९४ और १९०१ में प्रकाशित हुआ। अब यह एक साथ भी उपलब्ध है।

मोरावियन मिशन के पादरी डॉक्टर ए. एच. फ्रैंके ने इस अज्ञात साम्राज्य का इतिहास '*ए हिस्ट्री ऑफ वेस्टर्न तिब्बत* (लंदन, १९०७)' शीर्षक से प्रकाशित किया है। इस प्रकाशन में, अन्य स्रोतों के अलावा, डॉक्टर मार्क्स के तीन दस्तावेजों का भी भरपूर प्रयोग हुआ है। इसमें ही सूचना है कि बहुत से ऐतिहासिक दस्तावेज ऐसे हैं जो यूरोपीय खोजकर्ताओं को उपलब्ध नहीं हो सकते। लेकिन जिनके होने के बारे में संशय नहीं। ये दस्तावेज लदाख के राजवंश, पुरानी गोनपाओं, स्तूपों, परिवारों में हो सकते हैं। जो दस्तावेज किसी विदेशी को वे दिखाना पसन्द नहीं करते, उन स्रोतों की भी खोज जरूरी है।

लदाख-बाह्य स्रोतों में सर्वप्रथम उल्लेख कल्हण की *राजतंरगिणी* है। विशेषकर आठवीं सदी में पश्चिमी तिब्बत में चीनी और कश्मीरी अभियानों के वर्णन के लिए यह द्रष्टव्य है।

इसके साथ ही डॉक्टर एम. ए. स्टीन, *मेमायर ऑन द ऐंशियंट ज्याग्राफी ऑफ कश्मीर* उपयोगी है। ज्ञातव्य है कि श्री स्टीन ने कल्हण की *राजतरंगिणी* का अंग्रेजी अनुवाद और सम्पादन किया है।

रिनचेन भोटी के आख्यान के लिए जोनराज की *राजतरंगिणी* का उल्लेख किया जाता है। इसी तरह बस्गो के कब्जे के लिए मुगल इतिहासकार मीर इज्जत उल्ला के वृत्तान्त का जानकार लोग नाम लेते हैं।

डोगरा युद्ध के लिए भूतपूर्व कश्मीर नरेश डॉक्टर कर्ण सिंह से कुछ जानकारी प्राप्त की जा सकती है। वैसे इसका एक ब्योरा डोगरा अफसर बस्तीराम ने कनिंघम को दिया था।

डॉक्टर फ्रैंके ने ही भारतीय पुरातत्त्व सर्वेक्षण के अनुरोध पर शिमला से लाहुल-स्पीति, किन्नौर और लदाख पार कर श्रीनगर तक खोज-यात्रा की। इसका वृत्तांत *ऐंटीक्यूटीज़ ऑफ इण्डियन तिब्बत* शीर्षक से सम्भवतः १९१० में प्रकाशित हुआ। यह वृत्तांत मुझे अन्य सभी से ज्यादा आकर्षक और गहन लगता है। इस कठिन हिमवत प्रदेश में पैदल चल कर लदाख और लाहुल-स्पीति और किन्नौर का एक संक्षिप्त सर्वेक्षण जैसा एक विदेशी पादरी कर सका, वैसा कोई देशी शोधकर्ता आज तक न कर सका। यह एक चुनौती है। इस वृत्तांत के प्रथम खण्ड के साथ यात्रा का नक्शा, चित्र वगैरह भी हैं। दूसरे खण्ड में लदाख के वृत्तांत को डॉक्टर फ्रैंके ने सम्पादित किया है।

फ्रैंके द्वारा सम्पादित लदाख के लोकगीतों का संग्रह *फोक सांग्स ऑफ लदाख* (कलकत्ता, १८९९) प्रकाशित हुआ है। जम्मू एण्ड कश्मीर अकादमी ऑफ आर्ट, कल्चर एण्ड लैंग्वेज ने श्री टशी रबगेस द्वारा सम्पादित करा कर फोक सांग्स ऑफ लदाख, १९७० में भोटी लिपि में प्रकाशित किया है। इन लोकगीतों और परम्पराओं से भी लदाख के इतिहास की कुछ अन्तरंग पहचान हो सकती है।

लुशियानो पेटेश का लदाख के पुरा आख्यान का अध्ययन *ए स्टडी ऑन क्रानिकल्स ऑफ लदाख* (कलकत्ता, १९३९) प्रकाशित है। इसका प्रयोग भी राजाओं के इतिहास की रचना में किया जा सकता है।

लदाख का सबसे पुराना उल्लेख चीनी बौद्ध तीर्थ यात्रियों फाहियान और ह्वेनसांग के वृत्तांत में मिलता है। इनके लिए श्री सेमुअल बील द्वारा सम्पादित *सि-यू-की, बुद्धिस्ट रेकार्ड्स ऑफ द वेस्टर्न वर्ल्ड,* ह्वेनसांग के चीनी से अनूदित (६२९ ई., लंदन, १८९०) द्रष्टव्य है। इस बाबत विद्वानों में मतभेद है कि फाहियान का 'की-छा' लदाख है या नहीं। श्री बील को यह समझ में नहीं आता कि 'की-छा' कैसे लदाख हो सकता है? कैसे यह शुङ-लिङ पहाड़ के बीच में बसा हुआ हो सकता है? जबकि जनरल अलेक्जेंडर कनिंघम को इसमें तनिक भी संदेह नहीं कि फाहियान का 'की-छा' आज का लदाख है। ह्वेनसांग का मो-लो-पो लदाख है इस पर श्री बील और श्री कनिंघम दोनों सहमत हैं। इस बाबत अंग्रेजी दुभाषियों से आगे जाकर मूल तिब्बती और चीनी स्रोतों पर काम करके अन्तःसाक्ष्य जुटाना अच्छा होगा।

लदाख के अध्ययन का एक अच्छा स्रोत पश्चिमी और मध्य तिब्बत के ऐतिहासिक दस्तावेज हैं। तिब्बत में बौद्ध धर्म और दर्शन का ज्यादा जोर है। इतिहास-भूगोल पर कम ध्यान दिया गया है। फिर भी टशील्हुन्पो और ल्हासा में अगर कोई विवरण शेष रह गया है तो वह काम का हो सकता है। इसके अभाव में जो अनुभव तिब्बती विद्वानों का है, वही प्रमाण है।

अंग्रेज यात्रियों के वृत्तांत का जिक्र विलियम मूरक्राफ्ट की भ्रमण कहानी के बिना अधूरा रहेगा। आधुनिक काल में वह सम्भवतः पहला यूरोपीय यात्री है जो इस कठिन भूमि में सात बरस भटका। इसे भी पार कर उत्तर-पश्चिम बुखारा गया। जहाँ उसकी मृत्यु अभी भी रहस्य बनी हुई है। उसकी भ्रमण कहानी का शीर्षक है : *ट्रेवेल्स इन हिन्दुस्तान फ्रॉम १८१९ टू १८२५, पुनर्मुद्रित, १९७१, दो खण्ड।*

९०० ई.-१८४२ ई. तक लदाखी राजाओं का आख्यान अब उपलब्ध है। फिर तो जब १८३४ में जोरावर सिंह ने इसे जीत लिया तो यह कश्मीर राज्य का अंग बना। लदाख के राजवंश का जीवन्त स्वरूप देस्कित वंग्मो (रानी पार्वती देवी) हैं। १९७७ में लोकसभा में चुनी गयी हैं। इनके पास परम्परागत स्रोतों का सबसे बड़ा संग्रह हो सकता है। इस स्रोत की सम्भावनाओं की खोज जरूरी है। फिर जब १९४८ में जम्मू कश्मीर राज्य का भारत में विलय हुआ तो लदाख भारत का अंग बना। इसी विलय के समय पाकिस्तान की ओर से आक्रमण हुआ जिसकी रक्षा के लिए कर्नल पृथ्वीचंद और उनके सहयोगियों और लदाखियों ने अतुल बल और पराक्रम और सूझ-बूझ दिखायी। इसके चलते लदाख बचा। कर्नल पृथ्वीचंद को भारतीय सेना का सर्वोच्च पदक परमवीर चक्र प्रदान किया गया। फिर कम्युनिस्ट चीन ने भारत की भूमि का बड़ा हिस्सा हड़प लिया।

अक्साई चीन प्रदेश पर अभी भी चीन का नाजायज कब्जा है। इससे होकर एक सड़क गुजरती है। *डिस्ट्रिक्ट सेंसस हैंडबुक, १९७४* के अनुसार लदाख के कुल क्षेत्रफल ९५,८७० वर्ग किलोमीटर में से ३७,५५५ वर्ग किलोमीटर अभी भी चीन के नाजायज कब्जे में है।

हिमालयी सीमा की सुरक्षा की इस चुनौती के बाद लदाख में सड़क और संचार का विकास हुआ। सैनिक गतिविधि बढ़ी। पलटन ने भी लदाख को खोलने में मदद की। इस तरह अपने अज्ञात-ज्ञात इतिहास में पहली बार लदाख का सम्पर्क और संचार बड़े पैमाने पर शेष संसार से हुआ। अन्यथा लदाख अपने बन्द संसार में पड़ा हुआ था।

फिर भी, लदाख का इतिहास बहुत कुछ अज्ञात है। यह अभी भी एक 'अज्ञात साम्राज्य' है। यह स्थिति भयावह है। हिमालय का अध्ययन अब भी नहीं होगा तो कब होगा? हिमालय नहीं रहेगा तो भारत कहाँ रहेगा?

स्वराज्य के बाद मूल स्रोतों पर काम करके एक भी शोध प्रकाशन लदाख के बारे में किसी भारतीय संस्थान या विद्वान ने नहीं किया। श्री रामराहुल का *हिमालयन बार्डरलैंड, दिल्ली, १९७०* द्वितीयक स्रोतों पर आधारित एक संक्षिप्त सर्वेक्षण है। डॉ. शिवचन्द्र बाजपेयी ने सम्भवत: इससे ज्यादा गहन शोध करके *द फ्रंटियर ऑफ इण्डिया : सेंट्रल एण्ड वेस्टर्न सेक्टर* प्रकाशित की है। आदिम, बौद्ध, इस्लाम संघर्ष और सामरस्य कब, कैसे हुआ, यह इस अध्ययन का विषय नहीं। इसमें मुख्य रूप

से अंग्रेजी राज में भारत की उत्तरी सीमाओं के निर्धारण का विवेचन है। प्रारम्भ में लदाख सम्बन्धी प्राचीन पौराणिक आख्यानों का जिक्र है। इस्लाम के आने का भी। डॉ. वाजपेयी के अनुसार लदाख पर चीन का कोई दावा बनता नहीं। श्री लैम्ब के मुकाबले उन्होंने इसे अपने अध्ययन से सिद्ध कर दिया है।

बौद्ध धर्म के इतिहास के लिए जे.एन. और पी.एन. गनहर *बुद्धिज्म इन कश्मीर एण्ड लदाख, नयी दिल्ली,* १९५६ का जिक्र किया जा सकता है। इसी प्रकार सरला खोसला की *हिस्ट्री ऑफ बुद्धिज्म इन कश्मीर, दिल्ली, १९७२* भी उल्लेखनीय है। हालाँकि दोनों में लदाख पर खास सामग्री नहीं है।

लदाख में बौद्ध धर्म कब, कैसे आया? इसके पहले बौद्ध धर्म का क्या रूप था? कबाइली प्रवृत्ति क्या थी? बौद्ध धर्म से इसका कैसे और कितना सामरस्य हुआ? इसका ठीक पता नहीं।

स्वतन्त्रता के बाद *डिस्ट्रिक्ट सेंसस हैंडबुक* का प्रकाशन १९५१ से प्रारम्भ हुआ। उन दिनों कश्मीर–लदाख की परिस्थिति के कारण जम्मू–कश्मीर लदाख के लिए यह हैंडबुक १९५१ की जनगणना के आधार पर प्रकाशित न हो सकी। १९६१ और १९७१ की जनगणना के आधार पर श्रीनगर से १९६७ और १९७४ में लदाख जिले की डिस्ट्रिक्ट सेंसस हैंडबुक प्रकाशित हुई है। इसमें लदाख जिले, शहर और गाँव के बारे में जानकारी है। १९६१ की जनगणना पर आधारित *हैंडबुक श्रीनगर, १९६७* ज्यादा जानकारी देती है। यह गवर्नमेंट प्रिंटिंग प्रेस, श्रीनगर से प्रकाशित है।

सीमान्त प्रदेशीय बौद्ध महासभा और भारतीय उच्च अध्ययन संस्थान, शिमला के सहकार से जून, १९७४ में राष्ट्रपति निवास, शिमला में भारत के पश्चिमोत्तर सीमान्त की भाषा और संस्कृति पर एक सेमिनार आयोजित हुआ। इस सेमिनार में लदाख, किन्नौर, लाहुल–स्पीति के प्रतिनिधियों, परम्परागत विद्वानों और समाज वैज्ञानिकों ने भाग लिया। इस सेमिनार ने इस सीमान्त प्रश्न की ओर ध्यान आकृष्ट किया। इसके पर्चे और बहस अभी भी अप्रकाशित हैं।

श्री सोनम गेरगेन ने अपने पिता श्री जोसेफ गेरगेन द्वारा भोट भाषा में लिखी इतिहास की एक पुस्तक *लद्वग्स–ग्यल–रब्स, (श्रीनगर,१९७६)* प्रकाशित की है। यह मूल स्रोतों से काम करके तैयार की गयी है। इसकी दृष्टि और तथ्य की प्रामाणिकता के बारे में लदाखी विद्वान दो राय के हैं। फिर भी, यह एक महत्त्वपूर्ण स्रोत अवश्य है। इसका

अगर हिन्दी, अंग्रेजी अनुवाद हो जाये तो अच्छा। सुना है जर्मन अनुवाद हो चुका है।

१९७६ ई. से लदाख देशी-विदेशी पर्यटकों के लिए खोल दिया गया है। तब से जैसे टूरिस्ट आक्रमण लदाख पर हो रहा है। इन पर्यटकों के लिए कई टूरिस्ट गाइड जैसी प्रकाशित हुई हैं। इसी सिलसिले में फिदा मुहम्मद हुसेन ने दो जापानी सहयोगियों तोकन डी. सूमी और मोसातो ओकी के साथ *लदाख : द मूनलैंड (नयी दिल्ली, १९७५)* प्रकाशित की है।

पुस्तिकाओं में माइकेल एरिस द्वारा अनूदित थुब्तन पाल्दन की *ए ब्रीफ गाइड टू द बुद्धिस्ट मोनेस्टरीज एण्ड रायल कैसल्स ऑफ लदाख,* (भूमिका १९७६) उल्लेखनीय है।

डॉ. एस. एम. इकबाल, निदेशक लाइब्रेरी, रिसर्च और पुरातत्त्व, श्रीनगर ने जून १९७६ में लदाख की गोनपाओं का सर्वेक्षण कराया। इस सर्वेक्षण की रिपोर्ट जम्मू-कश्मीर राज्य के *रिसर्च बाइएनुअल, वर्ष १, खण्ड २* में प्रकाशित हुई है। यह प्रारम्भिक सर्वेक्षण है। इससे सिर्फ उन गोनपाओं को छू भर लिया गया है जिनका गहन अध्ययन जरूरी है।

श्रीनगर में लदाख के बारे में बहुत कम काम हुआ है। उससे ज्यादा तो लदाख पर विदेशों में काम हुआ है और हो रहा है। श्री जी. टुची ने तिब्बती सभ्यता और कला को प्रकाश में लाने में महत्त्वपूर्ण योगदान किया है। श्री टुची के इस सम्बन्ध में अनेक प्रकाशनों में *इंडो-तिबेतका, ७ खण्ड, रोम १९३२-४१, इंडो-तिबतन पेटिंग्स इन वेस्टर्न तिबेतन टेम्पुल्स, आर्टिबस एशिये, ८,१९३७, तिबतन पेंटेंड स्क्राल्स, ३ खण्ड (रोम, १९४९), ट्रांस-हिमालय (लंदन, १९७३)* विशेष रूप से उल्लेखनीय हैं। डी. स्नेलग्रोव और एच. ई. रिचर्ड्सन की *ए कल्चरल हिस्ट्री ऑफ तिब्बत (लंदन, १९६८)* का इस क्षेत्र में मान है।

सुना है कि डॉ. स्नेलग्रोव ने कई महीने डेरा डालकर अल्ची के चित्रों का तन्त्र की दृष्टि से भी अध्ययन किया है। मैंने अभी तक उस खोज को पढ़ा नहीं। सिर्फ उलट-पलट कर देखा है।

इस विवरण को पूरा करने के लिए कुलभूषण वारिकू द्वारा सम्पादित *जम्मू, कश्मीर, लदाख (नयी दिल्ली, १९७६)* की वर्गीकृत सहायक सामग्री का उल्लेख किया जा सकता है। इसमें बौद्ध धर्म और लदाख सम्बन्धी किताबों और लेखों की सूची है जो प्रारम्भिक शोधकर्ताओं के लिए उपयोगी हो सकती है। इसमें गहरी

जानकारी वाले स्रोतों का अभाव है। फुटकर सामान से यह सूची भरी हुई है।

अन्त में, इन प्रकाशित स्रोतों के अलावा, लदाख में परम्परागत रीति से जो ज्ञान चला आ रहा है, उसका संकलन-सम्पादन प्रथम महत्व का है। लदाख-बाह्य स्रोत कितने ही व्यवस्थित क्यों न हों, लदाख के अन्दरूनी स्रोतों का विकल्प नहीं हो सकते। यह आन्तरिक साक्ष्य दस्तावेजों से अधिक साक्षात्कार से प्राप्त किये जा सकते हैं। इस बात की खोज जरूरी है कि आज का लदाखी लदाख को कैसे देखता है? उसका स्व-संवेदन क्या है? इसके लिए शोधकर्ता का लदाख से तादात्म्य जरूरी है। इस सम्बन्ध में विशेषकर लदाख में सर्वश्री गेशे येशे टुंडुप, कुशक बकुल, रानी पार्वती देवी, टशी रबगेस, लामा लोबजंग, सोनम गेरगन, जासेफ याकूब, थुब्तन पाल्दन, नवाङ छेरिङ से सत्संग और साक्षात्कार अच्छा रहेगा।

गेशे येशे टुण्डुप ८० बरस के ऊपर हो चुके हैं। लदाख के बौद्ध ऐतिहासिक और दर्शन दोनों के सबसे बड़े जीवन्त विद्वान हैं। इनसे मिलकर वह ज्ञान प्राप्त हो सकता है जो उनके साथ ही चला जाने वाला है। गेशे सहित अन्य स्रोतों से साक्षात्कार का मुझे जून-जुलाई, १९७७ में सुअवसर मिला। गेशे से बातचीत के लिए भोटी भाषा का स्वयं ज्ञान या अच्छा दुभाषिया आवश्यक है। गेशे लदाखी इतिहास के सबसे बड़े जीवित स्रोत हैं, इसमें तनिक भी सन्देह नहीं।[१]

पुनश्च :- यह निबन्ध मूल रूप से मेरी पहली लदाख-यात्रा (१९७७) के क्रम में लिखा गया। १९८० में इसका संशोधन सम्पादन सम्पन्न हुआ। इस बीच सिंधु नद में बहुत पानी बह गया। लदाख पर्यटन और अध्ययन-अनुसंधान के लिए बुरी तरह खुल गया। अलगाव के अन्त से निकल कर सम्पर्क के अन्त में पतित हुआ। यह अच्छा हुआ, या बुरा हुआ, प्रश्न यह नहीं है, बस ऐसा हुआ। इस क्रम में अनेक ग्रंथ और शोध-निबन्ध प्रकाशित हुए। यह एक अलग निबन्ध का विषय है। किन्तु इन सब प्रकाशनों के बावजूद इतिहास का मूल स्रोत वही मध्ययुगीन राजवंशावली है। राजवंश और राजनीतिक इतिहास के अध्ययन के लिए मेरी दृष्टि में, लूसियानो पेटेश, द *किंग्डम ऑफ लदाख, (९५०-१८४२), रोम, १९७७;* सांस्कृतिक पक्ष के लिए, डेविड एल. स्नेलग्रोव एवं तद्‌युज शोरुप्सकी द *कल्चरल हेरिटेज ऑफ लदाख (नयी दिल्ली,*

---

१. पाण्डुलिपि को दुहराते हुए सूचना मिली कि गेशे येशे टुण्डुप का हाल में निधन हो गया।

१९८०) द्रष्टव्य है। लदाख पर हुए हाल-ही में शोध के लिए हेनरी ऑस्मस्टान एवं नवाङ छेरिङ सम्पादक, *रीसेंट रिसर्च ऑन लदाख* के प्रकाशन महत्त्व के हैं। ये 'इंटरनेशनल एसोसिएशन ऑफ लदाख स्टडीज' के तत्वावधान में आयोजित गोष्ठियों में प्रस्तुत पर्चों के आधार पर प्रकाशित हैं।

•

गोनपा *

गोनपा हिमालयी बौद्ध धर्म संस्कृति का हृदय है। जैसे सब रक्त हृदय तक पहुँचता है वहाँ से पूरे शरीर में दौड़ता है वैसे ही गोनपा में सब जिन्दगी दौड़ती-फिरती है। धड़कती रहती है। और गरमाहट और रोशनी देती है।

गोनपा विनयपिटक के अनुसार बनती है। विनयपिटक के एक खण्ड में इसका वर्णन है कि गोनपा कैसी हो? उसका शिल्प कैसा हो? प्रवेश-द्वार पर क्या लिखा हो? अन्दर की दीवारों पर क्या चित्र हो? सब विस्तार से विनयपिटक में बताया गया है। इसके आधार पर सारनाथ में बैठकर चित्र बनाया जा सकता है कि लदाख में गोनपा कैसी होगी?

यह गोनपा क्या चीज है?

गोनपा वीरान जगह है। भोट भाषा में गोन का अर्थ है शून्य, पा है स्थान, गोनपा शून्य स्थान है।

शून्य स्थान का क्या मतलब है? इसका मतलब है गाँव से एक योजन बाहर की वीरान जगह। यह अधिकतम सीमा है। निकटतम सीमा है जहाँ कुत्ते के भूँकने की आवाज सुनायी न पड़े। कांतार गाँव से ३-४ योजन दूर माना जाता है। वहाँ हिंसक जन्तु भी हो सकते हैं। इसलिए वहाँ भिक्षु को निवास नहीं करना चाहिए।

गोनपा में भिक्षु के अध्ययन, निवास के लिए स्थान बनाना चाहिए। कोई गुफा, वृक्ष, कुटी।

---

* यह विवरण भोट विनयपिटक, (दुल-वई-देनोद्) पर आधारित है। इसके लिए प्रोफेसर श्री समदोङ् रिनपोछे, प्रिंसिपल, केन्द्रीय उच्च तिब्बती शिक्षा संस्थान, सारनाथ, वाराणसी और प्राध्यापक श्री सेम्पा दोर्जे का आभारी हूँ।

विनय के अनुसार ऐसी जगह में अगर संघ के पास धन हो तो भवन बना लेना चाहिए या यदि दायक बनवा कर दान दे तो उसे भी स्वीकार करना चाहिए।

गोनपा तिब्बती शब्द है। भारतीय शब्द विहार है। आजकल गोनपा सिर्फ जगह, या गुफा नहीं रह गयी है। वहाँ अच्छी-अच्छी इमारतें बन गयी हैं। उन्हें भी अब गोनपा कहा जाता है। जब कि गोनपा है जगह का नाम, वहाँ जो भवन बनता है वह है विहार। उसे भोट भाषा में चुग्लग्-खङ कहते हैं। आजकल चुग्लग्-खङ ज्यादा प्रसिद्ध नहीं है। बिल्डिंग को भी गोनपा कहते हैं।

गोनपा दो तरह की होगी—१. व्यक्ति के लिए, २. संघ के लिए। जैसे बड़े-बड़े आचार्य हों उनके लिए, एक आदमी दो आदमी के लिए भी गोनपा बनेगी। जो व्यक्ति के लिए बनेगी वह चार हाथ लम्बी, चार हाथ चौड़ी होगी, आठ हाथ लम्बी, छह हाथ चौड़ी भी हो सकती है। इससे बड़ी व्यक्ति के लिए प्रायः अनुमति नहीं है। व्यक्ति के लिए दरवाजे के सामने प्रांगण जरूर होगा। कभी-कभी तीन ओर भी प्रांगण होगा।

संघ के लिए चार या आठ हाथ वाले बहुत से कमरे भी हो सकते हैं। विशेषकर १८ हाथ लम्बा और १६ हाथ चौड़ा हाल होगा। इसे उपदेश घर कहा जा सकता है। कहीं-कहीं १२ हाथ भी मिलता है, प्रायः १६ ही है। यह तो सामान्य है अगर संघ बड़ा हो तो इससे भी बड़ा हो सकता है।

छोटे कमरे के दरवाजे में एक पल्ला रहना चाहिए। संघ वाले हाल में दो पल्ले का दरवाजा होना चाहिए। जंजीर कैसी हो, इसकी भी व्यवस्था है। खिड़की दो प्रकार की होनी चाहिए। नीचे की खिड़की रोशनी के लिए, ऊपर गवाक्ष, मुवका। समाधि घर में नीचे वाली खिड़की न बने तो भी चलता है।

संघ जहाँ रहता है वहाँ बाहर दीवाल बनाना चाहिए। पानी का पोखरा बनाना चाहिए। आस-पास सुंगधित फूल लगाना चाहिए। जिसके गंध से आदमी का मस्तिष्क, खास कर आँख ठीक रहती है।

रसोईघर, स्नानगृह, शौचालय कैसा हो, इसका भी वर्णन है। वहाँ कैसे चित्र लिखे जाएँ इसका भी निर्देश है।

गोनपा के बाहर पताका लगाने की प्रथा है। संघ कार्य पूजा घर में चलता है। इसमें दरवाजे के सामने अन्दर गंध कुटी होती है। हाल के अन्दर एक गद्दी भी। सिंहासन। जो प्रवचन करने जाएँगे वह उस पर बैठाये जाएँगे। उस गद्दी के नीचे आठ

सिंह होंगे। इनका विस्तार भी दिया रहता है। सिंहासन चंदन और अच्छी-अच्छी लकड़ी का, रत्नजटित हो सकता है। यह उपदेश की महिमा के लिए है। गंध कुटी में शाक्यमुनि बुद्ध की मूर्ति, कपड़ा, धातु के अवशेष, स्तूप कुछ भी हो सकता है। जब बुद्ध थे तब वे स्वयं गंधकुटी में बैठते थे। अब उनका कोई चिह्न रखते हैं।

धीरे-धीरे गोनपा का विकास हुआ। अब कन्युर (बुद्धवचन) और तन्युर (शास्त्रवक्ता) और अन्य ग्रन्थों का होना प्रायः अनिवार्य हो गया। बुद्ध की मूर्ति होना अनिवार्य है। संघ का कोई इष्ट देव हो, उसकी मूर्ति हो, न हो, बुद्ध की मूर्ति अनिवार्य है। बुद्ध के धातु के अवशेष के रूप में एक स्तूप, अवश्य होना चाहिए। कहीं न कहीं छोटा या बड़ा स्तूप अवश्य होगा।

गोनपा में चक्रमण के लिए भी व्यवस्था है। एक तो जहाँ बुद्ध के धातु, अवशेष, स्तूप हो उसके इर्द-गिर्द परिक्रमा के लिए, दूसरे साधकों के लिए। विपश्यना की साधना के लिए निःशब्द चलते रहने की जरूरत होती है। इसके लिए लगभग १८ हाथ लम्बा, ४-५ हाथ ऊँचा, ३ हाथ चौड़ा रास्ता बनाते हैं। इसे ढँक देते हैं कि बारिश, धूप, शब्द से समाधि में विघ्न न हो। इसकी छत पर तार से लकड़ी गूँथ देते हैं। उसे पकड़ कर रात-रात भर साधक चलते रह सकते हैं। उनकी ध्यान भावना चलती रहती है। ऐसा एक चंक्रमण पथ सारनाथ के खँडहरों में है। अज्ञानवश यहाँ इसे किसी रानी के नहाने जाने का रास्ता कहते हैं।

संघ आवाह्न के लिए अगर हो सके तो सागवान की लकड़ी या तो कोई मजबूत लकड़ी होनी चाहिए। उसे बजाकर संघ को बुलाते हैं। इसे डंडी कहते हैं। यह शायद घंटी का अपभ्रंश है।

हाल के अन्दर की दीवारों पर बुद्ध के जातकों का चित्र लिखा रहता है। बड़े-बड़े आर्य-स्थविरों का भी। सारिपुत्र, मौद्गल्यायन और बुद्ध के समय में जो अन्य मौजूद थे। उनका चित्र होता है।

अगल-बगल बरामदा होता है। अगर अगल-बगल न हो तो सामने बरामदा अवश्य होता है।

दरवाजे के सामने बरामदे की दीवार पर भवचक्र लिखते हैं। भवचक्र के चार अंग हैं-१. भव का मूल है राग, द्वेष, मोह। इसके लिए क्रमशः कबूतर, साँप और सूअर लिखते हैं। उसके बाद पाँच या छह योनियाँ हैं। २. इसके बाहर एक और

रेखा खींची जायेगी। उसमें द्वादशांग प्रतीत्यसमुत्पाद का चित्र होगा। इसे बाहर से अनित्यता का राक्षस पकड़े होगा। ३. उँगली के सामने चन्द्रमा बना होगा। ४. इसके ऊपर दाहिनी ओर बुद्ध का एक चित्र होगा। वह सामने चन्द्रमा की ओर हाथ से निर्देश करते हुए होंगे।

अन्दर वाला चक्र दुःख आर्य सत्य का प्रतीक है। दूसरा अंग-प्रतीत्यसमुत्पाद दुःख-समुदय आर्य सत्य का प्रतीक है। चन्द्रमा दुःख-निरोध आर्य सत्य का प्रतीक है। निर्देश करते हुए बुद्ध मार्ग आर्य सत्य का प्रतीक है। राक्षस अनित्यता का प्रतीक है। क्योंकि वह सब को खा रहा है। इसे काल कह सकते हैं।

इस भवचक्र के अगल-बगल दरवाजे वाले प्रांगण में ही यक्षराज, वज्रपाणि भी लिखना चाहिए। द्वारपाल के रूप में चतुर्महाराजा का चित्र लिखने का भी निर्देश है। इन लोगों ने बुद्ध के सामने स्वीकार किया था कि मैं आपके शासन की रक्षा करूँगा।

हिमालय में प्रायः गोनपा को इसी आधार पर बनाते हैं। कहीं-कहीं सुविधा की दृष्टि से इसमें हेर-फेर कर लेते हैं। जैसे पहाड़ पर बनाते हैं तो हाल छोटा कर देते हैं। या प्रायः अगल-बगल के बरामदे नहीं बनाते। सिर्फ सामने बरामदा बनाते हैं।

विनय के अनुसार गोनपा कैसी हो, यह जानकर मिस्त्री लोग कहते हैं कि इसे ऐसे कर दें? थोड़ा ऐसा कर दें। तो कैसा रहे? मिस्त्री लोग भी इस तरह कुछ सुधार-बिगाड़ कर देते हैं।

लदाख में ठिग्से गोनपा प्रसिद्ध है। ठिग्से लेह से १९ किलोमीटर दूर है। यह गोनपा गेलुक सम्प्रदाय की है। लगभग ५०० बरस पुरानी है।

गेलुक और साक्या सम्प्रदाय में विनय पर विशेष बल है। करग्युद और ञिङ्मा में तन्त्र पर। इसलिए करग्युद और ञिङ्मा की गोनपाओं में विनय का आधार तो रहता है लेकिन उसके अन्दर साधना की जरूरत के मुताबिक कुछ हेर-फेर भी कर लेते हैं।

गोनपा का आर्थिक आधार उसकी जमीन-जायदाद है। पुराने धर्म राजाओं के दिनों से गोनपा को जमीन दान दी गयी है। वह चली आ रही है। गोनपा की ओर से उस पर खेती होती है। और उसकी वसूली भी। लोग खुशी-खुशी गोनपा का अंश देते हैं। जब ज्यादा फसल होती है तो इसलिए कि ज्यादा हुई। जब कम होती है तो इस डर से कि कहीं कम दिया तो पाप होगा। उससे अगली फसल कम होगी। फिर बौद्ध दानशील हैं। जन्म, मरण, छम-छेशु के अवसर पर दान देते हैं। तीर्थ यात्री दर्शन करने आते हैं

तो दान देते हैं।

'टूरिस्ट' सिर्फ देखते हैं। दान नहीं देते। यह गोनपा के प्रबन्धकों की चिन्ता का विषय है।

तो यह कुल मिलाकर गोनपा है। केन्द्रीय लदाख के गाँव-गाँव में है। किन्नौर, लाहुल-स्पीति के ऊपरी गाँव में भी है। अपने में यह भव्य है। लेकिन जिसने तिब्बत की गोनपा देखी है उनके लिए यह कुछ खास नहीं है।

गोनपा का भविष्य क्या है? इसका विकास तो उस समय में हुआ जब कि बौद्ध धर्म भारत से तिब्बत, तिब्बत से लदाख आया। राजा-प्रजा ने अपनाया। शेष दुनिया से अलग-थलग रहा। लगभग १२-१३ शताब्दियों तक अपने ही हिम कुक्षि में पलता रहा। अब?

बीसवीं सदी के उत्तरार्द्ध में तिब्बत पर कम्युनिस्ट चीन चढ़ आया। तिब्बत में सद्धर्म का शासन न रहा। लदाख भारत से जुड़ा। 'इंडिया' में धर्मनिरपेक्ष राज्य है। किन्तु लदाख श्रीनगर से जुड़ा हुआ है। वहाँ नेशनल कान्फ्रेंस नाम की नेशनल है। असल में मुसलिम कान्फ्रेंस है। लदाख से भारत का रास्ता करगिल-श्रीनगर होकर है और भारत की मुख्य भूमि में वह भी बौद्ध धर्म नहीं है जो हिमालय में सुरक्षित है।

फिर रास्ता खुल जाने से बाहर की हवा, पलटन, अफसर, व्यापारी आ रहे हैं। सबके ऊपर 'टूरिस्ट' आक्रमण हुआ है। इन सबका मिला-जुला असर पड़ रहा है। लदाख वह नहीं रह गया है।

लदाख का पुराना घर तेजी से नष्ट हो रहा है। नया इसे मिला नहीं। इसलिए एक शून्य है। इसमें गोनपा का क्या भविष्य है?

•

भवचक्र

विनय के संग्रह में बताया है कि भवचक्र कैसे लिखना चाहिए। दुलदुम भोट भाषा में विनय संग्रह है। इसके पृष्ठ ८० पर संक्षेप में भवचक्र बनाने का विधान इस प्रकार है :

गोखङ (विहार के सामने के हिस्से में) पाँच अंश वाला चक्र लिखें। ऊपर के दो भाग में देवता और मनुष्य, नीचे के तीन भागों में तीन प्रकार की दुर्गति (योनि) नरक, प्रेत और तिर्यक्, नाभि में (केन्द्र में) राग, द्वेष, मोह के प्रतीक–पक्षी, सर्प और सूअर– लिखें। चारों ओर अन्तराभव स्वरूप रहट में द्वादशांग प्रतीत्यसमुत्पाद लिखें। पूरा भवचक्र अनित्यता रूपी राक्षस के द्वारा पाँचों अंगों से ग्रहण किया हुआ लिखें। ऊपर बुद्ध की मूर्ति, उसके सामने श्वेत मण्डल निर्वाण के प्रतीक के रूप में लिखें। नीचे दो श्लोक लिखें। दर्शनार्थियों को भवचक्र समझाने के लिए विहार में भिक्षु रखें इत्यादि। ये दो श्लोक क्या हैं?

तिब्बती मूल श्लोकों का भावानुवाद इस प्रकार है :

१. प्रयास करें और छोड़ें।
(कुशल को प्राप्त करने का और अकुशल कर्मों को छोड़ने का)
बुद्ध के शासन में प्रवेश करें। जैसे नरकट के जाल को हाथी नष्ट करता है, वैसे ही यमराज के जाल को नष्ट करे।

२. जो अप्रमाद पूर्वक धर्म विनय का पालन करता है, वह संसार में उत्पन्न होने के दुःख का अन्त करता है।

विनय संग्रह को अक्षरशः अनुसरण कर गोनपा के बरामदे में भवचक्र चित्रित करते हैं। किन्तु प्रायः गोनपा में दर्शनार्थियों को समझाने के लिए भिक्षु नहीं रखते। शायद अनेक भिक्षु खुद इसका अर्थ नहीं समझते।

जो हो, इस भोट विनय का मूल क्या है? यह तिब्बती लामाओं की स्वच्छन्द कल्पना है? लामावाद है? या इसका कोई प्राचीन भारतीय आधार है?

तिब्बती विद्वान् यह बार-बार आग्रह करते हैं कि यह समझना सर्वथा भ्रान्त है कि तिब्बत का धर्म लामाओं का धर्म है और वह भगवान् बुद्ध के द्वारा बताये गये धर्म से भिन्न है। तिब्बत के बौद्ध धर्म के समस्त मूल वचन सूत्र और तन्त्र सबसे पहले भगवान बुद्ध द्वारा ही उपदिष्ट हैं। तो क्या भवचक्र के बारे में भी तथागत का कोई मूल वचन नहीं है?

परम्परागत तिब्बती विद्वानों की सूचना है कि भवचक्र भी भगवान बुद्ध के बताये अनुसार लिखते हैं। प्रश्न है कि यह निर्देश कब, कहाँ है?

खोज के बाद इसका बौद्ध संस्कृत मूल मिला। यह *दिव्यावदानम्* (बौद्ध संस्कृत ग्रन्थावली, मिथिला, १९५९, पृष्ठ १८५-१८६) के इक्कीसवें अवदान 'सहसोद्गतावदान' में प्रारम्भ में है। श्री रामशंकर त्रिपाठी (अध्यक्ष, बौद्ध दर्शन विभाग, सम्पूर्णानन्द संस्कृत विश्वविद्यालय, वाराणसी) ने कृपापूर्वक इस अंश का संस्कृत मूल से अनुवाद कर दिया। सो इस प्रकार है :

भगवान् बुद्ध एक समय राजगृह के वेणुवन में कलन्दकनिवाप नामक स्थान पर विहार कर रहे थे। उनके प्रधान शिष्य महामौद्गल्यायन समय-समय पर नरकलोक, तिर्यक्लोक, प्रेतलोक, देवलोक और मनुष्यलोक की चारिका करके लौटे थे। उन्होंने नरक में प्राणियों का काटना, फाड़ना, चीरना, टुकड़े करना आदि दुःखों को देखा था। इसी तरह तिर्यक् (पशु-पक्षी आदि) योनि में जन्मे प्राणियों के परस्पर भक्षण करना आदि, प्रेतलोक में भूख-प्यास आदि, देवलोक में देवताओं का च्युत होना, पतित होना, सारे ऐश्वर्य का बिखर जाना और नष्ट हो जाना आदि, मनुष्यलोक में मनुष्यों का भोगों की प्राप्ति के लिए दौड़-धूप करना और अनेक प्रकार की परेशानी आदि दुःखों को देखा था। जम्बूद्वीप में आकर वे ये सारी बातें बौद्ध धर्म की भिक्षु-भिक्षुणी, उपासक और उपासिका इन चारों परिषदों से कहते हैं। जिस भी किसी का कोई साथी (सार्धविहारी) अथवा छात्र धर्माचरण (ब्रह्मचर्यावास) के प्रति उदासीन हो जाता, वह उसे इस आशा से महामौद्गल्यायन के समीप लाता कि वे उसे सम्यग् उपदेश करेंगे और अनुशासित करेंगे। मौद्गल्यायन भी उन्हें उनकी आशा के अनुरूप अनुशासित करते थे। फलस्वरूप वे श्रद्धावान होकर लगन के साथ भविष्य में ब्रह्मचर्य का आचरण करते थे और

अतिमानवीय गुणों का लाभ करते थे।

उस समय आयुष्मान् महामौद्गल्यायन भिक्षु, भिक्षुणी, उपासक और उपासिका इन चारों परिषदों से घिरे हुए विहार कर रहे थे। भगवान बुद्ध सब बातें जानते थे, फिर भी उन्होंने आयुष्मान आनन्द से मौद्गल्यायन के बारे में पूछा।

आनन्द ने कहा भदन्त, महामौद्गल्यायन ने समय-समय पर नरक, प्रेत, तिर्यक्, देव और मनुष्य लोक की चारिका की है। वे जो नारकीय प्राणियों के काटना, चीरना, फाड़ना और टुकड़े-टुकड़े करना आदि दुःख हैं उनको, तिर्यक् योनि के प्राणियों के परस्पर भक्षण आदि दुःखों को, प्रेतयोनि के प्राणियों के भूख, प्यास से पीड़ित रहना आदि दुःखों को, देवताओं के च्युत होना, पतित होना, बिखरना एवं नष्ट होना आदि दुःखों को तथा मनुष्यों के भोगों की प्राप्ति के लिए दौड़-धूप, परेशानी आदि दुःखों को देख कर जम्बू द्वीप में आकर चारों (भिक्षु, भिक्षुणी, उपासक, उपासिका) परिषदों में कहते हैं। जिस किसी का कोई साथी या शिष्य अनिच्छापूर्वक ब्रह्मचर्य का आचरण करता है, वह उसे लेकर इस आशा से महामौद्गल्यायन के पास आता है कि वे उन्हें सम्यक् उपदेश देंगे और ठीक-ठीक अनुशासन करेंगे। महामौद्गल्यायन भी उनको ठीक-ठीक अनुशासित करते हैं। उपदेश करते हैं। इस तरह उनके द्वारा उपदिष्ट और अनुशासित होकर वे लोग भी ठीक-ठीक रुचिपूर्वक ब्रह्मचर्य का आचरण करते हैं और भविष्य में वैशिष्ट्य को प्राप्त करते हैं। भदन्त, यही कारण है, यही प्रत्यय है कि महामौद्गल्यायन हमेशा भिक्षु, भिक्षुणी, उपासक और उपासिका इन चारों परिषदों से घिरे रहते हैं।

भगवान् ने कहा—आनन्द, सब जगह हमेशा मौद्गल्यायन अथवा मौद्गल्यायन के समान आदमी नहीं रहेंगे। इसलिए प्रत्येक विहार के द्वारकोष्ठक पर पाँच खण्डों वाला चक्र बनवाना चाहिए। तब भगवान् ने द्वारकोष्ठक पर पाँच खण्डों वाले चक्र बनवाने की आज्ञा प्रदान की। किन्तु भिक्षु यह नहीं जानते थे कि चक्र कैसे बनाना चाहिए। तब भगवान् ने कहा—पाँच गतियाँ (योनियाँ) बनाना चाहिए, जैसे—नरक, तिर्यक्, प्रेत, देव, और मनुष्य। उस चक्र में नीचे नरक, प्रेत और तिर्यक् तथा ऊपर देव और मनुष्य गतियाँ बनाना चाहिए। चार द्वीपों को भी उसमें बनाना चाहिए, जैसे—पूर्वविदेह, अपरगोदानीय, उत्तरकुरु और जम्बूद्वीप। बीच चक्र में राग, द्वेष और मोह बनाना चाहिए। राग को कबूतर के रूप में, द्वेष को सर्प के आकार में तथा मोह

को शूकर के रूप में लिखना चाहिए। चक्र के बाहर निर्वाण मण्डल को दिखलाती हुई बुद्ध प्रतिमा का निर्माण करना चाहिए। अनुपपादुक सत्त्वों को घटीयन्त्र के प्रयोग के द्वारा मरते और उत्पन्न होते दिखलाना चाहिए। चारों ओर अनुलोम और प्रतिलोम द्वादशांग प्रतीत्यसमुत्पाद बनाना चाहिए। और इस सम्पूर्ण चक्र को अनित्यता के द्वारा ग्रस्त दिखलाना चाहिए। नीचे इन दो गाथाओं को लिख देना चाहिए–

आरभध्वं निष्क्रामत युज्यध्वं बुद्धशासने।
धुनीत मृत्युनः सैन्यं नडागारमिव कुंजरः ।।१।।
यो ह्यस्मिन् धर्मविनये अप्रमत्तश्चरिष्यति।
प्रहाय जातिसंसारं दुःखस्यान्तं करिष्यति ।।२।।

निष्क्रमण करो, आरम्भ करो और बुद्ध शासन में जुट जाओ। मृत्यु की सेना को उसी प्रकार नष्ट-भ्रष्ट कर दो जैसे नरकुल की बनी झोंपड़ी को हाथी तहस-नहस कर देता है ।। १।।

जो इस धर्म और विनय में अप्रमादपूर्वक आचरण करता है, वह इस जन्म-मरण रूपी संसार का प्रहाण कर दुःख को समाप्त कर देगा ।। २।।

•

बौद्ध विश्व में सांस्कृतिक सम्पर्क *

इतिहास में पहली बार हिमालय के परम्परागत बौद्ध देश और दुनिया के धर्म बन्धुओं और बहनों से मिल रहे हैं और सुख पा रहे हैं किन्तु सम्पर्क में सुख ही नहीं, दुख भी बिंधा हुआ है। अशुभ देखकर चलना अच्छा है तो सम्पर्क में अशुभ क्या है?

एक तो जो समान या श्रेष्ठ संस्कार का हो उससे साथ हो, अन्यथा अकेले ही विहार हो। दूसरे, सम्पर्क विश्व शक्तियों के सांस्कृतिक कूटनीतिक के अंग के रूप में न हो, विश्व बाजार की तरह विश्व मन-मस्तिष्क पर कब्जा करने की दृष्टि से दुनिया की बड़ी ताकतें, जैसे अमेरिका, रूस, कम्युनिस्ट चीन, अन्तर्राष्ट्रीय बौद्ध सम्मेलन वगैरह करती हैं। अपनी विदेश नीति के औजार के रूप में, चौथे आयाम के रूप में, इस रूप में दुनिया के बौद्धों से सम्पर्क न हो।

तीसरे, सम्पर्क सुलभ लाभ के लिए न हो, ऐसा सुलभ लाभ का मार्ग है भी नहीं, और इसका फल भी अच्छा नहीं है। जैसे एशिया के बौद्ध यूरोप-अमेरिका के सम्पर्क से तुरन्त समृद्ध होना चाहें, या यूरोप-अमेरिका के युवा-युवतियाँ 'पूर्व' को छू कर शांति चाहें, तो यह तुरन्त होने वाला नहीं, इसमें निराशा ही हाथ लगने वाली है। इसलिए सम्पर्क 'तुरन्ता' समृद्धि या शांति की ललक से न हो।

चौथे, संग-साथ हो तो एक-दूसरे के गुण ग्रहण करें, दोष नहीं। जैसे पश्चिम के लोग आलसी न हो जाएँ या पूर्व के लालची न हो जाएँ, चीजों के लोभी, अकेले-अकेले या साथ-साथ जैसे भी रहें, राग-द्वेष मोह से विरत रहें।

---

* अन्तर्राष्ट्रीय बौद्ध सम्मेलन (विज्ञान भवन, नयी दिल्ली, १८-१९ सितम्बर, १९७८ में प्रस्तुत एक प्रमुख वक्तव्य (की नोट एड्रेस) के आधार पर।

फिर, अन्तर्राष्ट्रीय सम्पर्क के चक्कर में पड़ें। अपने-अपने देश की प्रकृति, परिस्थिति, आकांक्षा से विमुख न हों। अन्तर्राष्ट्रीय पंछी न बन जाएँ। एक से दूसरी जगह फुदकते न रहें। इस चक्कर में अपनी शांति, एकान्त न खोएँ और दूसरों की शांति, एकान्त में विघ्न न बनें।

हिमालय के परम्परागत बौद्ध जब अपने अलगाव की गुहा से निकल रहे हैं तो उनके साथ सम्पर्क के खतरे हैं, कहीं शताब्दियों के अलगाव के अन्त से निकल कर सम्पर्क के अन्त में न पतित हो जाएँ। नितान्त अलगाव और नितान्त सम्पर्क के अन्तों से बचना जरूरी है। इन दो अन्तों के बीच मध्यम मार्ग क्या है? यह एक नहीं अनेक हैं, शायद प्रत्येक के लिए भिन्न-भिन्न हैं।

जो भी हो, सम्पर्क और संचार बढ़ रहा है, यह एक तथ्य है। इससे तालमेल बैठाना जरूरी है। शिथिलता और आलस्य के अभ्यास के लिए भी यह जानना तो पड़ेगा कि शेष जीवन और जगत् में गति तेज हो रही है। इस बीच सम्पर्क को ठीक-ठीक देखने के लिए दो रूपों में देख सकते हैं। एक तो बाह्य, दूसरे अन्तर, यह दोनों रूप एक-दूसरे से अलग-अलग नहीं, जुड़े हुए हैं। युगनद्ध हैं। सम्पर्क के बाह्य रूपों में, तीर्थ यात्रा एक माना हुआ तरीका है। दुनिया के बौद्धों को अपने देश में और एशिया के अन्य देशों में जहाँ बौद्ध धर्म और संस्कृति के तीर्थ हैं वहाँ बेरोकटोक जाने-आने की स्वतन्त्रता और सुविधा हो, यह निर्विवाद है। वास्तव में यह सुविधा है नहीं, देश के अन्दर और देशों के बीच बौद्ध अपने-अपने तीर्थ स्थलों की यात्रा कर सकें, अपनी श्रद्धा और सम्पर्क पुनर्नवा कर सकें।

दूसरे, बौद्ध देशों और विश्व के अध्ययन-अध्यापन और अनुसंधान के लिए विद्यार्थी और अध्यापक बेरोकटोक आ जा सकें। अध्ययन और खोज का सामान भी। आज की दुनिया में इसमें भी रुकावट है। जैसे, थेरवादी देशों में, बर्मा में अभिधर्म के अध्ययन की दीर्घ परम्परा है। वहाँ विपश्यना की साधना के भी केन्द्र हैं। किन्तु हाल में बर्मा में और बर्मा से इस बौद्ध विद्या और साधना को सीखने-सिखाने के लिए विद्यार्थी अध्यापक, साधक जा-आ नहीं सकते या सिर्फ एक हफ्ते, एक महीने के लिए जा-आ सकते हैं। यह रोक-टोक अच्छी नहीं, इसी तरह महायानी देशों में तिब्बत प्रमुख रहा है। वहाँ महायान बौद्ध धर्म और साधना का सबसे उन्नत और विकसित रूप शताब्दियों से सुरक्षित रहा है। वहाँ बौद्ध गोनपा

(विहार) रहे हैं, जहाँ पाण्डुलिपियाँ हैं, मूर्तियाँ हैं, कलों हैं, अन्य सांस्कृतिक सामान रहे हैं। समये, सेरा, ड्रेपुंग, टशी ल्हुन्पो वगैरह आज कैसे हैं? वहाँ पाण्डुलिपियाँ, मूर्तियाँ और सांस्कृतिक निधियाँ किस दशा में हैं? हैं भी या नहीं? कुछ पता नहीं। इसका तिब्बत के लिए तो अपने आप में महत्त्व है ही किन्तु शेष विश्व में बौद्ध अध्ययन के लिए तिब्बत की सामग्री अप्रतिम है।

उत्तर पश्चिमी हिमालय में, लदाख, लाहुल-स्पीति, किन्नौर में बौद्ध धर्म और संस्कृति को देखकर बराबर अनुभव होता है कि बिना तिब्बत के इसे समझा नहीं जा सकता, इन इलाकों में बौद्ध धर्म दर्शन पढ़ने और आयुर्वेद और ज्योतिष और कलाएँ सीखने लामा और गैर लामा शताब्दियों से टशी ल्हुन्पो और ल्हासा जाते रहे हैं। लदाख के श्री नवाङ छेरिङ्ग और किन्नौर के श्री सेम्पा दोरजे टशी ल्हुन्पो रहे हैं। उनसे मैंने वहाँ के किस्से सुने हैं। मनाली में ड्रेपुंग के अवतारी लामा के दर्शन किये हैं। अब ये तिब्बत में मूल में कैसे हैं? इसे देखे बिना उसकी प्रतीति नहीं होती।

शायद संयुक्त राष्ट्र संघ या उसकी शिक्षा संस्कृति की भुजा 'यूनेस्को' के जरिये इसकी व्यवस्था हो सकती है। तिब्बत के विहारों की पाण्डुलिपियाँ, मूर्तियाँ, थंका और भित्तिचित्र और अन्य सांस्कृतिक निधियाँ अब भी जितनी बच गयी हैं उनकी सुरक्षा हो। सूची बने। पाण्डुलिपियों की 'माइक्रोफिल्म' या 'जीराक्स', या जैसी व्यवस्था हो वह अध्ययन अनुसंधान के लिए सुलभ हो।

सूचना का आदान-प्रदान सांस्कृतिक सम्पर्क की एक प्राथमिक आवश्यकता है। अन्तर्राष्ट्रीय बौद्ध सूचना केन्द्र एक या अनेक जगहों में बन सकते हैं। ये केन्द्र बौद्ध विश्व की हरकत की खबर एक-दूसरे को दे-लें।

फिर, पर्यटन, नृत्य संगीत की टोलियों, फिल्म, पत्र-पत्रिका, पत्र-मित्र का लेन-देन वगैरह सम्पर्क के माने हुए तरीके हैं। इनका अकेले-अकेले या साथ-साथ प्रयोग किया जा सकता है।

इन प्रधान रूप से बाह्य उपायों से जुड़े हुए आंतरिक उपाय हैं। ये शायद ज्यादा महत्त्व के हैं। मन ही पूर्व है। जहाँ मन जाता है वहीं देह। उसकी सारी वासनाओं का, सम्बन्धों का सिलसिला भी। इस प्रधान रूप से अन्तर्जगत् में, भिन्नता दीखती है। अब इन भिन्नताओं का क्या किया जाये? भिन्नताओं के साथ सम्पर्क हो।

भिन्नता में एकता, या विविधता में एकता या अनेकता में एकता ढूँढ़ने पर बहुत बल दिया गया है। यह जैसे 'फार्मूला' हो गया है। जहाँ भिन्नता में एकता हो वहाँ ठीक है। लेकिन जहाँ न हो वहाँ जबरदस्ती एकता न ढूँढ़ी जाये। और जब तक एकता न ढूँढ़ ली जाये तब तक सम्पर्क और सामीप्य न हो। भिन्नता तथ्य है। इसके साथ जीना है, बल्कि ये भिन्नताएँ तो बौद्ध धर्म और संस्कृति, या किसी भी धर्म और संस्कृति, और सृष्टि के ऐश्वर्य का सूचक है, बाधक नहीं।

भिन्नता के बीच दृष्टि समन्वय की न हो, सम्यक् दृष्टि हो। जहाँ भिन्नता है वहाँ भिन्नता देखी जाये, जहाँ अभिन्नता हो वहाँ अभिन्नता। जो एकता नहीं है वह अगर खींचतान कर तर्क से निकाल भी दी जाये तो वह हो नहीं जाती और वह जो एकता बनती है वह बहुत ही बेमतलब और वायवी चीज होती है। वैसी एकता तो बौद्ध-अबौद्ध या फिर किसी भी दृष्टि या अदृष्टि या कुदृष्टि के बीच देखी जा सकती है, वह किसी काम की नहीं।

बौद्ध विश्व में, जैसे कि और कहीं, पहले तो भिन्नताओं से टकराएँगे। तीन यान हैं : श्रावकयान, प्रत्येक बुद्धयान और महायान। इनमें से श्रावकयान और प्रत्येक बुद्धयान को जिसे हीनयान कहते हैं, उसमें शामिल कर सकते हैं।

हीनयान अप्रसन्न प्रयोग है। महायान के उल्टा रूप में इसका प्रयोग होता रहा है। किन्तु आजकल इसका चलन नहीं। थेरवाद का प्रयोग होता है। फिर एक-एक यान के अन्दर भी भेद है। जैसे महायान के अन्तर्गत दो नय हैं : एक तो पारमितानय, दूसरे मन्त्रनय।

फिर तीन धर्मचक्र प्रवर्तन हैं। सामान्य रूप से सारनाथ के ऋषिपत्तन मृगदाव में हुए धर्मचक्र प्रवर्तन से हम परिचित हैं। किन्तु महायान में दो और धर्मचक्र प्रवर्तन की सूचना है। राजगृह के गृध्रकूट पर्वत पर तथागत ने पारमितानय का दूसरा धर्मचक्र प्रवर्तन किया। तीसरा, श्रीधान्यकटक में मन्त्रनय का है। अब इनमें सिर्फ सारनाथ के धर्मचक्र प्रवर्तन को ही मानें और शेष को अनैतिहासिक और पौराणिक कहने से काम नहीं चलने वाला। ये दूसरे तीसरे धर्मचक्र प्रवर्तन इतिहास में हुए हों, न हुए हों, हजार वर्षों से अधिक से महायान के देशों में परम्परागत बौद्ध इनको मानते आये हैं। इनको बरतते हैं। इसलिए इन्हें तो मानकर ही चल सकते हैं, अन्यथा नहीं।

फिर, विनय के बारे में आधार तो एक ही है, लेकिन भिन्नता भी है। दोनों दो हैं, एक नहीं। जैसे-जैसे इन्हें मानकर साथ रहेंगे, जीएँगे, तो नजदीक आएँगे।

भाषा में भी जबरदस्त भिन्नता है। भिन्न जातियों ने अपनी-अपनी भाषा और संवेदना के अनुसार बुद्ध और बौद्ध वचन ग्रहण किया है और विकसित किया है। क्लासिकी भाषाओं में पालि, संस्कृत, चीनी, जापानी, भोट प्रमुख हैं। फिर हिन्दी, बांग्ला, मराठी, नेपाली, अंग्रेजी, फ्रांसीसी, जर्मन, रूसी जैसी आधुनिक भाषाओं में भी काम हो रहा है।

फिर, दर्शन और दार्शनिक सम्प्रदायों और संघ के भेद हैं। सौत्रांतिक, वैभाषिक, माध्यमिक और विज्ञानवादी दर्शन के प्रस्थान प्रसिद्ध हैं। अठारह सम्प्रदाय तो बुद्ध के महापरिनिर्वाण के १०० बरस बाद वैशाली में ही हो चुके हैं। अभी तो विश्व स्तर पर दो भेद मुख्य हैं : थेरवाद और महायान। किन्तु थेरवादी परम्पराओं में भी भिन्नता है। महायान में भी चीन, जापान के भेद तो इतने जटिल हैं कि इन्हें दुहरा सकना भी कठिन हैं। इनके साथ जीना तो कितना कठिन होगा? तिब्बत में जहाँ महायान का चरम विकास हुआ वहाँ भी चार सम्प्रदाय हैं ञिङ्मा, करग्युद, साक्या और गेलुक। चौदहवें दलाई लामा गेलुक परम्परा के हैं। चोंखापा जी द्वारा प्रवर्तित इस परम्परा का तिब्बत में अपनी ही शक्ति के कारण और राजसत्ता के साथ सम्बन्ध हो जाने से भी विशेष जोर है। किन्तु अन्य शाखाएँ भी हैं। जैसे लदाख में गेलुकपा का जोर शायद अधिक हो किन्तु करग्युदपा का कुछ कम नहीं। वहाँ भी प्रसिद्ध हेमिस गोनपा तो करग्युदपा सम्प्रदाय की है।

फिर, साधना की पद्धतियों में भी भिन्नता है। शमथ और विपश्यना थेरवाद और महायान दोनों में हैं किन्तु मार्ग और फल में अन्तर भी बताया जाता है। वैसे मूल तो एक है। विपश्यना का अभिप्राय है काय, वेदना, चित्त और धर्म को देखना। इसके लिए तथागत का कहा हुआ सूत्र महासतिपट्ठान सुत्त भी दोनों में ही प्रचलित हैं। किन्तु दार्शनिक दृष्टि से प्रधान रूप से एक का आधार अनित्यता की भावना है तो दूसरे का आधार शून्यता। इस दार्शनिक भेद के आधार पर साधना में भी उसकी पद्धति, क्रम वगैरह में भेद हो जाता है।

अन्त में, पारमिताओं के आधार पर साधना और मन्त्रनय की साधना में भेद

है। इधर तन्त्र का बड़ा जोर है। विशेष कर तिब्बत के तन्त्र की बड़ी चर्चा है। अभी तक संसार को इसका कुछ खास मिला नहीं, आकर्षण है। इसके द्वारा तत्क्षण सिद्धि प्राप्त होती है, जो पारमितानय के दुष्कर नियमों के पालन करने से असंख्य जन्मों में भी नहीं होती, यह तीक्ष्ण मार्ग है, मृदु नहीं।

इस तरह भिन्नताओं का पूरा इंद्रधनुष है। इसमें से कोई भी रंग खारिज करने जैसा नहीं है। सब रंग मिलाकर ही यह धनुष है, नहीं तो यह धनुष बदरंग हो जायेगा।

थेरवाद और महायान एक नहीं दो यान हैं। फिर भी ये परस्पर विरुद्ध नहीं हैं। अद्वय हैं। एक-दूसरे में गुँथे हुए हैं। महायान थेरवाद का स्वाभाविक विकास है।

भिन्नता स्वागत करने जैसी है। एक फूल से बगीचा नहीं बनता, अनेक फूलों से बगीचा बनता है। लोक की रुचि भिन्न है। प्रकृति भिन्न है। स्थिति भिन्न है। आकांक्षा भिन्न है। अब इस भिन्न-भिन्न रुचि वगैरह के सभी लोगों का अगर निर्वाण होना है तो इनके लिए मार्ग भी भिन्न-भिन्न होगा। इन मार्गों से चलकर जो अनुभव हो वह शायद एक हो, कौन जाने? क्योंकि चरम अनुभव की भाषा तो मौन है।

तो उसका बखान कौन कर सकता है। और फिर वह एक है या अनेक या एक अनेक दोनों या दोनों भी नहीं, यह कौन कह सकता है?

तो रास्ता क्या है? बौद्ध विश्व में भिन्नताओं के साथ जीना है। इनके बीच दृष्टि सम्यक् है, समन्वय की नहीं। दूसरे, वह 'सेक्युलर' भी नहीं। इन दो चुनौतियों समन्वयी और 'सेक्युलर' के बीच बौद्ध क्या अपने भेदों के होते हुए भी मिल सकते?

धर्मनिरपेक्षता या धर्मविमुखता के मुकाबले क्या सभी प्रकार के बौद्ध या अन्य धर्म वाले भी एक कामकाजी संयुक्त मोर्चा नहीं बना सकते?

शुरू करने के लिए जिसकी जहाँ से रुचि, गति हो वहाँ से शुरू करे। कोई एक गढ़ा-गढ़ाया मार्ग-फल व्यवस्था नहीं है या काम नहीं आने वाली। प्रत्येक को अपना अनुभव आप ही करना है। संगठन ज्यादा कर के विघ्न होता है या अधिक से अधिक तो एक आवश्यक बुराई या अच्छाई। फिर भी इस भव से पार जाने के लिए यान हो तो लोक यात्रा हो जाती है। इसलिए अगर 'संघ' का आज की दुनिया में गठन हो तो कुछ इस रूप में हो सकता है : एक या अनेक ऐसे केन्द्र हों जहाँ बौद्ध

साधना, जीवन-पद्धति, और बौद्ध कला अलग-अलग प्रस्तुत हों, पहले अपनी-अपनी भाषा, परम्परा और अन्य विशिष्टताओं का अभ्यास हो।

फिर अन्य बौद्ध साधनाओं, जीवन पद्धतियों और विचार पद्धतियों और दर्शनों से, और बौद्धेतर से भी, तुलनात्मक अध्ययन हो, इसमें दृष्टि न तो अनावश्यक समन्वय की हो, न धर्म-विमुखता की, बल्कि सम्यक् दृष्टि हो। जहाँ भेद हो वहाँ भेद, जहाँ अभेद हो वहाँ अभेद। जहाँ न भेद हो न अभेद, अवाच्य अनुभव हो, न हो, वहाँ वैसा ही जस-का-तस बखान हो, या मुखर मौन। फिर तो बात बोले, हम आप नहीं।

•

किन्नौर : जिन्दगी की रेखा*

इस साल जुलाई में मैंने किन्नौर की यात्रा की। किन्नौर हिमाचल प्रदेश का जिला है। यह भारत की अन्तर्राष्ट्रीय सीमा पर स्थित है। इसके पार उत्तर पूर्व में तिब्बत है। महा हिमालय का यह प्रदेश १९६२ के चीनी आक्रमण के पहले शेष भारत से कटा हुआ था। सतलुज नदी पर स्थित वाङ्तू के आगे अलंघ्य रास्ता था। इसलिए किन्नौर जैसे एक बन्द दुनिया में था। प्रशासनिक दृष्टि से यह कुछ शताब्दियों से रामपुर (बुशहर) राज्य के अन्तर्गत था। व्यापार और धर्म के सम्बन्ध ज्यादा कर के तिब्बत से थे।

सरहान के ऊपर ब्राह्मण नहीं हैं। ब्राह्मण धर्म नहीं है। यह हिमआर्त प्रदेश संस्कृति की परत-पर-परत अपने में सुरक्षित रखे हुए हैं। आदिम देवता के इर्द-गिर्द इसका लोकजीवन चलता है। फिर सम्भवत: महाभारतकाल में इसका सम्बन्ध सभ्यता से हुआ। इसका असर सम्भवत: यहाँ की बहुपति प्रथा के रूप में है। द्रौपदीवाद यहाँ आज भी चलता है। पाण्डवों के किस्से जगह-जगह मिलते हैं। जैसे कोठी में कहते हैं कि मन्दिर और ताल एक रात में पाण्डवों ने बनाया। मूरंग में एक अधूरा किला भी पाण्डवों का बनाया हुआ बताते हैं। यहाँ तो ऐसा लगता है कि जैसे पहाड़ भी पाण्डवों ने एक रात में बनाये। इसलिए यह ऊँचे तो बहुत हैं। बीस हजार फुट से ऊँची चोटियाँ हैं जिन पर सदा बर्फ जमी रहती है। यह बर्फ ऐसी है जो कभी पिघली नहीं है। किन्तु इन पहाड़ों पर कोई वनस्पति नहीं है। ये नंगे पहाड़ हैं। सिलेटी रंग के रेत के पहाड़ हैं। इनमें चट्टानें भी ठीक से नहीं जमायी गयी हैं। जैसे एक रात में ये आधे अधूरे पहाड़ पाण्डवों ने बना दिये हैं!

इन पहाड़ों में लगभग दो हजार बरस पहले बौद्ध धर्म कभी आया। यह धर्म कालान्तर में गंगा-जमुना के मैदान से, मध्य देश से लुप्त हो गया। इस प्रत्यन्त प्रदेश में

---

* *दिनमान* (साप्ताहिक, नयी दिल्ली), १०-१६ अक्टूबर, '७६ से साभार।

यह सुरक्षित रहा। उपरले किन्नौर का धर्म प्रधान रूप से बौद्ध धर्म है। निचले किन्नौर में आदिम देवता, बौद्ध लामा और देवता के साथ-साथ रामपुर (बुशहर) राज्य के प्रभाव से कुछ हिन्दू प्रभाव भी है। सरहान के ऊपर ब्राह्मण नहीं रहे हैं। इसलिए ब्राह्मण धर्म तो नहीं है फिर भी उसका कुछ असर है। जैसे जातिप्रथा का असर है। नेगी यहाँ के क्षत्रिय जैसे हैं और चमङ्-डोमङ् अन्त्यज जैसे हैं। यहाँ नीचे जैसी अस्पृश्यता तो नहीं है फिर भी सामाजिक दूरी, अलगाव और शुद्ध-अशुद्ध का भाव एक हद तक है। जब कि बौद्ध होने के नाते इनमें यह जातिभेद होना नहीं चाहिए। फिर भी है। यह शायद हिन्दू प्रभाव है। इधर निचले और उपरले किन्नौर में भी आधुनिक पश्चिमी प्रभाव पड़ रहा है। १९६२ के चीनी आक्रमण के बाद वाङ्तू के ऊपर एक नयी सड़क बन गयी है। यह 'इंडो-तिब्बत-बॉर्डर रोड' कहलाती है। किन्नौर के इस अन्तःपुर में प्रवेश परमिट से होता है। यह नयी सड़क किन्नौर की नयी संचार रेखा है। इस पर १९६८ में पहली बार बस चलने लगी और आना-जाना शुरू हुआ। इसके भी पहले सड़क और सुरक्षा के लिए पलटन और पुलिस और कारीगर नीचे से आये। इस तरह मैदान की हवा हिमालय की इस कोख को लगने लगी। पहले रामपुर पहुँचने में हफ्ता दस दिन लग जाता था, अब अगर जेब में पैसा हो तो एक दिन में शिमला पहुँचा जा सकता है। पहले यह सम्भव ही नहीं था। संचार के साथ नये जीवन मूल्य और तौर तरीके भी हिमालय की इस कोख में आ रहे हैं। किन्नर और किन्नरियाँ दौड़ में पड़ गये हैं। अशान्त हो गये हैं। हिमालय की वह शान्ति अन्दर-बाहर से भंग हो रही है। एक कसमसाहट है। यह नयी सड़क के इर्द-गिर्द है।

किन्नौर की पुरानी जीवन रेखा हिन्दुस्तान-तिब्बत रोड है। यह हिन्दुस्तान तिब्बत के व्यापार और संस्कृति का पुराना रास्ता है। हजारों वर्षों से व्यापारी, तीर्थयात्री, लामा, शान्ति के खोजी, सैलानी इस रास्ते से तिब्बत जाते-आते हैं। पहले यह एक मँजा हुआ रास्ता था। अब यह जगह-जगह टूटा हुआ है। किन्नौर के गाँव इसी पुराने रास्ते पर हैं। यह सब ऊपर बसे हुए हैं। नयी सड़क नीचे से आती है। इसलिए ये सब गाँव संचार के नये रास्ते से छूट गये हैं। पुरानी सड़क टूटी-फूटी है। उन पर बसे हुए गाँव, लोग और उनकी जिन्दगियाँ भी। नक्शे पर यह सड़क जीप के चलने लायक बतायी जाती है। जब कोई बड़ा आदमी (वी. आई. पी.) इस सड़क पर कभी-कभार आता है तो यह चालू कर दी जाती है। शेष समय यह जगह-जगह पर कटी रहती है। हिमाचल प्रदेश का सार्वजनिक

निर्माण विभाग इनकी मरम्मत कराता है। इसके पास पैसे और साधनों की इतनी कमी है कि यह मरम्मत नाम की हो पाती है। तब तक जाड़ा आ जाता है। बर्फ पड़ती है। ग्लेशियर आ जाते हैं। यह सड़क फिर टूट-फूट जाती है।

इस पुरानी हिन्दुस्तान-तिब्बत रोड को चालू रखने के अलावा गाँवों को जोड़ने का कोई रास्ता नहीं है। यह रास्ता और इसकी जिन्दगी भारत-तिब्बत व्यापार से जुड़ी हुई है। रारंग के ऊपर वाले गाँव के लोग तिब्बत से व्यापार करते थे। प्रायः हर घर से एक या दो आदमी इस व्यापार में लगे हुए थे। कानम, मूरंग, पूह, सुमनम के लोग जाते थे। रामपुर (बुशहर) में मेला लगता था। आषाढ़ के अन्त में वहाँ से जाते थे। तिब्बत से लगभग ६ महीने बाद कार्तिक में लौटकर रामपुर के मेले में आते थे। रामपुर मेले में नीचे से अमृतसर, अंबाला, जगाधरी, दिल्ली तक से बर्तन, कपड़ा, राशन, गेहूँ, चावल खरीदते थे। एक-एक के पास पचास-साठ बकरे होते थे। एक-एक पर आठ-दस किलो लाद कर ऊपर जाते थे। ऊपर से ऊन, पशम, सुहागा, नमक, खड्डू, बकरे, घोड़े ले आते थे। हजारों बकरों, घोड़ों पर सामान आता-जाता था। फिर इन बकरों, घोड़ों को भी बेच देते थे। इनके आने-जाने से रास्ता मँजता था। अब यह सब कुछ भी नहीं होता है। १९६२ के चीनी आक्रमण के बाद भारत-तिब्बत व्यापार ठप है।

उपरले किन्नौर में रहते हुए मैंने यह महसूस किया कि इस व्यापार के बिना न तो वह रास्ता सँवर सकता है, न यहाँ की अर्थव्यवस्था, न जिन्दगी। वैसे कुछ न कुछ जमीन सबकी है। इसलिए कुछ खेती, कुछ दुकानदारी, कुछ और पेशों में हैं। पुराने व्यापारियों के बच्चे कहीं न कहीं नौकरी में हैं। उनके पास पैसा भी था, बाहर जाकर देखा भी था। एकाध सबके नौकरी में लगे हुए हैं। पैसा न हो तो पुरानी जायदाद है। पुरानी चीजें हैं। दुर्लभ वस्तुएँ हैं। बेची जाएँ तो उनका मूल्य है। जो बाहर नौकरी में हैं, वे जो सिर्फ खेती करते हैं, उनसे अच्छे हैं। इसके अलावा सड़क पर काम करते हैं। लड़के, लड़कियाँ, युवा, युवतियाँ सड़कों पर काम करती दीखती हैं। उन्हें प्रायः ६ रुपये रोज इस काम के लिए मिल जाते हैं। इसे ये लड़के-लड़कियाँ जैसे चाहें खर्च करते हैं, घर के लोग पूछते नहीं। पैसे और स्त्री-पुरुष के सम्बन्ध के मामले में भी किन्नर-किन्नरी सहज सुन्दर रूप से स्वतन्त्र हैं।

किन्नर देश में नीचे की जैसी बेकारी नहीं है। फिर भी यहाँ वैसी खास कमाई भी नहीं है। खेती में लक्ष्मी नहीं है। सड़क कूटने में नहीं ही है। लक्ष्मी तो व्यापार में बसती हैं। अभी

भी ये थोड़ा व्यापार करते हैं। उपरले किन्नौर से बकरा लाकर नीचे बेच देते हैं। ऊपर लगभग २५० रुपये में खरीदते हैं तो नीचे लगभग ३०० रुपये में बेच देते हैं। इसे भी वे व्यापार कहते हैं। किन्तु असल व्यापार तो उनका तिब्बत से था जो अब ठप है।

किन्नौर के बाजारों में–कालपा, पिओ, पंडे, पूह, समदू–सब दूर नीचे से आकर सामान बिकता है। किन्नौर का प्रायः कोई सामान इन कस्बों में नहीं मिलता। सब कुछ शिमला, अंबाला, लुधियाना, चण्डीगढ़ से आता है। सिर्फ एक किन्नौरी पट्टी कहीं-कहीं बिकती है। यह ऊनी पट्टी किन्नौर की विशेषता है। इसका ऊन घरों में खुद कात लेते हैं। गाँव-गाँव में डोमङ् इसे बुन देते हैं। ये १२-१५ हाथ की होती है। चौड़ी कम होती है। सफेद और स्याह पर परम्परागत बुनाई उभरती है। किन्नर-किन्नरी इसके वस्त्र बनाते हैं। पुरुष पैजामा और कोट बनाते हैं। लड़कियाँ भी कोट पहनना पसन्द करती हैं। वे भी इस पट्टी से अपना कोट बनाती हैं। इस पट्टी की बन्द गले की कोट-प्रिंस या अलवर बहुत फबेगी। इसका नीचे उत्तर भारत में अच्छा-खासा बाजार हो सकता है। इन किन्नौरी पट्टियों में किन्नर-किन्नरियों के हाथ की गंध और गरमाहट भी होगी। यह किसे न प्रिय लगेगी?

अभी तो यह किन्नौरी पट्टी भी किन्नौर के बाजारों में भी कोई खास दीखती नहीं है। नीचे की चीजों के साथ ढुलाई का भारी खर्च जुड़ जाता है। इस ढुलाई के मारे बैंगन भी वहाँ छह रुपये किलो मिलता है। इस तरह पहाड़ों का धन ऊपर से नीचे बह जाता है। जब तक ऊपर से भी नीचे न बिके तब तक धन का यह प्रवाह नहीं रुक सकता। पहाड़ों के धन के साथ इसका यौवन भी नीचे की ओर ढरक रहा है। किन्नौर में रहना पसन्द नहीं कर रहे हैं। नीचे जाना चाहते हैं। शिमला, चण्डीगढ़, दिल्ली उन्हें खींचते हैं। हिमालय की शान्ति और शीतलता उन्हें रास नहीं आ रही है। वे अशान्ति की ओर जाना चाहते हैं। वहाँ हरकत है, काम-धन्धा है, जिन्दगी है।

किन्नौर में कमाई और जिन्दगी को लौटाने का एक ही रास्ता है। भारत-तिब्बत व्यापार का फिर से खुलना ही वह रास्ता है। इससे ही पुरानी सड़क भी मँज सकती है और इनकी अर्थव्यवस्था में भी वह खोयी हुई चमक वापस आ सकती है।

मैंने जब किन्नौर से लौटकर शिमला और दिल्ली में भारत-तिब्बत व्यापार को चालू करने की जरूरत के बारे में चर्चा की तो प्रायः सयाने लोगों ने यही कहा कि यह तो असम्भव है। मैं यह मानता हूँ कि यह अब असम्भव नहीं है। यह सम्भावना के क्षेत्र

में आ गया है। भारत सरकार ने चीन में अपना राजदूत भेजा है। चीन ने भी अपना दूत भेजना स्वीकारा है। दोनों देशों की सरकारों की कोशिश ऐसी दीखती है कि दोनों देशों के बीच सम्बन्ध सहज हो सकते हैं, जब यह सम्बन्ध सामान्य हो रहे हैं तो दोनों देशों के बीच परस्पर लाभप्रद व्यापार की सम्भावना है।

'भारत-चीन व्यापार की समस्याओं और सम्भावनाओं' पर श्री श्रीधर ने *इंडिया क्वार्टर्ली* (त्रैमासिक, नयी दिल्ली) के अप्रैल-जून १९७६ के अंक में एक खोजपूर्ण लेख प्रकाशित किया है। इसमें भारत-चीन के पुराने व्यापार के अनुभव को भी बताया है। इस अनुभव का निचोड़ यह है कि जैसे-जैसे भारत-चीन के सम्बन्ध सुधरते हैं वैसे-वैसे भारत-चीन के बीच व्यापार बढ़ता है। जैसे-जैसे यह सम्बन्ध बिगड़ते हैं वैसे-वैसे यह व्यापार सिकुड़ता है। असल में तो विदेशी व्यापार और विदेश नीति साथ-साथ चलते हैं या नहीं चलते। १९६० के बाद भारत-चीन के सम्बन्धों में बिगाड़ के बाद व्यापार सिकुड़ने लगा। १९६२ के चीनी आक्रमण के बाद यह बिल्कुल बन्द हो गया।

२७ अगस्त, १९७६ को लोकसभा में एक प्रश्न के लिखित उत्तर में बताया गया कि चीन से व्यापार सहित सभी पक्षों में सहज सम्बन्ध कायम करने की सम्भावनाओं की तलाश की जा रही है। सदन को बताया गया कि १९६२-६३ तक व्यापार बहुत कम हो गया था। उसके बाद ठप है। १९५७ में आयात ४.८६ करोड़ रुपये का हुआ था और निर्यात ३.६९ करोड़ रुपये का। १९६२-६३ में यह गिर कर क्रमशः ९९ लाख रुपये और १४ लाख रुपये का रह गया था।

यहाँ एक तथ्य विशेष महत्त्व का है। २९ अप्रैल, १९५४ को भारत और चीन के बीच तिब्बत से व्यापार और यात्रा के बारे में एक आठ वर्ष का समझौता हुआ। इस समझौते के अनुसार (१) चीन सरकार नयी दिल्ली, कलकत्ता और कलिंगपोङ् में व्यापार की एजेंसियाँ; और इसी प्रकार भारत सरकार यातुंग, ग्यांत्से और गर्तोक के तिब्बती शहरों में अपनी एजेंसियाँ कायम करेंगी, (२) दोनों देशों के बाजार निर्धारित कर दिये गये और (३) वे छह रास्ते भी तय कर दिये गये जिससे दोनों देशों के व्यापारी व्यापार करेंगे। यह समझौता आठ वर्ष बाद फिर से नया किया जा सकता था।

१९५४ में ही भारत और चीन के बीच दो साल का एक व्यापारिक करार और भी हुआ। इसमें भारत और चीन के बीच आयात-निर्यात की जाने वाली चीजों की सूची भी तय की गयी।

इन समझौतों की एक खास बात यह है कि भारत और तिब्बत के बीच १९५४ में भी अलग से समझौता हुआ। तब तक भारत सरकार ने तिब्बत को चीन का अंग मान लिया था। चीन में विदेशी व्यापार पूरी तरह चीन की केन्द्रीय सरकार के अधीन है। इसलिए तब भी चीन का पक्ष था कि तिब्बत-भारत का व्यापार उन्हीं नियमों के अन्तर्गत हो जो भारत और चीन के व्यापार पर लागू होते थे। भारत सरकार का यह पक्ष था कि तिब्बत की समस्याएँ विशेष प्रकार की हैं, इसलिए भारत-तिब्बत व्यापार के बारे में अलग से समझौता हो। अन्ततः इस बात पर सहमति हुई कि भारत और तिब्बत के बीच सिर्फ परम्परागत व्यापार हो। इससे दोनों ओर से बहुत से छोटे-मोटे व्यापारी इधर-उधर जा-आ सकेंगे और अपनी जीविका कमा सकेंगे।

भारत-चीन का व्यापार दोनों के किस हद तक हित में है, यह विचारणीय हो सकता है। किन्तु इसमें तनिक भी संदेह नहीं है कि भारत-तिब्बत का व्यापार उभय पक्षों के लिए हितकारी है। इसलिए १९५४ के समझौते की भाँति उन चीजों के बारे में समझौता हो सकता है जिनका दोनों के बीच परम्परागत रूप से व्यापार होता रहा है। यह व्यापार मध्य हिमालय में बसे लोगों के लिए लदाख से लेकर अरुणाचल तक पुरानी जीविका और जिन्दगी को पुनरुज्जीवित करेगा। यह भारत और तिब्बती दोनों के योगक्षेम को वहन करेगा।

•

हिमालय सिर्फ कविता पर नहीं जी सकता *

लेह से कोहिमा तक हिमालय में देश का सीमान्त है। हिमालय जहाँ शान्ति और सौन्दर्य और हिम का घर है, वहीं देश के परम्परागत कला कौशल का भी। शताब्दियों से यह दस्तकारियाँ जैसे बर्फ में सुरक्षित पड़ी रही हैं। उत्तरी सीमाओं के गरमाने से यह बर्फ पिघल रही है। हिमालय अलंघ्य नहीं रह गया है। संचार के साधनों से यह देश से जुड़ रहा है। किन्तु अभी स्थिति यह है कि हिमालय की पुरानी स्वावलम्बी दुनिया नष्ट हो गयी है। नयी अन्तरावलम्बी दुनिया इसे प्राप्त नहीं हुई है। इसलिए हिमालयी सीमान्त शून्य में है। यह शून्य वास्तव में ठेठ आर्थिक व्यवहार में है।

हिमालय पर प्रतिरक्षा की जरूरतों की दृष्टि से कुछ ध्यान दिया गया है। वह जरूरी है, किन्तु काफी नहीं। हिमालयी सीमान्त की संस्कृति, धर्म, भाषा, रीति-रिवाज और आर्थिक-सामाजिक परम्पराओं और परिवर्तनों पर जितना ध्यान देश का जाना चाहिए, उतना नहीं गया। इस कमी को पूरा करने की दिशा में एक महत्त्वपूर्ण प्रयास जून, १९७४ में हुआ जबकि सीमान्त प्रदेशीय बौद्ध महासभा और भारतीय उच्च अध्ययन संस्थान, शिमला के संयुक्त तत्वावधान में एक उच्च स्तरीय सेमिनार राष्ट्रपति निवास, शिमला में आयोजित किया गया। इस सेमिनार में परम्परागत शास्त्रों और समाज विज्ञान के विद्वानों और क्षेत्र के प्रतिनिधियों और प्रशासकों ने हिमालयी सीमान्त प्रदेश की संस्कृति और जनजीवन की समस्याओं पर विचार किया। कुछ महत्त्वपूर्ण सुझाव प्रस्तुत किये।

खेद है कि इस दिशा में कोई उल्लेखनीय काम सम्बन्धित राज्य सरकारों ने इसके बाद नहीं किया। हिमालयी सीमान्त उपेक्षा का कठिन शीत अभी भी झेल रहे हैं। कभी-

* *दिनमान* (साप्ताहिक, नयी दिल्ली), ६-१२ नवम्बर, '७७ से साभार।

कभी जब इनमें भूकम्प आता है तो देश का ध्यान इनकी ओर जाता है, अन्यथा नहीं। सीमाओं की यह उपेक्षा मारक है। अगर हिमालय मर जायेगा तो कौन जीएगा?

हिमालय सिर्फ कविता पर नहीं जी सकता। इसे जीने के लिए जीविका चाहिए। यह उनके गाँव में चाहिए। दुर्गम रास्तों के कारण आत्मनिर्भरता और स्वावलम्बन उनकी नियति है, स्वभाव है।

यहाँ सम्पूर्ण हिमालय नीति और कार्यक्रम पर विचार नहीं किया गया है। इसका संकोच कर हिमालय की सिर्फ दस्तकारियों की पहचान, संरक्षण और संवर्धन की एक विनम्र चेष्टा की गयी है। इसमें भी पूरे हिमालयी सीमान्त का विचार नहीं है। सिर्फ हिमाचल प्रदेश के दो दुर्गम जिलों लाहुल-स्पीति और किन्नौर को ध्यान में रखकर एक लघु एवं कुटीर उद्योगों के विकास की एक रूपरेखा प्रस्तुत की जा रही है क्योंकि हमारा अनुभव इस क्षेत्र का है। इस क्षेत्र विशेष के अनुभव का विस्तार हिमालय के अन्य प्रदेशों में भी करना सामान्यतया सम्भव होगा। क्षेत्र भेद से वस्तुओं के नाम रूप में भेद होगा। शायद थोड़े हेरफेर के साथ यह प्रारूप हिमालयी सीमान्त में कहीं भी लागू किया जा सकेगा।

यहाँ शुरू में ही दृष्टि की एक बात का लक्ष्य करना जरूरी है। अलंघ्य हिमालय के इन हिम आर्त प्रदेशों में परम्परागत हस्तकलाओं का संरक्षण-संवर्धन सरकारी दफ्तरी तौर तरीके से करना असम्भव होगा। अभी तो स्थिति यह है कि खादी ग्रामोद्योग और सरकारी हैंडीक्राफ्ट विभाग की दुकानों में नीचे से सामान लाकर बेच देते हैं। स्थानीय उत्पादन केन्द्र प्रायः नहीं के बराबर काम करते हैं। ऊपर से नीचे उनका माल नहीं आता, उत्पादन केन्द्र कठोर वित्तीय जकड़न में काम नहीं कर सकते। इनके लिए व्यवसाय बुद्धि का प्रयोग अच्छा है। इतना ही नहीं, इसे हिमालयी पुनर्जीवन के जनान्दोलन के रूप में चलाना जरूरी होगा। इसमें हिमालय की विशिष्ट प्रकृति, परिस्थिति और जीवन छन्द का ध्यान रखना जरूरी होगा। हिमालय की शिष्टता, रुचियों, रीति-रिवाजों और आकांक्षाओं को ध्यान में रखकर ही यह काम सफल हो सकता है, अन्यथा नहीं। इसके लिए सरकारी तन्त्र को भी लचीला होना होगा और धीरज के साथ सतत प्रयत्न करना होगा। तत्काल सुलभ लाभ की दृष्टि से कभी कोई कार्यक्रम शुरू करने से और थोड़ी-सी कठिनाई आने पर उसे छोड़ देने से काम नहीं चलने वाला है। इसके लिए हर सम्भव शक्ति और युक्ति का इस्तेमाल जरूरी है। यह

हिमालय की आजीविका और उससे पैदा हुए वैभव या अभाव का प्रश्न है। इसके लिए हिमालय जैसा प्रयत्न जरूरी है। इस सम्यक् दृष्टि से, अन्य बातों के साथ-साथ, निम्नलिखित पर विचार-व्यवहार अच्छा होगा-

लाहुल, स्पीति एवं किन्नौर इन तीन क्षेत्रों में उत्पादन केन्द्र खोले जाएँगे। लाहुल क्षेत्र में केलंग में एक, पाटन घाटी के जालमा में एक, स्पीति क्षेत्र में काजा में एक तथा किन्नौर में पूह में एक, कालपा में एक, सांगला में एक, तथा निचार में उत्पादन केन्द्र हों। इन तीनों क्षेत्रों की प्रत्येक तहसील के मुख्यालयों में प्रशिक्षण केन्द्र खोले जाएँ। इन केन्द्रों में प्रशिक्षणार्थियों के लिए छात्रवृत्ति की व्यवस्था की जाये। प्रशिक्षक मुख्यतया स्थानीय हों जो परम्परागत कताई-बुनाई के जानकार हों। कताई-बुनाई की नयी विधियों और औजारों के प्रशिक्षण के लिए प्रशिक्षक बाहर से भी लाये जाएँ। इन उत्पादन केन्द्रों में मुख्यत: निम्नलिखित का उत्पादन हो-

(१) विविध प्रकार के शॉल (स्त्री एवं पुरुषों के उपयोग के लिए), (२) ओढ़ने के लिए चुग्टुग्, बिछाने के लिए चुगदन् एवं ठुलदन् तथा साधारण दन्, (३) मोजा, टोपी, दस्ताने, जूते, स्वेटर, कनटोप, टीकोजी, मफलर तथा झोले या बैग, (४) कोट-पैंट आदि बनाने के लिए पट्टी, (५) स्त्री तथा पुरुषों के पहनने के लिए छुबा, गोनचे तथा दोलू, (सभी उत्पादनों में स्थानीय डिजाइनों एवं रंगों को प्रमुखता दी जाये)। उपर्युक्त उद्योग के संचालन हेतु निम्नलिखित व्यवस्था अपेक्षित होगी-(१) कच्चा माल अर्थात् ऊन तथा रेशम आदि, (२) तैयार माल के विक्रय की देश-विदेश में समुचित व्यवस्था, (३) प्रशिक्षक, प्रशिक्षार्थी एवं उत्पादन में लगे लोगों के लिए सस्ते राशन एवं दैनिक उपयोग की वस्तुओं की व्यवस्था। इसके लिए छात्रवृत्ति एवं वेतन के एक अंश के रूप में भी सस्ता राशन दिया जा सकता है।

इस क्षेत्र की दस्तकारी तथा हस्तकला कौशल को बढ़ावा देना आवश्यक होगा। इसके अन्तर्गत निम्नांकित कला कौशलों को बढ़ावा दिया जाये-(१) सोने, चाँदी, ताँबे तथा पीतल आदि धातुओं के विभिन्न प्रकार के आभूषण, पात्रों एवं बर्तनों का उत्पादन। इसमें स्त्रियों के आभूषणों के अलावा बर्तनों तथा पात्रों के निर्माण कार्य को विशेष महत्त्व दिया जाये। करतक (प्याला रखने का ठिकाना), कोरे (प्याला), खचोद् (प्याले का ढकना), झिय्पोर (सत्तू आदि रखने का विशिष्ट पात्र), डङ् (केतली), पूजा के काम आने वाले पात्र यथा तिंग, छोद्कोङ् आदि। (२) लकड़ी की वस्तुएँ

सोलचोक (डेस्क विशेष), छड़ी, झि-पोर (सत्तू का पात्र), दोङ्मो (मथनी), कुङ्गरवा (पोथी रखने का स्टैंड), छोस्-डोम (विशेष ढंग की कलात्मक अलमारी), छोस्तेन (स्तूप काष्ठमय), लगशिंग (पोथी बाँधने की लकड़ी की पटरें), (३) मूर्ति, चित्र, पटचित्र आदि परम्परागत कलाओं के निर्माण प्रशिक्षण एवं विक्रय को विशेष प्रोत्साहन दिया जाये-(क) मूर्ति लकड़ी, धातु और पत्थर की बनायी जायेगी। (ख) चित्र एवं पटचित्र थंका की परम्परागत कला को विशेष प्रोत्साहन दिया जाये। (४) चमड़े के उद्योग कोट, बैग आदि के उत्पादन की सम्भावनाओं का विस्तार किया जा सकता है। (५) औषधि, जड़ी-बूटी से सम्बद्ध धन्धों को स्थापित किया जाये। (६) मसाले स्याह जीरा, जिंबू (छौंक में उपयुक्त), यातङ्गरा (छौं क में उपयुक्त) का संग्रह और बिक्री हो। (७) फल एवं मेवे से सम्बद्ध उद्योग चिलगोजा, चूली, खुबानी, अखरोट, बादाम, अंगूर, सेब, प्लम आदि विभिन्न पर्वतीय फलों के संरक्षण एवं प्रोसेसिंग (मुरब्बे, जेम, जैली, शर्बत रस आदि का निर्माण) के लिए विभिन्न स्थानों पर केन्द्र खोले जाएँ। यह खुली सूची है। इसमें देश, काल, परिस्थिति के अनुसार कुछ भी जोड़ सकते हैं या निकाल सकते हैं।

•

हिमालय के हाथ *

हिमालयी सीमान्त में लघु और कुटीर उद्योग की ओर ध्यान गया है। स्वराज्य के तीस साल बाद पहली बार खादी ग्रामोद्योग कमीशन के एक सदस्य ने अपने अफसरों और सहयोगियों के साथ लाहुल-स्पीति और किन्नौर का दौरा किया। दौरे के बाद रवीन्द्र भाई (सदस्य, खादी कमीशन) और राजेन्द्र भाई (उपनिदेशक) के साथ जनवरी के प्रथम सप्ताह में वाराणसी में अनौपचारिक बातचीत हुई। बातचीत से, अन्य बातों के अलावा, यह मालूम हुआ कि उन्हें अब इस इलाके की अनन्यता का प्रत्यक्ष अनुभव हुआ। यह अनुभव बिना देखे नहीं हो सकता। लेकिन यह पहला अनुभव है, इसे दोहराये बिना यह घना नहीं हो सकता। फिर भी इस दौरे के बाद लगभग ५ लाख रुपये का तैयार माल और औजार हिमालयी सीमान्त में भेजा गया, उसका पैसा भी लौट आया।

लाहुल-स्पीति और किन्नौर से छह युवक ट्रेनिंग के लिए नासिक पहुँच गये हैं। वहाँ वे खादी ग्रामोद्योग का हुनर सीख रहे हैं। उन्हें देश के अन्य भागों की पहचान कराने की भी योजना है। उन्हें कहा गया है कि यह सब देख लें, जान लें, और इन्हें हिमालय में इस्तेमाल करने की शक्ति और युक्ति हासिल कर लें।

इस तरह पहला चक्र पूरा हुआ। ऐसे चक्र ज्यादा बड़े आकार के वेग से निरन्तर चलते रहें तो जाकर हिमवत प्रदेश की बर्फ गलेगी। फिर भी लम्बा रास्ता पहले कदम के उठाये बिना तय नहीं होता। यह पहला जरूरी कदम उठाया गया।

अब आगे के काम की चिन्ता है। पहला काम तो शताब्दियों से कताई बुनाई सहित जो हिमालयी संस्कृति इन प्रदेशों में सुरक्षित है उसकी पहचान देश को कराने का है। यह पहचान का प्रश्न ऊपर से जितना सीधा लगता है उतना अन्दर से नहीं है।

---

* *दिनमान* (साप्ताहिक, नयी दिल्ली), १९-२५ फरवरी, '७८ से साभार।

हिमालय की ऊँचाइयों में बहुत करके परम्परागत बौद्ध बसते हैं। गंगा-जमुना के मैदान में वे प्रायः नहीं हैं, जो यहाँ हैं वे हिमालयी बौद्धों को पहचानते नहीं। अपरिचय ही नहीं है, बल्कि कुसंस्कार भी हैं। पुराण में बुद्ध की अवतार के रूप में स्तुति है, व्यवहार में नास्तिक रूप में निन्दा या मारक उपेक्षा। यह कुसंस्कार धीरे-धीरे नहीं दूर किया जा सकता। कुटेव की तरह या तो यह एक झटके से छोड़ा जा सकता है, नहीं तो यह मरते दम तक नहीं छूटता।

दृष्टि के ठीक होने पर फिर कुछ काम ठीक से करना सम्भव होगा और जरूरी भी। जैसे इन प्रदेशों में कच्चा ऊन तिब्बत से आता था। वहाँ कम्युनिस्ट चीन के आ जाने से अब यह नहीं आता। हिमालय के ये कारीगर लम्बे रेशे की मुलायम ऊन पर काम करने के आदी हैं। इन्हें ऑस्ट्रेलिया की मैरिनो ऊन यथेच्छ पहुँचाना जरूरी है। बातचीत से पता चला कि यह किया जा सकता है।

एक तात्कालिक प्रश्न इन सीमान्त जिलों में एक या अनेक उत्पादन प्रशिक्षण केन्द्र खोलने का है। यह खादी ग्रामोद्योग कमीशन की भी चिन्ता है। स्थानीय मित्रों में से श्री टशी पलजोर ने लाहुल के लिए केलंग के पास एक केन्द्र खोलने का सुझाव दिया। स्पीति के लिए यह केन्द्र काज़ा में हो सकता है। किन्नौर के लिए श्री सेम्पा दोरजे का सुझाव है कि यह केन्द्र कल्पा और पूह में खोला जा सकता है।

काम जब शुरू होगा तो कई एक प्रश्न पैदा करेगा। पहला प्रश्न तो यही होगा कि जब सरकारी पैसा, औजार, डिजाइन, संगठन और सबके ऊपर मनुष्य बाहर से इन प्रदेशों में पहुँचेगा तो यह परम्परागत जीवन को अवश्य ही हिलाडुला देगा। हिलडुल एक हद तक जरूरी है, अच्छी भी, लेकिन इसका ध्यान रखना जरूरी होगा कि इससे हिमालय का जीवन छन्द न टूट जाये, जो बाहर से आये वह समरस हो जाये, उरस नहीं।

अन्य बातों के अलावा, परम्परागत डिजाइन और रंग के लोप होने का खतरा दीखता है। ये रंग हिमालय के वातावरण और चित्त की सुन्दरता से उपजे हैं, वे वहाँ के लिए इतने अनन्य हैं जितना कि आकाश, बर्फ, वनस्पति, ग्लेशियर और स्त्री-पुरुष के रंग। ये रंग जैसे महा हिमालय के इसकोख में हैं वैसे पृथ्वी पर कहीं और नहीं हैं। इन रंगों और इनके मेल की रक्षा पहली जरूरत है।

फिर जो डिजाइनें हैं वे पूजा-पाठ और तन्त्र से जुड़ी हुई हैं। बेमतलब नहीं हैं।

इसलिए जब केतली और प्याले, डेस्क और सत्तू के पात्र और स्त्री-पुरुषों की पोशाक पर ये बनायी जाती हैं तो शताब्दियों से प्रायः एक जैसी होती हैं। इनमें कारीगर अपनी प्रतिभा से थोड़ा हेरफेर तो कर सकता है, किन्तु परम्परा से वह बहुत दूर नहीं जा सकता। विशेषकर थंका की पटचित्र कला में तो उसे प्रमाण के मुताबिक ही चित्र लिखना है। अगर उससे वह भिन्न है तो वह व्यक्तिगत कलाकृति हो सकती है। लेकिन वह पूजा के काम नहीं आ सकती। इसलिए वह बार-बार दुहरायी नहीं जा सकती और इसलिए वह आदत और अभ्यास का अंग नहीं बन सकती। इन डिजाइनों में जाने-अनजाने, बहुत करके अनजाने, लोक संस्कृति के गहरे तत्त्व छिपे हुए हैं। मंगलकरण, अमंगलहरण इनमें है। बाहर की डिजाइन के आने को रोक कर तो नहीं रखा जा सकता, यह तो जैसे हवा के साथ आ जाती है, किन्तु इस हवा में ये परम्परागत मंगलचिह्न न उधिया जाएँ, इसकी सावधानी रखना जरूरी है।

हिमालय में कारीगरी को कायम रखने में एक बड़ी बाधा प्रशासनिक रहती है। इस काम को भी अगर सरकारी दफ्तर की तरह से चलाया जायेगा तो नहीं चलेगा। कागज का घोड़ा रोहतांग दर्रे को नहीं पार कर सकेगा। वह वहाँ की तेज बर्फीली हवा में गल जायेगा। ऐसा एक बार पहले भी हो चुका है। ढेबर भाई की यात्रा के बाद इन स्थानों में खादी ग्रामोद्योग का कुछ काम शुरू हुआ। एक ढाँचा बना। कुछ निष्ठावान, कुछ अनिष्ठावान, कार्यकर्ता भी वहाँ भेजे गये, लेकिन उन्हें जैसे निर्वासन का दण्ड दिया गया हो। कमीशन ने उन तक अपना माल और रसद पानी जैसे कुछ भी नहीं भेजा या सिर्फ उतना भेजा जिससे वे सिर्फ अपना शरीर बचा सकें। यह आशा ही की जा सकती है कि दुबारा ऐसा न होगा।

अफसर 'वित्त हित' का विशेष ध्यान रखते हैं। विशेषकर वित्त अधिकारी। उनके लिए वित्त हित हिमालय हित से भी बड़ा है। अनुचित खर्चे पर रोक लगाना उनका कर्तव्य है। किन्तु वित्त से ही हिमालय का तर्पण नहीं हो सकता। 'वित्त हित' हिमालय हित से बड़ा नहीं, वित्त हिमालय के लिए है। वहाँ जनसंख्या के हिसाब से वित्त का अंकगणित नहीं चलेगा, वह तो थोड़ा होगा। वह थोड़ा वित्त थोड़ा भी काम नहीं करेगा, बल्कि कोई काम नहीं करेगा और वातावरण को भी विषाक्त बना देगा।

हिमालय में काम का कुछ नतीजा निकल सके इसके लिए एक न्यूनतम प्रयत्न और पैसा जरूरी होगा। फिर यह सीमा है, इसके विकास से स्त्री-पुरुषों के पुष्ट शरीर

और सन्तुष्ट मन से ही इसकी रक्षा की जा सकती है। 'हिमालय संतरी हमारा' नहीं रहा। यह बराबर ध्यान में रखने जैसा है।

सबसे बड़ी कमी पैसे या पूँजी की नहीं प्रज्ञा-उपायकुशल लोगों की है। ऐसे कार्यकर्ताओं की है जो अपने काम की पूरी जानकारी रखते हों। परहित रत हों, और यह हित कैसे किया जा सकता है, इसका तरीका भी जानते हों, फिर यह प्रज्ञा-उपाय कुशल व्यक्ति पूँजी भी जुटा लेंगे। संगठन भी कर लेंगे और जोखिम भी उठा लेंगे। जहाँ एक ओर इतनी बेकारी है वहीं ऐसे कुशल लोग विरल हैं।

तो आखिर रास्ता क्या है? पहले तो जो भी सरकारी पैसा, औजार, डिजाइन, संगठन और मनुष्य जाएँ वे यह सोच समझकर जाएँ कि हिमालय जा रहे हैं। जो न सिर्फ बर्फ का घर है बल्कि श्रेष्ठ संस्कृति और सभ्यता का घर है। उस ऊँचाई पर जरा नम्रता से जाएँ, जो दुर्विनीत हों, दुःशील हों, दुष्ट प्रकृति हों वे न भेजे जाएँ। फिर, जो भी काम हो वह हिमालय की श्रेष्ठता के साथ समरस हो।

हिमालयी रंगों और डिजाइनों का एक संग्रहालय जिले के मुख्यालय में खोल दिया जाये। जहाँ ये डिजाइनें जो पूजा-पाठ या उपयोगिता या दोनों की चीजों में है उन्हें इकट्ठा कर लिया जाये। जो डिजाइनें सिर्फ कारीगरी के समूह चित्त में हैं उनके नोट बना लिए जाएँ। रंगों के मेल तो संग्रहालय के खास अंग हों ही। इस काम में स्थानीय सुरुचि सम्पन्न, साधन सम्पन्न स्त्री-पुरुषों का सहयोग लेना आवश्यक है, इसके लिए पहले इनका विश्वास भाजन बनना होगा।

कला कौशल का प्रश्न शिक्षा से जुड़ा हुआ है। इन हिमालयी सीमान्त प्रदेशों में शिक्षा का माध्यम और पाठ्यक्रम मैदानी इलाकों से भिन्न-अभिन्न होगा। भोटी भाषा की शिक्षा के बिना इनके परम्परागत धर्म और संस्कृति का मर्म अछूता रहेगा। फिर इनकी शिक्षा में इनके परम्परागत नृत्य, संगीत, चित्रकला और अन्य ललित और उपयोगी कलाओं का तालमेल जरूरी होगा। यह काम सिर्फ खादी ग्रामोद्योग कमीशन का नहीं है, यह हिमालयी सीमान्त की शिक्षा और संस्कृति का प्रश्न है। इसके लिए सम्बद्ध संस्थाओं और वित्त और संगठन का समग्र कार्यक्रम जरूरी होगा। यह एक सृजनात्मक आन्दोलन के रूप में ही सफल होगा, अन्यथा नहीं।

इन विशेष और सामान्य हिमालय हित के लिए कुछ नये संगठन जरूरी हो सकते हैं। जैसे खादी ग्रामोद्योग के लिए स्थानीय संस्थाओं का होना जरूरी है। बम्बई के केन्द्रीय

कार्यालय से या शिमला के क्षेत्रीय कार्यालय से सिर्फ नीति, कागज, पैसा आ सकता है। स्फुरण तो उसी भूमि पर हो सकता है जहाँ इसकी सम्भावना है और जरूरत है। इन विशेष संगठनों का एक विशेष लक्ष्य होगा। जैसे कताई बुनाई को बढ़ावा देना। लेकिन यह विशेष लक्ष्य परम्परागत हिमालयी जीवन को समृद्ध बनाने के सामान्य प्रयत्न का एक अंग ही होगा। इस सामान्य के बिना वह विशेष काम भी न चल पाएगा।

अन्त में, उन हिमालयी मित्रों की एक आशंका है। वे अपने सहज सत्य शील, सैन से कहते हैं : ये सब अच्छी बातें हैं, लेकिन ऐसी अच्छी-अच्छी बात पहले भी कही गयी हैं, देखें, अब क्या होता है?

•

हिमालय की धर्म भाषा *

हिमालय को एक भिन्न प्रकार से भी देखा जा सकता है, एक है बाह्य गिरि, दूसरे अन्तर्गिरि। बाह्य गिरि वह है जिसमें एक पहाड़ के बाद पहाड़ नहीं मैदान दीखता है, अन्तर्गिरि वह है जिसमें पहाड़ के बाद फिर पहाड़ दीखता है, मैदान नहीं। बाह्य गिरि प्राय: अपने दक्षिण भारत के उत्तरी मैदानों से जुड़ा हुआ है। इस पर उत्तर पश्चिम, उत्तर मध्य और उत्तर पूर्व की मैदानी संस्कृति और भाषा का प्रभाव है या बहुत करके भाषा और संस्कृति का, पहाड़ी और मैदानी का संगम और सिलसिला।

अन्तर्गिरि में कई बोलियों का चलन रहा है। ये बोलियाँ जैसे पहाड़ी द्वीप में अलग-थलग विकसित हुई हों, संचार की कमी से इनमें लेन-देन बहुत कम हुआ है। एक पहाड़ी द्वीप की बोली दूसरे की पकड़ में नहीं आती। जैसे किन्नौर की बोली लाहुली को समझ में नहीं आती। इतना ही नहीं, निचले किन्नौर की बोली उपरले किन्नौर में और लाहुल के भी निचले हिस्से की बोली उपरले हिस्से में ठीक-ठीक नहीं समझी जाती। लाहुल-स्पीति हालाँकि एक जिला है, फिर भी लाहुल के केन्द्र केलंग की बोली और स्पीति के केन्द्र काज़ा की बोली में अन्तर है। ध्वनि में, अर्थ में, अर्थ छाया में अन्तर है। लाहुल में ही ६ या अधिक बोलियाँ रही हैं। वैसे स्पीति संस्कृति की दृष्टि से लदाख से ज्यादा नजदीक है। फिर भी लदाखी बोली एक विशिष्ट रूप में विकसित हुई है। बोलियों की जो भिन्नता उत्तर पश्चिम हिमालय में है, वही हिमालय में भी मौजूद है।

इन बोलियों की भिन्नता के साथ-साथ हिमालय के अन्तर्गिरि में, विशेषकर इसके उपरले हिम गिरि में धर्म भाषा एक है। भाषाशास्त्री इसे तिब्बती-बर्मी भाषा

---

* *दिनमान* (साप्ताहिक, नयी दिल्ली), २४-३० दिसम्बर, '७८ से साभार।

परिवार की मानते हैं, और उसे प्राय: तिब्बती कहते हैं किन्तु इसे ठीक-ठीक भोट भाषा कहना अच्छा होगा। भोट संस्कृत शब्द है। तिब्बत सम्भवत: फारसी। स्वयं तिब्बती अपने को बोद-पा या भोट देश के निवासी कहते हैं। बोद भोट का अपभ्रंश मालूम पड़ता है। फिर भोट का बौद्ध-बोध से सम्बन्ध सुझाया गया है। हिमालय के इस प्रत्यन्त देश के निवासी संस्कृत भोट शब्द के पहले अपने आपको, अपने देश को और भाषा को क्या कहते हैं? इसका ठीक पता नहीं। लिखित इतिहास में यह भोट देश है, लगता है तिब्बत का प्रयोग फारसी से अंग्रेजी में और अन्य आधुनिक यूरोपीय भाषाओं में आ गया और इनके जरिये आधुनिक चलन में।

इसका एक कारण (इस भाषा और देश को तिब्बत कहलाने का) यह भी हो सकता है कि इसका बड़ा जमाव तिब्बत में है। वैसे लदाख से लेकर अरुणाचल तक सब दूर है। तिब्बत के पूरब और पश्चिम बौद्ध धर्म शायद तिब्बत में आने से पहले है। किन्तु तिब्बत में महायान बौद्ध धर्म और संस्कृति और भाषा का सबसे ज्यादा उन्नत और विकसित रूप पिछले एक हजार वर्ष से अधिक से सुरक्षित है। ये तिब्बती अपने को भोट देश का निवासी भले कहते हों किन्तु जब फारसी विश्व भाषा थी, या उसने विश्व भाषा बनने की चेष्टा की थी, शायद तब से भोट देश पश्चिम में तिब्बत कहलाया और फिर जब अंग्रेजी ने विश्व भाषा बनने की कोशिश की तो इसने मूल भोट शब्द के बजाय फारसी का तिब्बत ग्रहण किया। एक साम्राज्यशाही भाषा दूसरी साम्राज्यशाही परम्परा को ज्यादा अपनाती है, बनिस्बत मूल भाषा के।

जो हो, ऊपरी हिमालय की यह धर्म भाषा, इसे चाहे भोटी कहें या तिब्बती, उत्तर पश्चिम में लदाख से लगा कर मध्य में नेपाल के मुस्तांग जैसे ऊपरी हिमालय से होते हुए पूर्व में अरुणाचल की तवाङ् गोनपा और उसके भी पूर्व एक हैं। लिपि, ध्वनि, अर्थ सब एक हैं। बोली जरूर भिन्न-भिन्न हैं। जैसे लदाख में लदाखी, अरुणाचल में खाम्ती।

इस तरह हिमालय में बोलियाँ अनेक हैं, बाजार की भाषा, लोकव्यवहार की भाषा में भेद है। इन भेदों सहित भाषा की एकता है। इससे रहित नहीं। इन बोलियों के लोकगीत, इनकी ध्वनि, इनकी भिन्नता की रक्षा जरूरी है। किन्तु इन भिन्नताओं के बीच भोट भाषा की जो हिमगिरि जैसी ऊँचाई पवित्रता और तन्मयता भोटी भाषा में है वह भी सदा स्मरण रखने जैसी है।

यह धर्म भाषा जन्म से लेकर विवाह और मृत्यु जैसे संस्कारों की भाषा है। यह संस्कार लदाख से लेकर अरुणाचल तक प्रायः लामा कराते हैं। इसलिए जो ऊपर-ऊपर से इसे देखते हैं वे इन संस्कारों को और रीति-रिवाजों को लामावाद कह देते हैं। यह लामावाद कोई वाद नहीं। लामा भिक्षु है, उसका धर्म महायान बौद्ध धर्म है। इसलिए लामावाद बुद्धवाद से भिन्न नहीं है। लामा जो संस्कार कराता है वह बहुत करके बौद्ध संस्कार है। उसमें थोड़ा स्थानीय रीति-रिवाजों का रंग भी चढ़ गया है। वह कोई बाह्य नहीं है। स्थानीय रंग में ऐसा रच-पच गया है कि उसे अलग-अलग करना सम्भव नहीं। न इसकी जरूरत है, न इसमें कोई अच्छाई है।

भोटी हिमालय के शास्त्र की भाषा है। इसमें पूरा बुद्ध वचन कन्‍युर के व्यापक शीर्षक में संकलित है। फिर बौद्ध शास्त्र जिसमें प्रज्ञापारमितानय और मन्त्रनय दोनों के ही आचार्यों के और तांत्रिकों के मूलग्रंथ, भाष्य, टीका आदि हैं, तन्‍युर के व्यापक शीर्षक से संकलित हैं। ये संकलन सुन्दर अक्षरों में, कहीं-कहीं सोने के अक्षरों में और हाथ के बने मजबूत कागज पर लदाख से लेकर अरुणाचल की प्रमुख गोनपाओं (विहारों) में सुरक्षित हैं। तिब्बत में इनके अनेक संस्करण लकड़ी के ठप्पों से छाप कर प्रचलित रहे हैं, इनकी छपाई आज भी जारी है, संग्रह भी।

भोट शास्त्र प्रधान रूप से बौद्ध धर्म विषयक है। बौद्ध दर्शन, साधना और पूजा-पाठ इनके प्रधान विषय हैं। बुतोन और लामा तारानाथ के प्रसिद्ध इतिहास भी प्रधान रूप से बौद्ध धर्म के इतिहास हैं। थका (पटचित्र) और भित्ति चित्र की कला भी कला के लिए नहीं, पूजा के लिए है। क़िन्तु इन शास्त्रों में आयुर्वेद, व्याकरण, रसायन, ज्योतिष, भूगोल, नाटक जैसे लौकिक शास्त्र भी हैं। हालाँकि ये लौकिक शास्त्र भी करुणा और शून्यता के सामरस्य से उपजे हैं। विशाल बौद्ध वाङ्मय के अंग हैं।

तिब्बत इस भोट विद्या, कला और साधना का पिछले एक हजार वर्ष से अधिक से परम्परागत केन्द्र रहा है। हिमालय के अन्तर्गिरि में इन विद्याओं का और साधनाओं का अटूट सिलसिला चलता रहा है। बाह्य गिरि को या विश्व को इसकी बहुत खबर नहीं रही। न अन्तर्गिरि को इसकी बहुत फिक्र कि बाह्य गिरि में क्या हो रहा है। १९५० में तिब्बत पर कम्युनिस्ट चीन के प्रभुत्व के बाद भोट विद्या और साधना का यह परम्परागत किला ढह गया। अब इसके बाद इन विद्याओं का और साधनाओं का कोई माना हुआ केन्द्र भारत में या विश्व में कहीं नहीं बन सका। शायद बन सकता नहीं।

भोट शास्त्र और संस्कार की भाषा में एक पीढ़ी में बड़ी तेजी से ह्रास हुआ है। जो पीढ़ी तिब्बत में परम्परागत रूप से दीक्षित शिक्षित है उसमें बहुत बड़ा अन्तर है। लदाख से लेकर अरुणाचल तक इस भाषा और संस्कार के लुप्त हो जाने का भय है। इस भाषा के एक मृग के लाख शिकारी हैं। ये शिकारी आधुनिक भाषाओं के, अंग्रेजी, चीनी, हिन्दी, उर्दू, नेपाली, बांग्ला, असमिया के बाणों से इस एक जीव को बींध रहे हैं।

भोट शास्त्र और संस्कार जिन वेष्ठनों में बँधे हैं उनमें इनकी पूजा तो होती है। धूप-दीप भी दिखाते हैं, कहीं नहीं भी दिखाते। किन्तु इन वेष्ठनों की गाँठ प्रायः नहीं खुलती। यह गाँठ सिर्फ बाहरी नहीं भीतरी भी है। यह अविद्या की गाँठ है। भोट भाषा के अज्ञान के कारण इन शास्त्रों का स्वाध्याय नहीं हो रहा है। अनाध्याय की धूल जमा हो रही है। जिन गोनपाओं में ये पोथियाँ हैं वे बेमरम्मत हैं। बेमरम्मती की धूल और सबके ऊपर अविद्या की धूल इन पर जमा हो रही है। यह सिर्फ हिमालय के इन प्रत्यन्त प्रदेशों की हानि नहीं, पूरे मनुष्य जाति की हानि है। इस हानि को दूर करने का उपाय क्या है?

एक तो सामान्य शिक्षा में लदाख से लेकर अरुणाचल तक भोटी भाषा की पढ़ाई की व्यवस्था हो। अभी यह कहीं है (जैसे लदाख में है) कहीं नहीं है (जैसे लाहुल में नहीं है)। स्कूल-कॉलेज में भोटी की पढ़ाई हो। किन्तु अनुभव यह है कि स्कूली पढ़ाई से शास्त्र की गम्भीरता नहीं आ पाती। इसके लिए हिमालय के परम्परागत बौद्ध विहारों (गोनपाओं) में परम्परागत ढंग से पढ़ाई का सिलसिला जारी रहना चाहिए। यह चार-पाँच बरस की उम्र से लेकर बीस-पचीस बरस तक, बल्कि मृत्युपर्यन्त चलता है। अभ्यास वैराग्य से दृढ़ होता है, सो गोनपा में हो सकता है, अन्यत्र नहीं।

भोटी भाषा को व्यवहार में लाने के लिए एक सुझाव यह दिया जाता है कि इसे संविधान की भाषा सम्बन्धी सूची में अन्य भारतीय भाषाओं के साथ शामिल कर लेना चाहिए। इस सूची में भोटी का स्थान हो यह सहज स्वाभाविक है। इसके लिए जितनी राजनीति और शक्ति जरूरी हो वह इस्तेमाल में लायी जानी चाहिए। कुछ व्यवहार बुद्धि के लोग यह भी सुझाते हैं कि संविधान में शामिल करने की माँग से यह प्रश्न राजनीतिक हो जायेगा। फिर इसमें मतभेद होगा इसलिए इसे शुद्ध सांस्कृतिक स्तर पर हल करना चाहिए। पहले धीरे-धीरे भोटी भाषा का हिमालय में प्रयोग होना चाहिए,

तब जाकर संविधान की सूची में शामिल करने का प्रयत्न।

इन दोनों रास्तों में कोई विरोध तो है नहीं। सिर्फ पहले और बाद के क्रम का अन्तर है। पहले संविधान की मान्यता हो और फिर व्यवहार या पहले व्यवहार हो या फिर मान्यता। दोनों साथ-साथ होने चाहिए। शायद व्यावहारिक दृष्टि से भी बिना प्रतिष्ठा के भोटी का व्यवहार नहीं चलेगा। जब तक भोटी संविधान की भाषा सूची में शामिल नहीं हो जाती तब तक विभिन्न राज्य सरकारों के अफसर इसे हिमालय राज्यों में भाषा फार्मूला में शरीक करने में एक या दूसरा अड़ंगा लगाते रहेंगे। इस राजनीतिक प्रशासनिक अटक को दूर करने का उपाय भी राजनैतिक प्रशासनिक होगा।

इतनी राजनीति के बिना तो हिमालय की संस्कृति और भाषा नहीं चल सकती। इस राजनीति से किसी को परहेज भी नहीं होना चाहिए। यह राजनीति अलबत्ता गैरदलीय या निर्दलीय या सर्वदलीय होगी या दलनिरपेक्ष। जो भी हिमालय प्रेमी होगा वह हिमालय की इस भाषा का भी प्रेमी होगा। प्रेम में वह सब भेद भूलकर क्षण-क्षण, थोड़ा-थोड़ा प्रयत्न करेगा, तभी हिमालय की इस भाषा और संवेदना का संरक्षण संवर्धन होगा, अन्यथा नहीं।

•

अरुणाचल की चिट्ठी

तवाङ्, जिला कमेङ, ३० जून, ७९

१९ जून को प्रातः शिलांग से प्रस्थान, रैन बसेरा : इंस्पेक्शन बंगला, तेजपुर। २० जून को अरुणाचल प्रवेश। यह गुह्य देश है। इसमें अनधिकार प्रवेश वर्जित है। वर्जना के बीच यात्रा है। अटक उतनी बाहर की नहीं है, अन्दर की है। इसलिए इस गुह्य प्रदेश के बारे में अभी नहीं। वैसे भी खोज चल रही है। इसके बीच कुछ बोलने से एकांत टूट जाता है। (या यह आलस्य के लिए बहाना है। पता नहीं।)

अरुणाचल हिमालय की तीन परतें हैं। एक हिमालय की तराई है। यह साङ्पो या ब्रह्मपुत्र के उत्तरी किनारे पर छोटी-छोटी पहाड़ियों का सिलसिला है। इनकी ऊँचाई कमबेश १७०० मीटर तक है। फिर हिमालय की निचली श्रेणियाँ हैं जिनकी ऊँचाई ३५०० मीटर तक है और अन्त में महा हिमालय है। हिमवत देश। इन परतों में भी कितनी परतें हैं और इनके पार जाना है। तराई से शुरू कर अन्तर्गिरि में प्रवेश करते हैं। कमेङ नदी की सुन्दर घाटी में। जैसे एक नये लोक में आ गये हों। हिमालयी सीमान्त की माटी और मानुष। नदी का गों गों का स्वर। किसिम-किसिम के सबुज पहाड़। और धुंध में लथपथ कठिन मोड़ और मार्ग। हर मोड़ पर नया प्रेक्षापट। सबुज, नील, श्याम। इतनी तेज बदली सुन्दरता के साथ आँख और अन्य इंद्रियों सहित मन ताल-मेल नहीं बैठा, जैसे चक्कर खा रहा है। तो आँख मूँद कर अन्दर का सबुज, नील, श्याम देख रहा हूँ। किंतु उसका बखान नहीं कर पा रहा हूँ। ऊपर से शुचिश्वेत वस्त्र के, वातावरण के अन्दर-अन्दर कितना सबुज, अरुण, अरुणाभ छिपा हुआ है। यह अरुणाचल यात्रा में बाहर-भीतर दीख रहा है। और वह

सहा नहीं जा रहा है।

अरुणाचल प्रदेश में पहला पड़ाव बोमडिला में होना था। हुआ रूपा में। रूपा भी अपने नाम की सुन्दर नदी की घाटी है। बल्कि दो नदियों का संगम। सुना था कि रूपा शेरडुगपन जाति का मुख्य गाँव है। गोनपा है। इसलिए इधर मुड़ा। अरुणाचल प्रदेश के मेरे मित्र संसद सदस्य श्री रिनचेन खंडो खिरमे यहीं के हैं। कार्यवश अन्यत्र हैं। उनकी पत्नी, श्री तुंगछेन खिरमे और भाई श्री दोरजे खंडो और रूपा गाँव के गाँव बूढ़ा, राजेन्द्र आश्रम के वासी सब जैसे चिर परिचित हैं। अपने गाँव में और शायद हृदय में स्थान देते हैं। हिमालय की शिष्टई की मूरत हैं।

रूप से किसी अनाम रूपा–अरूपा की छवि बनती है, या नहीं? पता नहीं। नाम से रूप उभरता है। किंतु रूपा इसका अपना नाम नहीं है। यह कभी अंग्रेज राज के दिनों में दिया गया नाम है। पिछले दिनों यहाँ 'रूपम्' नाम का सिनेमा घर बन गया है। इसलिए जो ऊपर झापर खोज करते हैं वे तो यह भी कह सकते हैं कि रूपा 'रूपम्' के नाम पर है!

गाँव बूढ़ा कहते हैं कि पुराना नाम तुगपन है। अर्थ? स्पष्ट नहीं। शायद यह तिब्बती मूल का शब्द हो। तिब्बती मूल में इस प्रकार के शब्द की सूचना नहीं मिलती। किसी शब्द का अपभ्रंश हो सकता है। अलबत्ता भोट भाषा में थुग या तुग का अर्थ है इकट्ठा होना, मिलना। स्थानीय बोली में पम खेती को कहते हैं। पम का पन तो हो सकता है। जहाँ इकट्ठा हो कर मिल कर खेती करते हैं, बसते हैं, वह तुगपन हो सकता है।

जो हो, शेरगाँव, दूसरा बड़ा गाँव है। अरुणाचल प्रदेश के वर्तमान मुख्यमन्त्री श्री पेमा थुङोन का गाँव है। शेर का एक अर्थ सोना होता है। सो अर्थ यहाँ नहीं है। शेर का अर्थ बँटवारा है। कहते हैं पिता तुगपन (रूपा) में रह गये। एक लड़का बँट कर यहाँ आया। इसलिए शेरगाँव। शेरगाँव और तुगपन में बसते हैं, इसलिए शेरतुगपन भाई–भाई हैं। १५–२० किलोमीटर दूर हैं। फिर भी एक माने जाते हैं। अंग्रेजी में ये शेरतुगपन शेरडुगपन हो गये। और इनका सम्बन्ध डुगपा (भूटान) से जोड़ा जाने लगा। शेर यानी शर = पूर्व, डुगपा = भूटान, यानी भूटान के पूर्व के वासी। भूटान के पूर्व तो हैं। उस पहाड़ के पार भूटान है। किंतु शेरतुगपन प्रायः एक स्वर से कहते हैं कि वे भूटान के नहीं हैं। इसी इलाके में इदी, केंखर शायद भूटान से आये हैं। १०० साल से अधिक ही

हो गया होगा। फिर भी वे यहाँ के थुङोन, खंडू वगैरह में एकतान नहीं हो सके हैं। जैसे एक गोत्र से नहीं हैं संप्रदाय की दृष्टि से भी वे करग्युद हैं। थुङोन, खंडू आदि ञिङमा। जो हो, शेरतुगपन अपने को तिब्बत से आया हुआ मानते हैं। एक किस्सा बताते हैं कि कैसे-कैसे उनके पुरखे, शायद गपतेन तिब्बत से आ कर यहाँ बसे। उनके ही बाल बच्चे कुछ मूल तुगपन में, कुछ शेरगाँव में फैले। सर्दियों में ये मैदानों में उतर जाते हैं। प्रायः तीन महीना असम के मैदान में दइमारा में रहते हैं। अब इनकी खेती-पम-के चलते अनेक गाँव हो गये हैं। लेकिन मूल कहीं तिब्बत में हैं। फिर भी शेरतुगपन कहाँ के हैं? कौन हैं? यह रहस्य किंवदंतियों में छिपा हुआ है।

श्री आर.पी. शर्मा ने शेरडुगपन पर एक किताब लिखी है। शायद 'नेफा' प्रशासन के शोध विभाग से प्रकाशित है। एक जानकार शेरतुगपन का मत है कि इसमें अनेक गलतियाँ हैं। जैसे विवाह की प्रणाली आका जनजाति को शेरतुगपन में डाल दिया। फिर वह ही जोड़ते हैं, शर्मा जी की गलती नहीं, ज्ञान नहीं था। दुभाषिया ने जैसा बताया वैसा लिख दिया होगा। भाषा की गलतियाँ हैं। और सबसे ज्यादा उभर कर एक बात आयी है कि 'रिसर्च' वाले एक बात बताते हैं, गाँव वाले एक बात, अब इसमें प्रमाण क्या है?

स्व-संवेदन ही प्रमाण है। बाह्य-आरोपण नहीं। इस थोपने का भी एक क्रम है। जो बाहर से आते हैं उनके अपने संस्कार होते हैं। अपने संस्कार स्मृति के अनुसार प्रश्न पूछते हैं। और खुद ही उत्तर भी सुझाते हैं। गाँव के लोग उतने जानकार नहीं होते। वे उस सुझाव को ही दुहरा देते हैं। जैसे कृष्ण रुक्मिणी का किस्सा है। उसे किसी ने पढ़ रखा है। उस पर वे पूछते हैं तो गाँव के लोग कह देते हैं कि हाँ रुक्मिणी यहाँ की हैं। वे रस ले कर इसे ही नोट कर लेते हैं। शेरतुगपन के लिए यह सही नहीं है। फिर भी एक उदाहरण है।

फिर, वे सर्वश्री मैकेंजी, डालटन, ग्रियर्सन जैसे अंग्रेज अफसरों और खोजियों की किताबें पढ़ कर आते हैं। उन्हें प्रमाण मान कर बिना जाँचे दुहराते हैं, और अगर गाँव के लोग उसके विपरीत या भिन्न बताते हैं तो उनको नहीं। अंग्रेज के कहे को प्रमाण मानते हैं। उसे अपनी खोज में जस-का-तस लिख देते हैं। जैसे शेरडुगपन लिखते हैं। शेरतुगपन नहीं। फिर उसको ले कर दूर की कौड़ी ले आते हैं।

इस क्षेत्र पर, इसकी भाषा, वेश-भूषा, विवाह, पूजा-पाठ पर कई प्रभाव हैं। सबसे पहले तो शायद आदिम जातीय स्मृतियाँ हैं। पहाड़, पेड़, नदी, भूत-प्रेत की पूजा करते रहे हैं। अभी भी उसके पुजारी हैं। फिर कभी इन्होंने तिब्बत में विकसित महायान

बौद्ध धर्म स्वीकार किया। तब से ये परंपरागत बौद्ध हैं, उनमें भी प्राचीन ञिङमा संप्रदाय के मानने वाले हैं। गुरु पद्मसंभव के किस्से यहाँ गाँव-गाँव में हैं। उनके चिह्न भी बताये जाते हैं। व्यापार के लिए भी तिब्बत आते-जाते रहे हैं। तो तिब्बती प्रभाव है।

फिर असम के मैदानों में ये उतरते हैं। वहाँ खेती-व्यापार करते हैं। असम के प्रशासन में रहे हैं। इसलिए असमी प्रभाव और शब्द भी इनमें हैं। फिर नेपाली छइ, छइ न, जैसे नेपाली बोल रहे हैं। फिर, हिन्दी, अंग्रेजी। ये सब ऐसे एकवामय हो गये हैं कि इन्हें अलग-अलग करना असम्भव है। फिर भी, भोट भाषा, संस्कृति को समझे बिना इनकी भाषा संस्कृति की समझ कठिन है। किन्तु ज्यादा कर के रिसर्च वालों को भोट भाषा का परिचय नहीं है। बल्कि अंग्रेजी का कुसंस्कार है। क्योंकि परिचय न हो तो कराया जा सकता है। लेकिन कुसंस्कार हों तो क्या किया जाये।

जो हो, खोज की भाषा के बारे में अभी तो इतना ही। इस बावत कुछ और कहना है। अभी तो 'खोजी' के लिए निकलने का समय है। इसलिए इतना ही बस है।

तवाङ्, २ जुलाई, ७९

तवाङ् रहते हुए एक सप्ताह बीत गया। जब यह लिख रहा हूँ तो यह लिखना न था तवाङ् से प्रस्थान करना था। किन्तु लो के पास रास्ता रुक गया है। बोमडिला से जो रथ हमें लेने आ रहा था वह उधर ही रुका पड़ा है। कच्चा पहाड़ है। वृष्टि हो रही है। पहाड़ कभी आधे, कभी पूरे रास्ते पर आ जाता है। कभी पूरे रास्ते को नदी में ले कर चला जाता है। कभी कमरे के बराबर पत्थर आ जाता है। अरुणाचल के तवाङ् सब डिवीजन, कमेङ जिला और राजधानी इटानगर का शासन चाहता है कि हम तवाङ् से प्रस्थान करें। तवाङ् गोनपा से भी हम कल शाम विदा ले चुके हैं। तो धर्म शासन से भी विदा। किन्तु यहाँ प्रकृति का शासन सबसे बड़ा है। रास्ता रुका हुआ है।

धुंध है। सीमान्त के पहाड़, माटी, मानुष कुछ भी नहीं दीख रहे हैं। तवाङ् गोनपा भी नहीं, गाँव भी नहीं, असिस्टेंट डिप्टी कमिश्नर का घर-दफ्तर कुछ भी नहीं। धुंध का आवरण। आवेष्ठन। बाह्य इंद्रियों से कुछ भी दिखाई नहीं पड़ रहा। तो स्मृति से तवाङ् गोनपा के बारे में आप को यह लिख रहा हूँ।

तवाङ् गोनपा हिमालय के उत्तर पूर्व सीमान्त के हृदय में स्थित है। शून्य विहार है। प्रायः ३५० वर्ष से अधिक पुरानी और प्रशस्त। मेरग लामा-के द्वारा स्थापित। छठे

दलाई लामा के जन्म स्थान उर्गेन लिङ के निकट। पर्वत शिखर पर जैसे पूरे तवाङ् की अध्यक्षता करते हुए शोभायमान। प्रवास के प्रथम दिन से अंतिम दिन तक प्रायः प्रतिदिन अधिक समय और ध्यान इस शून्य विहार का हुआ।

तवाङ् गोनपा में काय, वाक्, चित्त के आधार हैं। हस्तलिखित पोथी, थंका, मूर्तियाँ, पूजा सामग्री, वाद्य यंत्र सब विपुल। कमबेश प्रयोग में भी हैं, किन्तु जैसे अपना अर्थ खोते जा रहे हैं। भिक्षु पाठ करते हैं किन्तु उनका अर्थ कितना जानते हैं? पता नहीं। शाक्यमुनि, आचार्य चोंखापा, आर्य तारा, अवलोकितेश्वर, मंजुश्री, वज्रपाणि आदि की मूर्तियाँ और थंका हैं। उन्हें सम्भ्रमपूर्ण श्रद्धा से रखा गया है। यह निधि सुरक्षित है। किन्तु इनका प्रयोजन क्या है? उदाहरण के लिए अवलोकितेश्वर करुणा के स्वरूप हैं। मंजुश्री प्रज्ञा के, वज्रपाणि शक्ति के। ये तीनों अलग-अलग और कहीं साथ भी लिखे हुए हैं। किन्तु इनकी भावना करने से कितनी करुणा, प्रज्ञा, शक्ति चित्त में उतर रही है या नहीं? पता नहीं। इसका कोई माप भी नहीं किन्तु अन्दाज यह लग रहा है कि तवाङ् गोनपा में और गाँव में श्रद्धा तो है, किन्तु प्रज्ञा छीज रही है।

तवाङ् गोनपा के महास्थविर भिक्षु ग्यलसे टुल्कू हैं। एक अवतारी लामा हैं। तरुण तापस हैं। विद्या-आचरण से सम्पन्न। इनमें प्रज्ञा-उपाय युगनद्ध है। खोज यात्रा में अनेक बार विचार-विमर्श करते हैं। पहले एकांत में फिर सार्वजनिक सभा में। फिर स्थानीय एम.एल.ए. और अंचल प्रतिनिधियों के साथ।

तवाङ् गोनपा उर्गेन लिङ के निकट है। उर्गेन का अर्थ उड्डियान किया जाता है। जो गुरु पद्मसंभव का जन्म स्थान है। यह एक नहीं अनेक जगह बताया जाता है। यहाँ भी है। लिङ का अर्थ द्वीप है। तो तवाङ् जैसे एक द्वीप रहा है। पहाड़, जंगल, नदी, दुर्गम मार्ग वगैरह ने इसे शेष भू-भाग से काट कर अलग-थलग रखा था। लदाख से लगाकर अरुणाचल तक हिमवत देश में ऐसे अनेक द्वीप हैं, पहाड़ के द्वीप। एक द्वीप। फिर अगम पहाड़। फिर द्वीप। फिर पहाड़। अब यह द्वीप द्वीप न रहे। मैदान की हवा यहाँ पहुँच रही है। संचार हो रहा है। सिर्फ असम के मैदानों से ही नहीं, दिल्ली, लंदन, न्यूयार्क, मस्क्वा, टोक्यो वगैरह से भी संचार हो रहा है। अब यह अच्छा है या बुरा या ऐसा-वैसा यह प्रश्न नहीं है। बस हो रहा है। देर सबेर तवाङ् गोनपा एक 'टूरिस्ट सेंटर' बनने वाला है, शिलङ में, इटानगर में इस तरह की बात सुनाई पड़ रही है। तो यह वर्जित क्षेत्र अवर्जित होने वाला है। बाहर की हवा यहाँ लग रही है। आगे के दिनों में

देश-विदेश से सैलानी यहाँ पहुँचने वाले हैं। उन्हें तवाङ् को, सीमान्त की माटी, मानुष को देख कर अच्छा लगेगा। तवाङ् के लोगों को उन्हें देखकर अच्छा लगेगा, यह सब होगा। लेकिन ऐसे में तवाङ् अपनी खूबी और खासियत कैसे बचाकर रखेगा? आप कह सकते हैं कि ऐसी खूबी और खासियत को बचाकर रखने की जरूरत क्या है? तवाङ् को भी राष्ट्रीय मुख्यधारा में आ कर अपना आपा खो देना चाहिए। लेकिन यहाँ जिन्दगी की कुछ खूबियाँ ऐसी हैं जिनको बचाकर रखने की जरूरत है। जैसे अरुणाचल के कई जानकार नागरिकों और अफसरों ने कहा है कि कमेङ जिले में आम तौर पर हत्या, लूटमार प्रायः नहीं होता। 'लॉ एंड ऑर्डर' की समस्या नहीं है। जिन्दगी शान्त और प्रसन्न है। लोगों के चेहरों पर मुस्कान और अपनापन रहता है, तनाव और परायापन नहीं। अब यह बौद्ध धर्म और संस्कृति की देन है या हिमालय की। या दोनों की। इस पर खोज की जा सकती है। किन्तु है अब क्या राष्ट्रीय मुख्य धारा में डाल कर तवाङ् की शांति और सुख को छीनना अच्छा है। या जिन्दगी की यह खूबी और खासियत बचाना?

जो भी हो, प्रवाह पतित होने से बचाना मुश्किल है। तवाङ् गोनपा में एक स्कूल चल रहा है। सभा के पहले उसे देखने का अवसर मिला। एक अंग्रेजी की कक्षा को। एक हिंदी की कक्षा को। विद्यार्थी सभी भिक्षु हैं। अल्प वय के ६ से १५ बरस के अन्दर के। गोनपा को सौंपे हुए। अंग्रेजी कक्षा में पट पर सुन्दर हस्ताक्षर में कुछ शब्द लिखे हुए हैं। अध्यापक और विद्यार्थी उनका समवेत पाठ कर रहे हैं। 'एम ओ एन के ई वाई' मंकी। मंकी माने बन्दर। एम ओ एन...

सब दान में श्रेष्ठ है मनुष्य का जीवनदान। वह जीवनदान इन भिक्षुओं का किया गया है। उन्हें वह दुर्लभ क्षण संपत्ति मिली है। फुर्सत वाला मनुष्य शरीर और जन्म मिला है। और क्या बना रहे हैं? एम ओ एन...

वैसे अंग्रेजी पढ़ाई का अपना तर्क है। स्थानीय मित्र सुझाते हैं कि अभी तक मोनपा भाषा के अध्यापक नहीं हैं क्योंकि इसकी अपनी लिपि नहीं है। भोट लिपि ही इसकी लिपि है। वही धर्म भाषा है। भोटी भाषा, शास्त्र, कर्मकांड तो अपने गुरु से यह सीखते हैं। इन्हें थोड़ी अंग्रेजी, हिंदी और गणित स्कूल में सिखाते हैं। ताकि ये धर्म कार्य भी ठीक से कर सकें। नहीं तो एक चिट्ठी लिखाने के लिए भी ये बाजार में आते हैं।

भिक्षु को अपना जीवन जीने का अधिकार है। और स्थानीय मित्रों का मत है कि

जीवन–यापन अंग्रेजी के बिना कठिन है। इसलिए अगर वह थोड़ी अंग्रेजी सीखता है तो इसमें हानि क्या है? और असल में अगर ठीक गुरु मिले जो दर्शन और पूजा और समय पा कर ध्यान भावना ठीक कराये तो इस के साथ थोड़ा अंग्रेजी, हिंदी, गणित का ज्ञान ठीक है। अति बरजने जैसी है। दोनों ही अन्तों का परिहार कर मध्यम मार्ग पर चलने जैसा है। किन्तु मध्यम मार्ग क्या है। तेनजिन गङ में इसी आयु के भिक्षुओं को प्रातः ४ बजे से शाम ७ बजे तक प्रज्ञा–पारमितानय और मन्त्रनय का कठिन अभ्यास कराया जा रहा है। तवाङ् में अंग्रेजी, हिंदी का पाठ हो रहा है। जब कि वहाँ भोट शास्त्रों का समवेत पाठ सुनाई पड़ रहा है। सारनाथ में भोट शास्त्रों के साथ अंग्रेजी, हिंदी, समाज विज्ञान भी पढ़ाया जा रहा है। तो रास्ता क्या है। कहना कठिन है, जीना और भी। किन्तु व्यवहार बुद्धि का एक बार प्रवेश होने पर कहीं अन्त नहीं। कई वर्ष हुए लदाख में एक बौद्ध दर्शन विद्यालय बना। उसका प्रयोजन तो यह था कि अब लदाख से भिक्षु विद्या और कला सीखने तिब्बत नहीं जा पाते जैसे कि पिछली शताब्दियों में जाते रहे हैं तो इन्हें लदाख में ही बौद्ध धर्म, दर्शन, कला आदि की शिक्षा दी जाये। प्रारम्भ में यह पितुक गोनपा में भिक्षुओं की देखरेख में चला। बाद में वह चोगलमसर में सिंधु के किनारे उठ कर आया। वहाँ व्यवहार बुद्धि के एक सज्जन प्रिंसिपल बन बैठे। उन्होंने धीरे–धीरे अपने जैसे अध्यापक नियुक्त किये। विद्या–आचरण सम्पन्न भिक्षुओं को निकाल बाहर किया। विद्यार्थियों में भी भिक्षुओं को हतोत्साहित किया और अभिभावकों को भी इसी व्यवहार बुद्धि से युक्त किया। परिणाम यह हुआ कि न तो यह बौद्ध, न दर्शन, न महाविद्यालय रह गया। एक–दूसरे दर्जे का स्कूल बन कर रह गया। या कम–से–कम दो बरस पहले जब मैं वहाँ गया तो मुझे ऐसा दीखा।

तवाङ् गोनपा के विद्यालय का भी वही हाल न हो। यह आशंका है। स्थानीय मित्र अपने उत्साह में, सुलभ लाभ में इतने दूरदर्शी न हों, तो यह समझा जा सकता है। किन्तु तवाङ् गोनपा तो सुलभ लाभ के लिए नहीं है। वह तो प्राणिमात्र के सब देश काल में, विशेषकर तवाङ् में मंगल के लिए है। इसलिए गोनपा में तो परम्परागत बौद्धदर्शन और साधना का एक उच्च केन्द्र बने तो ही अच्छा। तवाङ् गोनपा के महास्थविर इस मत के हैं। स्थानीय एम.एल.ए. और जन–प्रतिनिधि अन्ततः इससे सहमत हैं।

कोई कह सकता है कि पहले उच्च अध्ययन का आधार बन जाये तब उसे प्रारम्भ किया जाये। लेकिन अनुभव इसके विपरीत है। अगर अच्छा काम शुरू में ही

वेग से न किया जाये तो उसमें बुराई घुस जाती है। फिर तो वही 'एम ओ एन के ई वाई'–मंकी, हो जायेगा। तब इस पर गम्भीर शास्त्र और साधना का केन्द्र न बन सकेगा। उच्च अध्ययन संस्थान की कल्पना हो और उसके अनुरूप प्रारम्भ हो तो धीरे–धीरे धीरज से वह बन सकेगा, अन्यथा नहीं।

लदाख से अरुणाचल तक एक छोर पर लेह में ऐसा संस्थान हो, और एक अरुणाचल में। सिक्किम में भोट शास्त्रों का सिक्किम संस्थान काम कर रहा है। शायद शिमला के राष्ट्रपति निवास में, जहाँ अब तक इंडियन इंस्टिट्यूट ऑफ एडवांस्ड स्टडीज दिशाहीन काम कर रहा था और अब बन्द हो गया है। वहाँ भी हिमालयी संस्कृति का ऐसा शोध संस्थान हो सकता है। जो भी हो, अगर एक अच्छा संस्थान लेह में हो, एक तवाङ् में तो यह दो छोर पर दो दीप स्तंभ की तरह होगा। और हिमालय के द्वीपों को और उनके अन्तराल में छिपे अंधकार को आलोकित करेगा, इसमें तनिक भी संदेह नहीं।

निश्चय ही इसका प्रारंभिक प्रयत्न तो तवाङ् गोनपा और अंचल से ही हो। फिर अरुणाचल सरकार और भारत सरकार और जहाँ जरूरी हो 'यूनेस्को' इसमें सहकार करे।

ऐसी कल्पना और कामना मैं कर रहा हूँ यह पूरी हो, न हो। किन्तु गोनपा के महास्थविर सिर्फ कल्पनाजीवी नहीं। प्रज्ञा उपाय कुशल हैं। हमारे आग्रह पर एक प्राचीन दस्तावेज दिखाते हैं। यह छठवें दलाई लामा के निर्वाण के पश्चात् तवाङ् गोनपा के लिए दिया शासन है। लगभग ३५० वर्ष पुराना। यह तवाङ् में ही हाथ से बने कागज पर लिखा गया है। भली प्रकार आवेष्ठन में रखा गया है। फिर भी जगह–जगह जीर्ण हो रहा है। इस भोट अभिलेख में पहले तथागत, आचार्य चोंखापा की स्तुति की गयी है। फिर पाँचवें और छठवें दलाई लामा की स्तुति है। गोनपा के इष्ट की भी स्तुति है। फिर तथागत के कार्य का वर्णन कर संघ के महत्त्व पर जोर दिया गया है। आचार्य चोंखापा ने कैसे तीन विहारों की स्थापना की? परम पावन दलाई लामा कैसे करते हैं–इसका संक्षेप में विवरण है। फिर तवाङ् में विहार की स्थापना और उसमें विनय के नियम–उपनियमों की विस्तार से चर्चा है।

संघ में विनय का बड़ा माहात्म्य है। इस शासन में भिक्षुओं के गुण–दोष बताये गये हैं। भिक्षु के लिए कौन–सी वस्तुएँ आवश्यक हैं वह भी बतायी गयी हैं। उनके लिए पूजा, शास्त्र–अध्ययन, शास्त्र के कंठस्थ करने और उसका अर्थ जानने का प्रावधान है। अच्छे विद्या अनुरागियों के लिए तिब्बत में जा कर अध्ययन करने की भी व्यवस्था दी गयी

है। यदि भिक्षु शील का पालन नहीं करता तो उसके दंड की भी व्यवस्था है। छङ पीने, ताश खेलने, अविहित वस्त्र पहनने, धर्म विरुद्ध व्यापार करने पर भी दंड दिया जाना चाहिए। साथ ही, भिक्षु के बीमार पड़ने पर संघ द्वारा उसकी सेवा–शुश्रूषा और निधन पर पूजा–पाठ की भी।

पूजा–पाठ की भी विधिवत व्यवस्था है। पूजा करते समय सभी को ठीक से बैठना चाहिए। एक स्वर में पाठ करना चाहिए। पूजा के बीच भिक्षु को उठना नहीं चाहिए। प्रातः ४ बजे ही जग कर तन्त्र विधि के अनुसार जप करना चाहिए। आदि...

पूजा के बीच में चाय, नाश्ता आदि की भी व्यवस्था है। वार्षिक और दैनंदिन पूजा में तथागत, इष्ट, महाकाल, वैश्रवण, गुह्यसमाज, मेरग लामा आदि की पूजा के साथ–साथ पहले महीने की अष्टमी को जनता के लिए पूजा की भी व्यवस्था है। लोग जो दान दें उसे भिक्षु संघ कैसे ग्रहण करें और उसका भाग कैसे ग्रहण करे और उसका भाग कैसे बँटे इसका भी उल्लेख है।

अन्त में इस अभिलेख में समस्त प्राणियों के सुख की कामना की गयी है। सभी वाद–विवाद रहित हों, सभी दीर्घायु हों, युद्ध आदि न हों। आदि...

यह अभिलेख ११वें महीने के ११वें दिन में सिंह छी वर्ष में लिखा गया। पहले महीने के पाँचवें दिन तवाङ् गोनपा में लागू किया गया। यह वर्ष कौन सा है, यह तिब्बती पञ्चाङ्ग अनुसार जाना जा सकता है। इसे लगभग ३५० वर्ष हो गये हैं। ऐसा अनुमान है।

तवाङ् के महास्थविर भिक्षु ग्यलसे टुल्कु चाहते हैं कि यह अभिलेख भोट मूल में हिंदी अनुवाद सहित यथाशीघ्र प्रकाशित किया जाये। और इसके शासन के अनुसार तवाङ् गोनपा का व्यवहार पुनर्गठित किया जाये। सो उचित ही है। प्रश्न है कि यह कब, कैसे हो?

जो भी हो, यह चिट्ठी पहले से कुछ बड़ी ही हो गयी। और अब तवाङ् से निकलने का प्रयत्न करने का समय है। प्रयत्न करने पर भी शायद जल्द निकलना न हो। किन्तु न करने से ही होगा। इसलिए अब इसे यहीं समाप्त कर रहा हूँ और निष्क्रमण की युक्ति में लग रहा हूँ।

•

तान युन-शान *

पिछले दिनों बोधगया भिक्षु ज्ञान जगत् के निमन्त्रण पर रहा। तीन दिनों तक बौद्ध साधना पर चर्चा हुई। उद्घाटन प्रोफेसर तान युन-शान ने किया। उनसे मिलकर अच्छा लगा। शांतिनिकेतन में गुरुदेव रवीन्द्रनाथ ठाकुर के साथ उनका नाम और काम सुना था। चीना भवन का शोध प्रकाशन *'एनाल्स'* देख चुका था। किन्तु प्रोफेसर तान युन-शान का कोई चित्र चित्त में नहीं था। वैसे वे अपने दीर्घ जीवन में ही एक कथा-चरित्र हो गये हैं। सोचता था कि लगभग ८० बरस की आयु है। दर्शनीय होंगे। लेकिन बातचीत करने जैसे हों, न हो?

जैसा अकसर होता है, काल्पनिक चित्र और वास्तविक में भारी अन्तर है। प्रोफेसर तान युन-शान वर्तमान में कार्यरत हैं। अतीतजीवी नहीं, अनागत दर्शी हैं। १२० बरस तक जीने की आशा रखते हैं। थके नहीं। ऊबे नहीं। काल को सकारते नहीं। उससे जूझते हैं। फिर भी चेहरे पर कहीं कोई तनाव नहीं। शान्त, प्रसन्न, तृप्त, किन्तु कर्मरत। उन्हें देखकर कबीर की पंक्ति सहसा ध्यान आती है : *"संतो सहज समाधि भली है..."*

जिज्ञासा है उनसे चीनी ध्यान सम्प्रदाय के बारे में सुनने को मिलेगा। चर्चा का उद्घाटन करते हुए कहते हैं कि, "चीन में ध्यान सम्प्रदाय गया, यह कहना सही नहीं है। ध्यान धर्म से अलग नहीं। भारत से चीन में महायान बौद्ध धर्म गया। ध्यान उसका अंग है। आगे चलकर ध्यान चीनी चान, जापानी जेन अलग सम्प्रदाय कहलाया, सो नामकरण सही नहीं है।"

चर्चा में मेरी एक बात उन्हें जँची। उसको संक्षेप में, सार रूप में अंग्रेजी में दोहराने को उन्होंने कहा। उनके आदेश पर अंग्रेजी का संक्षिप्त सार्वजनिक प्रयोग किया, उस पर

---

* *धर्मयुग* (साप्ताहिक, मुंबई) २७ अगस्त, '७८ से साभार।

वे बहुत देर तक बोलते रहे। मैंने भिन्न-भिन्न साधना-पद्धतियों की अनन्यता, भिन्नता, विशिष्टता को प्रस्तुत करने पर बल दिया। भिन्नताओं में से क्रम, व्यवस्था वगैरह बाद में बने, न बने, पहले तो यह पद्धति मूलरूप में क्या है? यह प्रकट हो, फिर समन्वय हो, न हो।

समन्वय शक्ति के आधार पर होता है। शक्तिशाली पद्धति और परम्परा दूसरे को आत्मसात करने के लिए उसके साथ समन्वय पर जोर देती है। इसमें जो शक्ति, युक्ति, भाग्य के कारण निर्बल है वह सबल द्वारा पचा लिया जाता है। इस एकरसता में नहीं, विभिन्नता में संस्कृति का वैभव और ऐश्वर्य है। मनुष्य जाति के लिए कौन चीज कब काम आये कौन जानता है? लोक की रुचि, मति, गति भिन्न होती है। इसलिए, इसके लिए भिन्न-भिन्न साधना-पद्धतियाँ जरूरी हैं, समन्वय नहीं। विशेष कर अपने देश में जो आधिकारिक विचारधारा है, शांकर वेदांत है, उसके साथ नहीं। उससे भिन्न, विशिष्ट ध्वनि बौद्ध साधना और साहित्य की है। वह रहे। सृजनशील रहे।

प्रोफेसर तान युन-शान ने इसका समर्थन किया। कहा कि, "एक फूल से बगीचा नहीं बनता, बहुत से फूलों से बनता है। थेरवाद और महायान धर्म और साधना में स्वाभाविक विकासक्रम है।"

इसी सिलसिले में उन्होंने अपनी 'वर्ल्ड बुद्धिस्ट अकादमी' की दृष्टि का प्रकाश किया। प्रोफेसर तान युन-शान की 'वर्ल्ड बुद्धिस्ट अकादमी' क्या चीज है? इसका प्रयोजन क्या है? कहाँ तक इसमें प्रगति-अगति है? यह जानने की जिज्ञासा होती है। प्रोफेसर तान युन-शान अत्यन्त नम्रता और सम्मान के साथ हमें वहाँ आने के लिए आमंत्रित करते हैं, जहाँ अकादमी की इमारत खड़ी हो रही है। हम हैं : सम्पूर्णानन्द संस्कृत विश्वविद्यालय, वाराणसी के बौद्ध दर्शन के विभागाध्यक्ष श्री रामशंकर त्रिपाठी, केन्द्रीय तिब्बती उच्च अध्ययन संस्थान के प्राध्यापक श्री सेम्पा दोरजे और मैं।

तीन दिन की चर्चा के बाद बोधगया स्थित जापानी-थाई विद्वानों के साथ-साथ प्रोफेसर तान युन-शान के सत्संग के लिए एक शाम हम बोधगया में और ठहरते हैं। इसी शाम प्रोफेसर तान युन-शान की जीवन कहानी और अकादमी से परिचित होते हैं।

श्री तान युन-शान का जन्म १९०१ ई. में चीन के बेंन च्यांग-श्यांग में हुआ। इस प्रदेश के नाम का अनुवाद 'संस्कृति नदी प्रदेश' किया जा सकता है। इसी देश के एक परम्परागत चीनी विद्या और धर्मवाले परिवार में ये जन्मे, पले, पढ़े-लिखे। परम्परागत

ढंग से ग्रंथ, भाषा, शास्त्र, व्याकरण, साहित्य, इतिहास, दर्शन आदि परम्परागत चीनी विद्याएँ पढ़कर वे १९१५ में एक आधुनिक कॉलेज में आये। वहाँ यूरोप और अमरीका से प्राप्त नयी विद्याएँ, विधियाँ सीखीं। उन दिनों चीन में दो प्रकार के जबरदस्त आन्दोलन चल रहे थे। एक था राजनीतिक जिसकी दो धाराएँ थीं एक तो राष्ट्रीय, दूसरे कम्युनिस्ट। दूसरा था सांस्कृतिक और शैक्षणिक। इसमें भी दो धाराएँ थीं। एक तो 'दक्षिण समुद्र के देशों'–अर्थात् हिन्द-चीन, मलेशिया, थाईलैण्ड, बर्मा, हिन्देशिया वगैरह में जा कर वहाँ प्रवासी चीनियों के बीच चीनी संस्कृति और शिक्षा का प्रसार करना, दूसरे, यूरोप विशेषकर फ्रांस जाकर विद्यार्थी और मजदूर की हैसियत से नये ज्ञान-विज्ञान सीखना।

सोच विचार कर श्री तान युन-शान ने दूसरा रास्ता चुना। सिर्फ 'कैरियर' के तौर पर नहीं, बल्कि 'मिशन' के रूप में। इसमें उन्होंने एक चीज अपनी ओर से जोड़ ली। वे एक तीर्थयात्री के रूप में भारत आकर बौद्ध धर्म और आर्य धर्म प्राप्त करेंगे, पुराना और नया। फाहियान, ह्वेनसांग और ई-त्सिंग की भाँति वे दो महान देशों के बीच प्राचीन धार्मिक सम्बन्धों को पुनरुज्जीवित करेंगे और नये सांस्कृतिक सम्बन्ध कायम करेंगे और इसके जरिये विश्व में शान्ति, प्रेम और एकता को बढ़ाएँगे। उनकी योजना थी : पहले चार साल मलेशिया और सिंगापुर रहेंगे। फिर पाँच साल भारत रहेंगे–तीन साल गुरुदेव के साथ शन्तिनिकेतन और दो साल गाँधी जी के साथ साबरमती आश्रम। अन्त में तीन साल के लिए यूरोप जाएँगे और वहाँ से रूस और साइबेरिया होते हुए चीन लौटेंगे। उनकी यह योजना पूरी न हो सकी। वे १९२८ में पहली बार भारत और शान्तिनिकेतन आये, तब से तीन या पाँच वर्ष नहीं, पचास वर्षों से वे भारत में ही हैं, कहते हैं कि जीवन-पर्यन्त यहीं रहेंगे।

शांतिनिकेतन के आश्रमवासी संघ के अभिनंदन के उत्तर में आचार्य कहते हैं, "मेरी इस असफलता, या सफलता का मैं कोई और कारण नहीं बता सकता। सिवा इसके कि यह पुराने कर्मों का फल है। मुझे इसके लिए खेद न है, न रहेगा, बल्कि प्रसन्नता है।"

यह प्रसन्नता आचार्य तान युन-शान की अपनी निजी और अन्दरूनी चीज है। सदा उनके चेहरे पर ऐसे खेलती रहती है जैसे कि एक बच्चे या सिद्ध के चेहरे पर।

शान्तिनिकेतन में आचार्य ने चीनी-भारतीय विद्याओं के अध्ययन-अनुसंधान के लिए

जो महान कार्य किया, वह अपने में एक गौरव-गाथा है। 'चीना भवन' के अध्यापक, स्नातक, चीनी पुस्तकों का संग्रह, खोज, प्रकाशन और वर्तमान स्थिति और भविष्य के लेखा-जोखा के लिए न तो यह उचित अवसर है, न अवकाश।

इसलिए अन्त में प्रोफेसर तान युन-शान की 'वर्ल्ड बुद्धिस्ट अकादमी' के बारे में :

इसमें चार संस्थान होंगे : भारतीय, चीनी, जापानी और तिब्बती। इनका पहले चरण में पृथक् अध्ययन होगा। दूसरे चरण में तुलनात्मक अध्ययन और अन्त में समन्वय, प्रारम्भ में नहीं। तद्विषयक विद्वानों और पुस्तकों का यहाँ संग्रह होगा।

इसके पीछे प्रेरणा क्या है? आचार्य ने कहा कि, "बोधगया से ही संसार को बोधि मिली है, इसलिए हमारा इस स्थान के प्रति ऋण है। हम उससे उऋण होना चाहते हैं, इसलिए बोधगया में बोधि के लिए यह संस्थान काम करेंगे, इनमें बौद्ध धर्म, साधना, विद्या के विभिन्न रूपों का स्वतन्त्र, तुलनात्मक और समन्वयात्मक दृष्टि से अध्ययन-अनुसंधान होगा।"

यह कोरी कवि कल्पना नहीं है। हालाँकि प्रोफेसर तान युन-शान कवि भी हैं। हिन्द महासागर, शान्तिनिकेतन और भारत में प्रयास पर उनकी प्रारम्भिक कविताओं का एक संकलन उन्हीं दिनों कैंटन से छप चुका है।

आचार्य प्रवर में प्रज्ञा-उपाय युगनद्ध रूप में है। अकादमी की तीन मंजिला इमारत का ढाँचा और काफी निर्माण हो चुका है। इसका नक्शा उन्होंने खुद बनाया है। कोई इंजिनियर नहीं रखा है। सिर्फ मिस्त्री और मजदूरों की मदद से वे इसे खुद बनवा रहे हैं। खुद इसकी निगरानी करते हैं। नीचे से ऊपर तक तीनों मंजिल खुद ले जाकर उसकी कल्पना और कृति बताते हैं। हर मंजिल में एक बुद्ध प्रतिमा होगी। सम्भवतः ध्यान, बोधि और धर्मचक्र प्रवर्तन मुद्रा में। बीच में हॉल होगा। किनारे-किनारे अध्ययन-अनुसंधान के लिए कमरे होंगे। प्रारम्भ में एक-एक खण्ड एक-एक संस्थान के लिए होगा। आगे चलकर इसका विस्तार किया जा सकेगा।

इमारत उठ रही है। इसकी दृष्टि बताते हैं : सादगी में सुन्दरता और यह मजबूत होगी। बहुत मजबूत। कम-से-कम १,००० बरस चलेगी। भूकम्प इसे हिला नहीं सकेगा। कांक्रीट और सीमेण्ट की चौड़ी-चौड़ी दीवारें, खम्भे और पानी में डुबाया फर्श इस मजबूती की पूर्व सूचना दे रहे हैं।

हम बार-बार मना करते हैं। फिर भी आचार्य ठक्-ठक् करते हुए छत पर हमें ले आते हैं। छत से बोधगया को दसों दिशाओं में देखते हैं। कहते हैं कि इसकी स्थिति बहुत अच्छी है, मध्य में है। दृष्टि दूर-दूर तक जाती है। प्रीत है, कृतज्ञ है, वह दृष्टि।

प्रोफेसर तान युन-शान अपनी अकादमी के लिए सरकारी सहायता नहीं लेना चाहते। कम-से-कम प्रारम्भ में नहीं, नहीं तो फिर सरकार कहेगी कि यह करो, वह न करो, इत्यादि। वैसे सरकार का नितान्त निषेध नहीं। जब संस्थान बन जाये तो उसमें 'चेयर', छात्रवृत्ति वगैरह सरकार दे सकती है। कहते हैं कि यह शुद्ध होना चाहिए।

अकादमी के लिए वे हमारा आशीर्वाद चाहते हैं। नम्रता की तो वे मूरत हैं। आयु, अनुभव, यश में वे हमसे उतने ऊँचे हैं जितना कि पहाड़ का बादल। फिर भी, हम उनकी इच्छा का आदर करते हैं। अकादमी की सफलता के लिए मंगल कामना करते हैं और 'धर्मयुग' के द्वारा प्रार्थना करते हैं : देश-देशान्तर से सुरुचि और साधन सम्पन्न व्यक्ति इस महान् साधक की 'वर्ल्ड बुद्धिस्ट अकादमी' की कल्पना को साकार करने के लिए जो भी कुछ कर सकते हों, करें। यह करने जैसा काम है, और करना है तो शुरू करना चाहिए और अच्छा ही करना चाहिए।

•

धान्यकटक की पहचान *

श्रीपर्वत दक्षिण भारत में पहाड़ियों का सिलसिला है। बौद्ध तन्त्र के साहित्य में इसका बड़ा मान है। *आर्यमंजुश्रीमूलकल्प* के दशम परिवर्त में कहा गया है :

श्रीपर्वते महाशैले दक्षिणापथसंज्ञिके ।
श्रीधान्यकटके चैत्ये जिनधातुधरे भुवि ।।
सिद्ध्यन्ते तत्र मन्त्रा वै क्षिप्रं सर्वार्थ कर्मसु।

(*मंजुश्रीमूलकल्प*, १०, ११-१२)

दक्षिणापथ के इस महाशैल श्रीपर्वत में स्थित श्रीधान्यकटक बौद्ध तन्त्रयान का उद्गम है। महायान की परम्परा के अनुसार श्रीधान्यकटक में तथागत ने तन्त्र की देशना की है। ज्ञातव्य है कि तिब्बती परम्परा में तथागत के तीन धर्मचक्र प्रवर्तन की सूचना है। एक तो सारनाथ, वाराणसी के ऋषिपतन में श्रावक धर्म का धर्मचक्र प्रवर्तन किया। दूसरा राजगृह के गृध्रकूट पर्वत पर प्रज्ञापारमितानय का और तीसरे श्री धान्यकटक में तन्त्रनय का प्रवर्तन किया। यह कोई तिब्बती लामाओं की कपोल कल्पना नहीं है। भारतीय परम्परा में भी शेष दो धर्म देशनाओं का वृत्तान्त सुरक्षित है। श्री नडपाद (नरोपा) विरचित कालचक्रतन्त्र की *सेकोद्देश टीका* में उद्धृत *मूलतन्त्र* में कहा गया है :

गृध्रकूटे यथा शास्त्रा प्रज्ञापारमितानये ।
तथा मन्त्रनये प्रोक्ता श्रीधान्ये धर्मदेशना ।। (*से.टी.*, पृ. ३)

जैसे शास्ता ने गृध्रकूट में प्रज्ञापारमितानय की, वैसे ही श्रीधान्य (कटक) में मन्त्रनय की धर्मदेशना की।

धान्यकटक अशोक के काल में धरणिकोट है। यहाँ एक महाचैत्य के होने का

---

* पाण्डुलिपि ०९.०२.१९७८; *रविवार* (साप्ताहिक, कलकत्ता) में प्रकाशित (?)।

वृत्तान्त बौद्ध साहित्य में सुरक्षित है। अशोक का एक शिलालेख यहाँ मिल चुका है। कृष्णा नदी के तीर उस पर एक धोबी कपड़ा धोया करता था। अब वह भारत सरकार द्वारा निर्मित अमरावती के पुरातत्त्व संग्रहालय में सुरक्षित है। अभी धान्यकटक या धरणिकोट नाम से वहाँ नहीं पहुँचा जा सकता। धान्यकटक का स्तूप और अन्य अवशेष आन्ध्र प्रदेश के गुंटूर जिले के अमरावती नामक कस्बे में है। यह अमरावती महाराष्ट्र की अमरावती से भिन्न है। आन्ध्र प्रदेश के गुंटूर शहर में अमरावती लगभग ३० किलोमीटर दूर कृष्णा नदी के तट पर है।

बौद्ध परम्परा के अनुसार आचार्य नागार्जुन ने अपने जीवन के अन्तिम दिन श्रीपर्वत में बिताये। उन्होंने धान्यकटक के महाचैत्य के लिए प्राकार बनवाया, ऐसा बुस्तोंन और लामा तारानाथ के बौद्ध धर्म के इतिहास (तिब्बती मूल) में उल्लिखित है। अभी तक इसका कोई पुरातात्विक साक्ष्य शिलालेख वगैरह नहीं मिला है। किन्तु यह स्मृति स्थानीय तेलुगू परम्परा में सुरक्षित है। स्थानीय परम्परा और तिब्बती परम्परा में अद्भुत मेल है। यह किस शिलालेख से कम है?

प्रसिद्ध चीनी बौद्ध तीर्थ यात्री य्वान श्वांग ईसा की सातवीं शताब्दी में (६२९-६४५) भारत की तीर्थयात्रा के लिए आया। वह धान्यकटक भी गया। उसके वृत्तान्त में इसका नाम तो-ना-की-त्सी-क्यिा है। आन्ध्र देश से वीरान जंगल में १,००० मील दक्षिण की यात्रा कर वहाँ पहुँचा। 'उसने धान्यकटक को समृद्ध और उपजाऊ पाया। यहाँ बराबर खेती होती है। और फसल अच्छी होती है। बहुत-सा देश वीरान है। और नगर विरल है। अनेक संघाराम हैं। किन्तु अधिकांश वीरान और नष्ट हो गये हैं। जो सुरक्षित हैं, वे लगभग २० हैं। इनमें लगभग १,००० भिक्षु हैं। वे सब महायान का अध्ययन करते हैं। १०० देव मन्दिर हैं। उनमें बहुत-से लोग जाते हैं, जो भिन्न-भिन्न मतों के मानने वाले हैं।'

श्रीधान्यकटक के महाचैत्य का उल्लेख बौद्ध तांत्रिक साहित्य में बार-बार मिलता है। इसके नष्ट होने का इतिहास ज्ञात नहीं है। य्वान श्वांग के वृत्तान्त से ही पता चलता है कि सातवीं सदी में ही धान्यकटक के संघाराम प्रायः वीरान और नष्टप्राय थे।

धान्यकटक (या अमरावती) स्तूप की खुदाई १९६२-६३ में हुई। जुलाई, १९७३ में मैंने यहाँ रह कर इस बाबत विशेषकर स्थानीय परम्परा की खोज की। अब इस स्तूप का ढूहा शेष है और कुछ प्रदक्षिणा पथ के पत्थर। अवशेष का अच्छा अंश

लन्दन म्यूजियम पहुँच गया है। कुछ मद्रास संग्रहालय में है। मद्रास के कुछ सामान की अनुकृति अमरावती संग्रहालय में है। जबकि मूल-अवशेष अमरावती में होने चाहिए, अनुकृति लंदन और मद्रास में।

दुर्भाग्य है कि धान्यकटक अपरिचित है। महायानी बौद्धों को जब इसकी सूचना मिलती है कि धान्यकटक की खोज हो चुकी है और वहाँ जाया जा सकता है, तो इससे ही वे भाव-विभोर हो जाते हैं। इसे बौद्ध तीर्थयात्रा के नक्शे पर लाने की जरूरत है। फिर तो प्रवासी तिब्बतियों से लगा कर देश-विदेश के, विशेषकर महायानी बौद्ध धान्यकटक की तीर्थयात्रा कर, धन्य होंगे, इसमें तनिक भी संदेह नहीं।

•

लुंमिनि की स्मृतियाँ *

(नेपाल यात्रा की डायरी में दर्ज है।)

५/७/७८

पोखरा-भैरहवा-सुनौली-गोरखपुर।

तानसेन बगल में छूट गया। बुटवल के बाद पहाड़ छूटा, मैदान मिला। भैरहवा में पता किया। लुंमिनि के लिए रास्ता नहीं, दानव नदी पर पुल नहीं, २२ किलोमीटर लुंमिनि है। नदी के इस पार तक सवारी मिल सकती है, फिर नदी पार करनी है, उस पार?

लुंमिनि खींच रही है। तथागत से जुड़े चार तीर्थों में है : लुंमिनि जहाँ जन्म हुआ, बोधगया जहाँ बोधि प्राप्त की, सारनाथ जहाँ प्रथम धर्मचक्र प्रवर्तन किया, और कुसीनारा जहाँ निर्वाण प्राप्त किया तो जनन की ठाँव जाना चाहता हूँ, सकूँगा? नहीं सकूँगा? भैरहवा से नहीं, तो क्या गोरखपुर से हो सकता है?

६/७/७८

गोरखपुर-नौगढ़-सड्डा-ककरहवा-लुंमिनि।

गोरखपुर से रात १.३० बजे जनता मिली। मुद्दती गाड़ी है, सारी रात चलकर सुबह उसका पहुँची। उसका से नौगढ़ बस मिली, पहले लुंमिनि तक जाती थी। फिर भारत नेपाल सरकार के बीच क्या हुआ? मालूम नहीं, ककरहवा तक जाने लगी। ककरहवा भारतीय गाँव है वहाँ से लुंमिनि लगभग १० किलोमीटर है। सड़क १९५६ में दलाई लामा जी के आने के समय बनी। बेमरम्मत है। बेमरम्मती रास्ते का मल है, मरम्मत के नाम पर मिट्टी डाल देते हैं। वह चिऊंटा की तरह पकड़ती है।

---

* *दिनमान* (साप्ताहिक, नयी दिल्ली), २२-२८ जून, '८० से साभार।

बस अड्डा तक है। वहाँ तिमितोरा नदी है। पहाड़ी नदी। नेपाल के पहाड़ों से आती है। गर्मी में भी डूबने भर पानी रहता है। लकड़ी का चह रहता है। उस पर से बस निकल जाती है। इधर पानी तेजी से बढ़ा तो वह पुल बह गया। जून से एक बड़ा लकड़ी का पुल बन रहा है। वही अगर अप्रैल से बनता तो बन गया होता। अभी बन ही रहा है। पी. डब्ल्यू. डी. के कूलों से नदी पार करनी है, धर्म भी कूल जैसा है।

नदी तट पर शास्त्री जी मिलते हैं, संस्कृत विश्वविद्यालय के साहित्य के शास्त्री हैं। लुंमिनि के लिए सीधे रिक्शा तय कर देते हैं। अकेले ही जाना पसन्द करता हूँ। ककरहवा पर भारतीय सीमा चौकी है, वहाँ ताश चल रहा है। दूर से ही जाने के लिए कह देते हैं, यह सीमा शान्त है।

उस पार नेपाल की भनसार है। वहाँ कैमरा देखते हैं, रूसी कैमरा कैसा है? कुतूहल ज्यादा है, जाँच कम।

प्रहरी चौकी पर प्रहरी पूछता है कि कुछ कागज-पत्र है। कैसा कागज है? विरोधी कागज झोला झाँक लेता है, और बढ़ने देता है।

पड़ेरिया के पास आते-आते बढ़ना असम्भव हो जाता है। पहले रास्ता टूटा हुआ है, लेकिन चलता है यहाँ तो मिट्टी पकड़ती है। लुंमिनि वही है, लेकिन उतना ही मरण घाव है।

रिक्शा छोड़कर पैदल चलता हूँ, सलाउद्दीन आगे-आगे झोला-मंतरा लिये।

लुंमिनि हिमालय की तराई का गाँव है। दूर नील अचल जैसे लिखा है। नीली ऊबड़-खाबड़ रेखाओं से आकाश पृथ्वी से बँटा हुआ। आस-पास खेत। आम, महुआ, पीपल, पाकड़ के पेड़। धुले-धुले से हरित, पीत, श्याम वर्ण की किस्में एक-दूसरे में गुँथी हुई और सबके ऊपर विभु नील आवरण।

लुंमिनि गाँव, बाजार पार कर बौद्ध विहार है, भिक्षु विमलानन्द हैं। बाबा (अनिरुद्ध भंते) का कोई पत्र नहीं आया। इसलिए चिन्तित हैं।

मन्दिर के ही एक प्रशस्त कमरे में ठहरने का प्रबन्ध कर देते हैं। एक उपासिका हैं जो भोजन कराती हैं। उसके पहले दिव्य स्नान करता हूँ। धूप में भी पानी ठण्डा है। कुएँ में चाँपाकल लगा है। खुले आकाश के नीचे स्नान होता है। सामने माया देवी का मन्दिर है, उसके पीछे आशोक स्तम्भ है, पोखरी है, अवशेष है।

जन्म की प्राचीन मूर्ति है। माया देवी साल वृक्ष की टहनी पकड़े हुए हैं। परिचारिका है। सिद्धार्थ जनम चुके हैं। ब्रह्मा उनके लाभ-सत्कार के लिए खड़े हैं। पुराने

की एक नयी अनुकृति भी है।

भिक्षु विमलानन्द लगभग १६ वर्ष की आयु में प्रव्रजित हुए। २०-२५ बरस लंका, पालपा (तानसेन) के रहने वाले हैं। एक बड़े परिवार में जनमे—माता जनमते ही न रहीं। दूध की धार को बन्द कर चली गयी। फिर दीदी फिर गृह कलह। शान्ति की खोज में भिक्षु हुए। आधी जिन्दगी जी ली। देखा कि शील के जो देशक हैं, वे जैसी देशना करते हैं, वैसा बरतते नहीं।

धर्मोदय लुंमिनि शाखा के आग्रह पर पिछले चार वर्षों में लुंमिनि में हैं। यहाँ प्रारम्भ से भिक्षु अनिरुद्ध हैं। यह विहार १९५३ में जब सारिपुत्र, मौद्गल्यायन की अस्थि आयी तब से हैं। लुंमिनि में जो धर्म है वह भिक्षु अनिरुद्ध की एकान्त साधना का फल है।

यहाँ अशोक स्तम्भ वगैरह का पता नहीं, ढँक गया था। १८९६ ई. में डॉ. फुर्हरर (?) आये प्रयोजन यात्रा का या शिकार जो भी रहा हो, संस्कार पुरातत्त्व का था। पश्चिमी नेपाल राज्य के बुटवल जिले में रुम्मिनदेई नाम का निर्जन स्थान था। यह घोर वन था। माया देवी के काल में भी तो उपवन था, गाँव नहीं, जो हो, देखा कि स्तूप जैसा कुछ तीन फुट निकला है। उन्होंने तत्कालीन दरबार को पत्र लिखा। वहाँ से देखने आये, फिर अभिलेख भी मिला। उसकी कापी भारत पढ़ने को भेजी गयी, तब पता चला कि यही लुंमिनि ग्राम है।

लुंमिनि धर्मोदय समिति के उपाध्यक्ष अनिरुद्ध ने लुंमिनि अशोक शिलालेख प्रकाशित कर भेंट किया है। यह प्रकाशन विशिष्ट है। प्रारम्भ में मूल ब्राह्मी लिपि में शिलालेख है। फिर नागरी लिपि और नेपाली, नेवारी, हिन्दी भाषा में, इसका अनुवाद है। साथ ही रोमन लिपि में और अंग्रेजी भाषा में, जापानी, थाई, बर्मी, सिंहली, भोट (तिब्बती) लिपि और भाषा में शिलालेख का लिप्यन्तर और अनुवाद है। इस तरह यह एक अन्तर्राष्ट्रीय बौद्ध दस्तावेज है। देवनागरी लिपि में यह शिलालेख इस प्रकार है :

देवान पियेन पियदसिन लाजिन वीसति-वसाभिसितेन
अतन आगाच महीयिते हिद बुधे जाते सक्यमुनीति
सिला विगडभी चा कालापित सिलाथभे च उसपापिते
हिद भगवं जातेति लुंमिनि-गामे उबलिके कटे

अठ-भागिये च

हिन्दी अनुवाद निम्नलिखित है :

देवताओं के प्रिय प्रियदर्शी (अशोक) राजा राज्याभिषेक के २०वें वर्ष में स्वयं आकर विराजमान हुए। यहाँ बुद्ध शाक्यमुनि के जन्म होने से पत्थर की प्राचीर बनवायी गयी और एक शिला स्तम्भ खड़ा किया गया। यहाँ भगवान के जन्म होने से लुंमिनि ग्राम बलि (कर) मुक्त किया गया और अष्टभागीय भी।

लुंमिनि की खोज हुई तो अनागारिक धम्मपाल थे। महाबोधि सोसायटी काम कर रही थी। उन्होंने तीर्थयात्री भेजना शुरू किया, पहले नौतनवां होकर गाँव-गाँव आते थे, सबेरे आते, शाम लौट जाते।

लुंमिनि विकास योजना भव्य है। किन्तु जैसा चाहिए वैसा काम नहीं हो रहा है। किन्तु लुंमिनि विकास का मतलब क्या है। लुंमिनि में किसका विकास करना है? भूमि का? या मनुष्य का? बौद्ध कौन है? भूमि? या मनुष्य? या दोनों का? भूमि का विकास हो रहा है? लगभग १०० परम्परागत बौद्ध बसाये जाएँ, नेवार और तिब्बती। वे इसे जगाएँगे। जब बौद्ध होंगे तो वातावरण होगा। पर्यटन विकास से तो अशान्ति होने वाली है।

परम्परागत बौद्ध भी मूल अर्थ भूल गये हैं। अर्थ नहीं, अनर्थ है। कर्मकाण्ड करते हैं, प्रायः जानते नहीं कि इनका अर्थ क्या है? कुछ विद्वान वज्राचार्य नेपाल में हैं, ग्रंथ हैं, चर्यापद हैं, गुह्य साधनाएँ हैं।

थेरवाद बौद्ध शासन की जड़ नेपाल में गहरी नहीं है। प्रचार-प्रसार है, आचरण की स्वच्छता है। नेवारी बौद्ध हैं, और हिन्दू भी। थेरवादी त्रिशरण पंचशील भी लेते हैं। कुछेक वज्राचार्य से पूजा भी कराते हैं। पशुपति के मन्दिर में जाते हैं, हिन्दू भी, बौद्ध भी।

लुंमिनि में सारे बौद्ध विश्व से तीर्थयात्री आते हैं। कष्टसहन कर भी सुख पाते हैं। जापानी भी आते हैं। पोखरी में बहुत से कर्मकाण्ड करते हैं। इत्र छोड़ते हैं, क्या-क्या करते हैं।

चीनी बौद्ध तीर्थयात्री फाहियान के यात्रा-वृत्तान्त में भी एक तालाब का वर्णन है-"(कपिलवस्तु) नगर से ५० मील दूर राजकीय बगीचा है। इसको लोग लुममिग (लुंमिनि) कहते हैं। रानी तालाब में स्नान कर उसके उत्तर द्वार से बाहर आयीं।

तत्पश्चात् बीस कदम चलीं। साल वृक्ष की डाल की ओर मुख करके खड़ी हो गयीं और राजकुमार को जन्म दिया। पृथ्वी पर गिरते ही राजकुमार ने सात पग रखा। दो नागराजों ने उनका शरीर धुलाया। यहाँ लोगों ने एक कुआँ बनाया। भिक्षु उस तालाब और कुआँ से पानी लेकर पीते हैं..."

क्या फाहियान के वृत्तांत का तालाब वर्तमान मन्दिर के पास की पोखरी है? या नहीं? पता नहीं, खोज करने जैसी है।

जापान के बौद्ध गम्भीर हैं और साधन सम्पन्न भी। कोरिया में शायद गम्भीरता सबसे अधिक है। थाइलैण्ड में शिक्षित भिक्षु नेपाल में खप नहीं सकेंगे। वे वैसा ही जीवन स्तर चाहेंगे। लंका में जीवन दुस्तर था इस कारण वहाँ शिक्षित बौद्ध भिक्षु कुछ कर सक रहे हैं।

सुबह, दोपहर, शाम, रात चर्चा होती है। थोड़ी बाहर, ज्यादा अन्तर यात्रा।

भिक्षु विमलानन्द ने *मज्जिझमनिकाय* के ७६ सूत्रों (सम्पूर्ण) का लंका रहते हुए नेवारी में संक्षेप कर लिया। नेपाली में होने से समस्त नेपाल में पढ़ी जा सकती है। नेवारी तो नेवारों में सीमित है। नेवारी, नेपाली छपने के बाद हिन्दी में छपाने का आग्रह करता हूँ।

भिक्षु कवि हैं, अनित्य, संसार की चाल, बुद्ध वन्दना और प्रौढ़ शिक्षा के लिए प्रार्थना, प्रभात फेरी के लिए भजन, पटाचारी की करुण कथा, पछतावा वगैरह पर कविताएँ लिखी हैं। ताल भी वही तय करते हैं। कहते हैं बिना ताल के पढ़ने का आनन्द नहीं। कुछ सस्वर सुनाते हैं : नेवारी, नेपाली में, बौद्ध हस्त पुस्तक में बौद्धों के काम की सारी बातें हैं : बौद्ध धर्म दर्शन संक्षेप में नेवारी में लिखा है–*मंगलसुत्त* पर भी लिखा है।

'पछतावा' भिक्षु विमलानन्द की आत्मव्यथा कथा है। जनमते ही माँ चली गयी, दूध की धार को बन्द कर। फिर बड़ी बहन थी, जो माँ की तरह थी, वह भी नहीं रही। जैसे–तैसे किशोर हुए, प्रव्रज्या ली, भिक्षु बने। इसमें ही लगभग ४० साल बीत गये। अब तो बीच में हैं...यहाँ भिक्षु भी लाभ सत्कार में फँसे हैं, अच्छी–अच्छी बातें लिखने में हैं, या बोलने में, जीवन में? लेकिन वे तो बीच में हैं। बुद्ध शरण हैं, आत्म शरण, अनन्य शरण, फिर भी सोचते हैं बीच में हैं।

•

सांची : जिज्ञासा, नाम और अर्थ *

I

सांची स्टेशन से प्रज्ञातिस्स मार्ग से चलता हूँ, सांची की प्रज्ञा नहीं है, जो कुछ जाना-सुना है वह दूसरों के जरिये या कुछ किताबों के जरिये है। अपनी इन्द्रियों से होकर मन प्राण में कुछ नहीं उतरा है। हाँ, जिज्ञासा है। सामने विंध्य की पहाड़ी का एक टुकड़ा है। धनुष की कमान जैसी तनी हुई लगभग ३०० फुट ऊँची पहाड़ी है। तलहटी में टूटी हुई प्रत्यंचा की तरह सांची की बस्ती है। तपती पहाड़ी और वनस्पति पर पहला पानी बरसा है तो और आग लगा गया है। धूसर पहाड़ी ताँबे के रंग की हो गयी है और पलाश जल कर फिर साँस ले रहे हैं। रास्ता सीधा सपाट नहीं, त्रिभंग है। जिज्ञासा के सर्प जैसे चलता है। एक नया सपाट रास्ता भी है लेकिन वह ज्यादा करके मोटरकार के लिए है। दूसरा प्राचीन रास्ता है, पत्थर की सीढ़ियों का, कटाकुटा और सलेटी, ललछहूँ, थोड़ा खड़ी चट्टान वाला। मैं दूसरे रास्ते को चुनता हूँ, रास्ता धुल गया है। सीढ़ियों के पत्थर के रंग-रूप उभर गये हैं। विंध्य के इन पत्थरों में अमूर्त रूप हैं, चमकते कण हैं और अनगढ़ कोने हैं। इन पर अकेले चलता हूँ।

जब अकेले चलता हूँ तो हवा की तरह ही इतिहास पुराण की सनसनाहट के साथ चलता हूँ। जब किसी के साथ होता हूँ तो इस सनसनाहट को संग साथ तोड़ता है। फिर एक-दूसरे में बहता हुआ चलता हूँ या अनमना, न बहता हुआ, न अलग होता हुआ। अकेले चलने में जैसे एड़ी से चोटी तक शरीर अन्दर बाहर खुल जाता है वैसे ही मन भी खुलता है। वह पास जाता है, दूर जाता है। देशकाल को मापता है।

---

* *दिनमान* (साप्ताहिक, नयी दिल्ली), १६-२३ नवम्बर, '७५ से साभार।

सोचता हूँ कि इस छोटी सी पहाड़ी में स्तूप वगैरह क्यों बने होंगे? लुंबिनी, बोधगया, सारनाथ, कसिया में स्तूप, विहार बनें तो यह सहज है। ये बुद्ध का जन्म, बोधि, धर्मचक्र प्रवर्तन, निर्वाण की ठाँव हैं। सांची की इन पहाड़ियों में तथागत के चरण पड़े हैं इसका तो कहीं बखान नहीं हुआ है। पहले तो सांची नहीं था। न स्तूप था, न तोरण, न बाड़ा। फिर यह सब हुआ तो क्यों हुआ।

पाँव आगे बढ़ते हैं। मन देशकाल में पीछे जाता है। उस प्राचीन काल के अभिलेखों में इसे काकणाय, काकणाव, काकनाद, बोट और बोट श्रीपर्वत कहते थे। काकणाय-काकणाव-काकनाद का मतलब क्या है? जहाँ कौवे नाद करते हों, कौवा रोर मचाता हो वह काकणाय-काकणाव-काकनाद है। छोटी, वनस्पति से ढँकी पहाड़ी पर काकनाद हो यह सहज है। लेकिन यह बोट क्या है? काकनाद, बोट, बोट श्रीपर्वत में बोट क्या है? एक श्रीपर्वत दक्षिण में है जो नागार्जुन का स्थान रहा है। विन्ध्य की कोख सरीखा वह स्थान साधना का प्राकृतिक दुर्ग जैसा है। नागार्जुन से जुड़ कर इसके एक स्थल का नाम नागार्जुनकोंडा या नागार्जुन की पहाड़ी होता है। मूल रूप से वह श्रीपर्वत था। यह बोट श्रीपर्वत है। बोट कहीं बोधि का भ्रंश तो नहीं है। भोट तो बोधि का अपभ्रंश है : बोधि=भोटी=भोट। बोधि भाषा भोटी भाषा कहलाती है। हिमालय के प्रत्यन्त प्रदेश में बसे बौद्ध भोट कहलाते हैं। शायद यह बोधि श्रीपर्वत ही बिगड़ कर बोट श्रीपर्वत तो नहीं हो गया। अब तक तो इसका अर्थ नहीं खुल पाया। बोट बोधि से बनता तो है और अगर बना है तो फिर इस नाम का कुछ अर्थ हो जाता है।

बोट = बोधि पर्वत होने से यहाँ यह सब हुआ? या यहाँ यह सब हुआ इसलिए यह बोधि श्रीपर्वत हुआ? नाम अर्थ की अगम कहानी है। लेकिन इससे यह बूझ नहीं पड़ता कि यहाँ स्तूप वगैरह क्यों बने?

महाकाल इस अबूझ पहेली को बूझता है। देश का पालि, प्राकृत, संस्कृत साहित्य काल की इस कथा को भूल गया। यह कथा सिंहल के *दीपवंश* और *महावंश* में सुरक्षित है। *महावंश* के 'महेंद्रागमन' नामक तेरहवें परिच्छेद में यह कथा इस पर कही गयी है : 'महामति महेंद्र स्थविर को उस समय प्रव्रजित हुए बारह वर्ष हो गये थे। उन्होंने अपने उपाध्याय और संघ की आज्ञा के अनुसार लंका को (बुद्ध) भक्त बनाने के लिए काल की प्रतीक्षा करते हुए सोचा, (इस समय) बूढ़ा मुटसीव राजा है।

(उसके) पुत्र को राजा हो लेने दो।' ।। २ ।।

इस बीच में जातिगणों (सम्बन्धियों) को देखने के विचार से उपाध्याय और संघ की वंदना कर तथा राजा (अशोक) से पूछ (महेंद्र स्थविर) अन्य चार स्थविरों तथा संघमित्रा के पुत्र षडभिज सुमन सामणेर को साथ ले सम्बन्धियों से मिलने के लिए दक्षिणगिरि गये ।। ५ ।। *(महावंश : अनुवादक, भदंत आनंद कौसल्यायन, प्रयाग : हिन्दी साहित्य सम्मेलन, संवत् २०१४, पृ. ६४)* दक्षिणगिरि के लिए पादटिप्पणी में सूचना है, 'भिलसा के समीप के पर्वत।'

भिलसा विदिशा का अपभ्रंश है। विदिशा इतिहास पुराण प्रसिद्ध नगरी है। मैंने तो इसे कालिदास के जरिये जाना है। *मालविकाग्निमित्र* नाटक का स्थल विदिशा है। अग्निमित्रम् विदिशा का राजा है। पात्र परिचय में सूचना है : 'राजा–अग्निमित्राख्या, विदिशाधीशः' मालविका मालवा के राजा माधवसेन की बहन है, उनके अनुराग के अशोक के फूल विदिशा में ही खिलते हैं। इस अनुराग का फल है *मालविकाग्निमित्रम्*।

इसके भी पहले कालिदास के *मेघदूतम्* में विदिशा का बखान पढ़ा था : *'तेषां...विदिशालक्षणां राजधानी'* (पूर्वमेघ : २६) : 'विदिशा नाम की राजधानी में जाने पर कामुकता के सब सामान सद्यः प्राप्त होंगे। वहाँ जब वेत्रवती (बेतवा) की लहरों का स्वादु जल पीओगे तो ऐसा लगेगा जैसे कँटीली भौंहों वाली कामिनी के ओठों का रस पी रहे हो। वहाँ विश्राम के लिए नीच नामक गिरि पर उतर जाना। वहाँ प्रौढ़ पुष्पों वाले कदंब जैसे तुम्हारे सम्पर्क से पुलकित हो उठेंगे। वहाँ शिला की गुहाओं में से नागरों की पण्य स्त्रियों से उद्दाम रति के परिमल का उद्‌गार हो रहा होगा। वहाँ विश्रांत होकर वन नदी तीर पर उपजे उद्यानों में कलियों को नवजल कणों से सींचते हुए वहाँ की...फूल चुनने वालियों के मुखों पर छाया कर क्षण भर का परिचय कर आगे बढ़े जाना...' (पूर्वमेघ : २६–२८)।

मैंने तो मेघदूत के इस टेढ़े-मेढ़े रास्ते से विदिशा को जाना था, क्षण परिचित था। जब रास्ते में विदिशा का मोड़ आया, जब पहाड़ी से बेतवा दीखी तो यह वक्र पंथ याद आया।

जो भी हो, महेंद्र दक्षिणगिरि गये थे : 'फिर धीरे-धीरे (अपनी) माता देवी के विदिशागिरि नगर में पहुँच कर उसके दर्शन किये। देवी ने अपने प्रिय पुत्र को साथियों सहित देखकर अपने हाथ से भोजन बनाकर उन्हें खिलाया और सुन्दर विदिशागिरि

विहार में स्थविर को उतारा' (*महावंश*, ६-७)।

लंका की परम्परा में प्राप्त चेतिय गिरि विहार शायद सांची की पहाड़ियों पर ही था। सांची में पुरातत्त्व का कोई प्रमाण अब तक नहीं मिला है। इसे वेदिसगिरि भी कहते हैं। वेदिसगिरि विदिशागिरि है। यह विदिशा के पास की पहाड़ी उदयगिरि भी हो सकती है। किन्तु यह विदिशागिरि भी सांची की पहाड़ी हो इसकी सम्भावना अधिक है। इस पहाड़ी पर अशोककालीन स्तूप है। शिलालेख है। स्तूप की पूजा के लिए अशोक की रानी देवी यहीं किसी विहार में रहती हों और वहीं उन्होंने अपने पुत्र महेंद्र को ठहराया हो, यह ज्यादा सहज है। श्रीलंका की परम्परा में तो यही वह स्थल माना जाता है। उस प्राचीन विहार की स्मृति में श्रीलंका की महाबोधि सोसाइटी ने यहाँ तब चेतियगिरि विहार बनाया जिसमें अर्हत् सारिपुत्र और मौद्गल्यायन की पवित्र अस्थियाँ रखी गयीं। इस विहार की नींव १९४७ में भोपाल के नवाब मुहम्मद हमीदुल्लाह खाँ ने रखी और उद्घाटन १९५२ में भारत के प्रधानमन्त्री श्री जवाहरलाल नेहरू ने किया।

पुरातत्त्व का प्रमाण न होने पर भी परम्परा के प्रमाण से और स्तूप, तोरण, अन्य अवशेषों के साक्ष्य से मुझे *महावंश* का वह वेदिसगिरि यही प्रतीत होता है। लेकिन इससे भी जिज्ञासा शान्त नहीं होती। महेंद्र की माता देवी यहाँ क्यों थीं? कहाँ पाटलिपुत्र, कहाँ विदिशागिरि?

महावंश में ही इसकी कुंजी है। जब अशोक राजकुमार थे तो उनके पिता ने उन्हें अवंती राज्य का शासन सौंपा था। अवंती राज्य का शासन करने के लिए उज्जयिनी पहुँचने के पूर्व अशोक कुमार (मार्ग में) विदिशानगर में ठहरे थे। वहाँ एक सेठ की देवी नाम की कन्या से उनकी भेंट हुई। कुमार के सहवास से उसे गर्भ हो गया और उज्जयिनी में उससे शुभ महेंद्र कुमार का जन्म हुआ। उसके दो वर्ष बाद उस देवी से संघमित्रा पैदा हुई। इस समय वह देवी विदिशानगरी में ही रहती थी।

अशोक के विदिशागिरि पर स्तूप बनवाने की कथा अब अबूझ नहीं है। यह पहाड़ी विदिशा से न तो बहुत दूर है, न बहुत पास। नगर से बहुत दूर होने से भिक्षु, भिक्षुणियों को भिक्षा के लिए जाने-आने में कठिनाई होती है। नगर से बहुत निकट होने पर अशांति होती है। सम्भव है अशोक के पहले भी इस पहाड़ी पर श्रमणों की बस्ती रही हो। अशोक ने जब बुद्ध धातुओं की पूजा के लिए ८४ स्तूप बनवाये तो एक अपनी

ससुराल विदिशा के पास की पहाड़ी में विदिशागिरि में भी बनवाया। यह ईंटों का स्तूप कालक्रम में जब खंडित हुआ तो इसके ऊपर पत्थर का वेष्ठन चढ़ा दिया गया। स्तूप-१ के पास लगे पुरातत्त्व सर्वेक्षण के सूचना-पट्ट की सूचना है :

अशोक के द्वारा निर्मित ईंटों के स्तूप के ऊपर बनाया गया है। इसके अंड पर हर्मिका के बीच में यष्टि लगी है और यष्टिशीर्ष में तीन छत्र जड़े हैं। स्तूप के अधोभाग में दोहरे सोपान मार्ग से युक्त वेदिका मंडित प्रदक्षिणापथ है। एक दूसरा प्रदक्षिणापथ भूमितल पर है, जिसमें प्रवेश के लिए चारों दिशाओं में एक तोरण प्रथम शती ई. पू. में जुड़ा है। स्तूप की ऊँचाई और व्यास क्रमशः १६.४६ और ३६.६० मीटर है। तोरणों और वेदिकाओं पर खुदे हुए अभिलेखों से ज्ञात होता है कि विदिशा तथा देश के विभिन्न भागों के श्रद्धालु व्यक्तियों ने इन्हें दान में दिया था। तोरणों में अधिसंख्य मानुषी बुद्धों, जातक कथाओं, बुद्ध चरित, बौद्ध धर्म के इतिहास से सम्बद्ध कथाओं तथा विभिन्न अलंकरण अभिप्रायों का अंकन है। तोरणों के निकट भित्ति में सटी हुई चार बुद्ध प्रतिमाओं की स्थापना पाँचवीं शती में हुई थी।

पुरातत्त्व की परिभाषा से यह बखान सटीक होगा। लेकिन इसका मतलब क्या है? भाषा तो जटिल है ही, अंड, हर्मिक, यष्टि तो मुझे नहीं समझ में आते कि क्या हैं? मेरे जैसे हजारों कम समझ वाले सांची जाते होंगे। वे इस सूचना का क्या अर्थ समझते होंगे? सिर्फ भाषा का संकट नहीं है। आखिर इन सबका-स्तूप, परिक्रमा के दोहरे रास्ते, तीन छत्र, तोरण पर बुद्ध चरित की घटनाओं, जातक कथाओं वगैरह के गढ़ने का हेतु क्या है? क्यों यह सब किया है? स्तूप स्तूप के लिए है या अपनी शांति के लिए है? पुरातत्त्व और पर्यटन की सूचनाओं के लेखे तो जैसे सांची बस 'स्तूपा' है और 'रेलिंग' है।

अशोक के स्तूप बुद्ध के अस्थि अवशेषों को लेकर परिक्रमा के लिए बनाये गये हैं। भिक्षु, भिक्षुणी, उपासक, उपासिकाएँ आदि इनकी पूजा करते हैं। इन्हें अपने दाहिने हाथ रखकर परिक्रमा करते हैं। मृत्यु का स्मरण करते हैं : मृत्यु के स्मरण से कलह शान्त होते हैं। सांची में स्तूप एक नहीं अनेक हैं। स्तूप-२ स्तूप-१ के पश्चिमी तोरण से नीचे जाकर कुछ दूर पर है। पहली बार तो यह मुझसे छूट गया। दुबारा इसे देखने के लिए ही आया। इसे देखकर एक बार तो मुझे लगा कि मैं नागार्जुनकोंडा का कोई स्तूप तो नहीं देख रहा हूँ। पत्थरों का वैसा ही जमाव थोड़ा

बड़े पैमाने पर रेलिंग के साथ है। इसमें कोई तोरण नहीं है। इसमें भी परिक्रमा का दुतल्ला रास्ता है। बुद्ध चरित और कमल, हाथी के अलंकरण भी नागार्जुनकोंडा और धान्यकटक सरीखे हैं। बौद्ध स्थापत्य कला की उत्तर दक्षिण यात्रा का एक पड़ाव सांची में पड़ा दीखता है। मथुरा–सांची–नागार्जुनकोंडा–धान्यकटक होकर यह स्थापत्य शायद श्रीलंका में प्रवेश कर गया है। वैसे मथुरा ही क्यों, शायद कश्मीर, गांधार प्रदेश तक इसका उत्तरी सिरा है। सांची और नागार्जुनकोंडा धान्यकटक में एकता का एक राजनैतिक आधार सातवाहनों का आन्ध्र से लगाकर इन प्रदेशों में राज्य का होना है। मथुरा सांची से होकर यह स्थापत्य धान्यकटक–नागार्जुनकोंडा पहुँचा या वहाँ यह उपजा और उत्तर में रोपा गया, यह इतिहासपुरातत्त्व की खोज का विषय हो सकता है। मुझे इसमें बहुत रस नहीं। इससे जरूर सुख मिलता है कि सांची–नागार्जुनकोंडा के स्तूप, अलंकरण, बुद्धचरित प्रकाशन में सरीखापन है।

स्तूप–३ स्तूप–१ के जैसा है। यह पहले से छोटा है, गठा हुआ है, कसा है। इसके बारे में सूचनापट कहता है :

रचना में स्तूप–१ के समान है किन्तु इस पर केवल एक छत्र लगा हुआ है। इसका व्यास और ऊँचाई क्रमशः १५ तथा ८.२३ मीटर है और प्रवेश के लिए इसमें एक ही तोरण है। स्तूप की निचली वेदिका ध्वस्त भी हो गयी है। लगभग सौ वर्ष पहले कनिंघम को स्तूप गर्भ से सारिपुत्र और मौद्गल्यायन नामक बुद्ध के प्रमुख शिष्यों के धातु अवशेष मिले थे।

इन अवशेषों के कारण स्तूप–३ विशेष महत्त्व का माना जाता है। स्तूप–४ टूटा हुआ है। इनके अलावा, छोटे–छोटे कई स्तूप हैं। बौद्ध परम्परा में स्तूप स्थापित करने को धर्म का काम माना गया है। हिमालय के प्रत्यन्त प्रदेश में लाहुल–स्पीति के दुर्गम रास्तों पर बर्फ और हवा और हिमपिंड के बीच जगह–जगह स्तूप मिले। बोधगया के मन्दिर पर कितने स्तूप दान हुए हैं? सांची में भी ये स्तूप अनेक हैं। अन्तकाल के स्मरण के लिए हैं।

स्तूप–१ के चारों ओर चार तोरण हैं, जो शायद सातवाहनों ने बनाये हैं। ये भी ईसामसीह के पूर्व पहली शती के हैं। फिर ध्यान मुद्रा की चार बुद्ध मूर्तियाँ हैं। दोनों अलंग उनके चर हैं और उनका प्रभामण्डल अलंकृत है। तोरण सांची के प्रसिद्ध बाड़ सहित स्तूप के चार द्वार हैं और इन द्वारों के भीतर बुद्ध प्रतिमाएँ हैं।

मैं इनको तीन दिन तक निरखता रहा हूँ। चारों दिशाओं में धर्म की हुंकार करते सिंह का आधार वाला पत्थर यहाँ उल्टा पड़ा है। सिंह संग्रहालय में है। अब उनमें वह हुंकार नहीं है। यहाँ अशोक स्तम्भ और शिलालेख के महत्त्व का भान नहीं होता। अशोक का अभिलेख पढ़ा जा चुका है। जान मार्शल और एल्फ्रेड फाउशर द्वारा लिखित *'द मानुमेंट्स ऑफ सांची'* में अभिलेखों को श्री एन. जी. मजूमदार ने सम्पादित-अनूदित किया है। प्लेट १२८ में मूल शिलालेख है। यह सारनाथ और कौसाम्बी सरीखा है। आठ पंक्तियों का है। लेकिन जहाँ-तहाँ टूटा हुआ है। इसे पुनर्नवा कर पढ़ा गया है। इसमें संघभेद के विरुद्ध चेतावनी है। इसका भावानुवाद कुछ इस प्रकार किया जा सकता है : *भिक्षु-भिक्षुणियों के संघ में पड़े भेद को दूर कर उन्हें एक किया, जब तक मेरे पुत्र-पौत्र राज करेंगे और चन्द्र सूरज चमकेंगे वे भिक्खु या भिक्खुनी जो संघभेद करेंगे सफेद कपड़े पहिरा कर संघ के आवास के बाहर कर दिये जाएँगे। मेरी इच्छा क्या है? संघ एक होकर बहुत दिन जीए।*

यह अर्थ पुरातत्त्व की पोथी में बन्द है। इस अर्थ के लिए इतनी खोज क्यों जरूरी हो? इसे तो वहीं शिलालेख के साथ प्रकाश करना अच्छा है।

शायद सबसे आकर्षक तो तोरण है। मैं आखिरी बार जब इन्हें देखने गया तो बारिश आ गयी। दक्षिण पश्चिम का दुवार खोलकर तेज हवा और पानी का झोंका आया। मैं उत्तर के तोरण से सट कर खड़ा हुआ। वर्षा स्नान करने लगा। जल और हवा और कण शरीर में भिनने लगा। मुझे लगा कि तोरण के पत्थरों की नींव बहुत कम गहरी है। ये सिर्फ एक-दूसरे के जमाव के सहारे टिके हैं। स्थिति के कारण स्थित हैं। हवा से ये खम्भे हिलते हैं। एक विशेषज्ञ ने बताया कि हवा इनमें कहीं छेद करती है। फिर समय पाकर उसमें धँसती है। उससे त्रिकोण चिप्पी निकलती है। चिप्पी-चिप्पी निकलकर ये अलंकृत तोरण नष्ट हो रहे हैं।

मैं पूर्वी तोरण की शाल भंजिका को देखता हूँ। यह अपनी पुष्ट जाँघों और स्तनों के उभार के साथ तोरण के बाहर उभरी हुई है। पत्थर के ही इसके अंग हैं, पत्थर के ही पत्ते हैं, पत्थर के ही फल लटके हैं, ईसामसीह के आने के पहले से ही ये अंग-प्रत्यंग और फल देखने वालों को ललचा रहे हैं। खुद पत्थर की तरह जड़ हैं। इधर तेज हवा-बारिश की कटान से चिप्पी-चिप्पी निकल कर कभी जमीन पर आ जाएँगे। ऐसे ही पत्थर के हाथी, स्तूप और अलंकरण और कमल के अलंकरण इन सबका कटाव हो रहा है।

बिना गहरी नींव के ये तोरण अब सुरक्षित नहीं हैं, ऐसा उस बारिश में मैंने महसूस किया। इसलिए भीगता हुआ वहाँ से पश्चिमी तोरण से होता हुआ स्तूप-२ की ओर चला।

II

सांची में स्तूप-१ और ३ के साथ ये तोरण आखिर क्यों है? तोरण के लिए तो तोरण नहीं है। इन पर क्या उकेरा गया है? एक तो इन पर पशु आकृतियाँ हैं, पंछी हैं, मछलियाँ हैं। दूसरे, कुछ विचित्र पशु-मानुष हैं, संकर-पशु, संकर-मानुष। तीसरे, कुछ अलंकरण हैं, जैसे कमल, माल-वाहक, शाल भंजिकाएँ वगैरह। चौथे, बुद्ध चरित से बुद्ध के जन्म, महाभिनिष्क्रमण, बोधि, धर्मचक्र प्रवर्तन और परिनिर्वाण के प्रतीक हैं। ये प्रतीक प्रायः वैसे ही बनाये गये हैं जैसे नागार्जुन कोंडा में हैं। जैसे, बोधि के लिए वृक्ष है उसकी पूजा करते हुए लोग हैं, धर्मचक्र प्रवर्तन के लिए चक्र हैं, उसकी पूजा करते हुए लोग हैं, कहीं हिरण हैं, निर्वाण के लिए स्तूप है और उसकी पूजा करते हुए लोग हैं। पाँचवें, जातक कथाएँ हैं।

सांची में इन सबने अपना अर्थ खो दिया है। जिस हेतु से यह सब खड़ा किया गया वह हेतु नष्ट हो गया है। सिर्फ 'स्तूपा' और 'रेलिंग' का ढाँचा रह गया है। पुरातत्त्व से वह प्राण इनमें नहीं फूँका जा सकता जो प्राण, बुद्ध धर्म संघ के त्रिरत्न से इनमें आता था। स्तूप के तीन छत्र में इन त्रिरत्नों को कोई प्रतीक रूप में देखे तो देखे।

प्राण फूँकना तो पुरातत्त्व के वश का नहीं है। लेकिन सांची में एलेक्जेंडर कनिंघम जैसे पुरातत्त्व वेत्ता को पहुँचे लगभग १२५ वर्ष हुए। अभी तक इन शिल्पों का अर्थ भी लोगों तक नहीं पहुँचाया जा सका। जो थोड़ी बहुत व्याख्या हुई है वह *द मानुमेंट्स ऑफ सांची* जैसे ग्रंथ के तीन खण्डों में बन्द है। अंग्रेजी में है और अप्राप्य है। हिन्दी और अन्य भारतीय भाषाओं में इनका अर्थ तो अब आ जाना चाहिए। आज हृदय का मांस गरम हो गया है। सांची के शिल्प के रूप में रस इस तप्त हृदय को सींच सकते हैं।

मैं यहाँ सांची में उकेरी जातक कथाओं में से एक का संकेत करूँगा। जान मार्शल, *ए गाइड टू सांची* (दिल्ली, १९५५, तीसरा संस्करण) और देबल मित्रा *सांची* (नयी दिल्ली, १९७३) में इन कथाओं का जो सार दिया गया है वह मुझे कुछ भी नहीं

देने जैसा लगता है।

सांची में पाँच जातकों के उकेरे जाने की सूचना है। छद्दंत जातक, महाकपि जातक, महावेस्संतर जातक, अलम्बुस जातक और साम जातक। ये किन-किन तोरणों पर और कैसे उकेरी गयी हैं इस जानकारी के लिए श्री मित्र की सांची देखिए, न देखिए, बहुत फरक नहीं पड़ता। ये पाँच जातक क्या हैं? ये किनके प्रति कही गयी हैं ? इनकी वर्तमान कथा क्या है? अतीत कथा क्या है? शास्ता ने जातक का मेल कैसे बैठाया है? यह जानने से कुछ जानना होता है। मैं हिन्दी साहित्य सम्मेलन, प्रयाग द्वारा ६ खण्डों में प्रकाशित भदन्त आनन्द कौसल्यायन द्वारा अनूदित *जातक* के आधार पर इनका सारांश, कहीं-कहीं जस का तस देना चाहता हूँ।

छद्दंत जातक (५१४) शास्ता ने जेतवन में विहार करते समय एक तरुण भिक्षुणी के बारे में कही।

वर्तमान कथा इस प्रकार है : श्रावस्ती की रहने वाली उस कुल कुमारी ने गृहस्थ जीवन को सदोष मान बुद्ध शासन में प्रव्रज्या ग्रहण की। एक दिन वह भिक्षुणियों के साथ बुद्ध की सभा में गयी। उसने अनंत पुण्य प्रभामय बुद्ध को देखा। उसने सोचा कि इस संसार में आने के पहले मैं कभी पूर्व जन्म में इनके पास रही हूँ या नहीं। उसी समय उसे पूर्व जन्म का स्मरण हो आया। उसने देखा कि छद्दन्त हाथी वाले जन्म में वह इनकी पत्नी रही है। यह जानकर वह बहुत खुश हुई। जोर से हँसी। फिर सोचने लगी कि मैं पुरुष की शुभचिन्तक रही हूँ या नहीं? उसे याद आया कि थोड़े से क्रोध आने से उसने गजराज छद्दन्त को शिकारी से मरवा डाला। तब उसे शोक हुआ। उसाँस लेती हुई वह रो पड़ी। यह देख शास्ता मुस्कराये। भिक्षु संघ ने पूछा कि शास्ता क्यों मुस्करा रहे हैं। शास्ता ने 'भिक्षुओ यह तरुण भिक्षुणी पूर्व जन्म में मेरे प्रति किये अपराध को याद कर रोती है' कह पूर्व जन्म की कथा कही :

एक समय की बात है हिमालय में छद्दन्त सरोवर के पास आठ हजार हाथी रहते थे। उस समय बोधिसत्त्व ज्येष्ठ हाथी के पुत्र के रूप में जन्मे। सफेद रंग के मुँह और पैर लाल थे। आगे चलकर ८८ हाथ ऊँचे हुए। ५८ हाथ लम्बी उनकी सूँड थी। दाँतों की लम्बाई ३० हाथ की थी, गोलाई १५ हाथ की। हाथी दाँत से ६ रंग की किरणें फूटती थीं। उसकी दो रानियाँ थीं। महा (बड़ी) सुभद्रा और चुल्ल (छोटी) सुभद्रा।

छद्दन्त सरोवर ५० योजन लम्बा-चौड़ा था। मणि के समान जल था। तरह-तरह

का वन था–सुन्दर वन, नीलोत्पल वन, रक्तोपल वन, श्वेत–उत्पलवन, रक्त पद्म, श्वेत पद्म, कुमुद वन जैसे सात वन थे। फिर मिले–जुले वन। शाल वन वगैरह था। एक दिन खबर मिली कि शाल वन फूला है। नागराज अपने साथियों के साथ क्रीड़ा करने शाल वन पहुँचा। एक फूले शाल को सिर से टक्कर मारी। चुल्ल सुभद्रा ऊपर की हवा की ओर थी। उसके शरीर पर सूखी टहनियाँ, सूखे पत्ते और लाल चींटियाँ पड़ीं। महा सुभद्रा नीचे की हवा की ओर थी। उसके शरीर पर फूलों की रेणु, केसर और खिले पत्ते गिरे। छोटकी सुभद्रा ने सोचा नागराज बड़की के सिर पर रेणु–केसर पत्ते गिराता है मेरे सिर पर सूखी टहनी, सूखे पत्ते और चूँटा–माटा। उसने मन में वैर की गाँठ बाँध ली।

संयोग की बात है कि दूसरे दिन बोधिसत्त्व छद्दन्त सरोवर में उतरा। दो हाथियों ने उसे स्नान कराया। फिर छोटी–बड़ी रानियों ने नहाया। अलंकृत किया। एक हाथी को वहीं एक महापद्म मिला। उसने वह लाकर बोधिसत्त्व को दिया। बोधिसत्त्व ने उसे लेकर केसर सिर पर बिखेरते हुए बड़ी सुभद्रा को दे दिया। छोटी ने सोचा कि यह कमल, केसर भी बड़की जनी को ही देता है, मुझे नहीं। वह वैर से जलने लगी। प्रार्थना की कि वह भद्रराजकुल में सुभद्रा नाम की राज कन्या होकर जन्म ले। वाराणसी नरेश की पटरानी बने। उसकी प्रिया हो। तब वह शिकारी भेजकर इस हाथी को विष बुझे बाणों से विंधवाए। मरने पर इसके छः वर्ण की किरणों वाले हाथी दाँत से अपने लिए जोड़े बनवाए।

चारा खाना छोड़ कर वह जल्द ही मर गयी। भद्रराज के कुल में सुभद्रा बनकर जन्मी। बनारस नरेश की पटरानी बनी। उसे पूर्व जन्म का ज्ञान हुआ। उसने सोचा कि हाथी दाँत मँगवाऊँ। जोड़ा बनवाऊं। पुराने वैर और ईर्ष्या से जल रही थी। उसने राजा से कहकर राज्य के सभी शिकारियों को जुटाया। उनमें सोणुत्तर नामक शिकारी था। उसका रूप बीभत्स था। वह बोधिसत्त्व का पूर्व वैरी था। उसे हिमालय के किन्नरों के देश में ६ वर्ण के दाँतों वाले श्वेत हाथी का पता बताया। कैसे–कैसे वह शिकारी सात वर्ष, सात महीने और सात दिन में बोधिसत्त्व के पास पहुँचा। गड्ढा खोदा कि गड्ढे में खड़े होकर हस्तिराज को बींध कर उसका अन्त करेगा। शल्य से बींधा। बोधिसत्त्व ने मन में उसके प्रति वैर भाव न रखकर पूछा कि उसने उसे तीर से क्यों बींधा? अपने स्वार्थ के लिए या किसी दूसरे के लिए?

शिकारी ने बताया। बोधिसत्त्व ने समझ लिया कि यह चुल्ल सुभद्रा का काम है। उसे मेरे दाँत नहीं चाहिए। वह मुझे मारना चाहती है। उसने खुद आरी मँगवाकर अपने सूँड से ही अपने दाँत काटकर दे दिये। दाँत देते हुए कहा कि मित्र! मैं ये दाँत तुझे इसलिए नहीं दे रहा हूँ कि ये मेरे अप्रिय हैं। मैं यह दाँत इसलिए दे रहा हूँ कि सर्वज्ञता ज्ञान रूपी दाँत इन दाँतों से लाख गुना प्रियतर हैं। मेरा यह पुण्य सर्वज्ञता प्राप्ति का हेतु हो। शिकारी को बिदा कर वह और हाथियों और बड़ी सुभद्रा के आने के पहले मर गया। वह शिकारी हाथी दाँत लेकर सुन्दरी के पास पहुँचा। अपने पूर्व जन्म के प्रिय के दाँतों को देख वहीं उसका ह्रदय फट गया। वह उसी दिन मर गयी।

सम्बोधि प्राप्त बुद्ध परिषद के बीच मुस्काराये।

यह कह कर शास्ता ने जातक का मेल बैठाया। उस समय तरुण भिक्षुणी राजकन्या थी, शिकारी देवदत्त था। भिक्षुओ! उस समय हस्तिराज तो मैं ही था। इस जातक को इस प्रकार धारण करें।

यह छद्दन्त जातक तीन तोरणों पर उकेरी गयी है। दक्षिणी, पश्चिमी और उत्तरी तोरणों पर। पश्चिम तोरण पर सामने, नीचे, हाथियों का एक झुंड एक वृक्ष के साथ है। वृक्ष के तने, पत्ते हैं। हाथी भी गति में है। पैर, सूँड, दाँत सब गतिमय हैं। बायीं ओर शायद फूला हुआ शाल वृक्ष है। छद्दन्त उसे टक्कर दे रहा है छोटी बड़ी सुभद्रा है, एक और हाथी अलग-थलग-सा है। दाहिनी ओर, छद्दन्त है और उसके पास शिकारी है। हाथी को जैसे विष बुझा बाण बींध गया है। दूर से लगता है जैसे शिकारी के हाथ में आरी है। सूँड, दाँत के पास उसका हाथ है। जातक के ज्ञान के साथ उन्हें देखा जाये तो कुछ और बात होगी।

मैं चाहता था कि इसी प्रकार महाकपि जातक, वेस्संतर जातक, अलम्बुस जातक और साम जातक की कथाओं का भी संक्षेप देता। लेकिन इससे विस्तार बहुत हो जायेगा। अति विस्तार से सत्क्रिया नष्ट हो जाती है। इसलिए अभी तो इतना बस है।

विहार-४५ और मन्दिर बहुत खींचते हैं। सांची की पहाड़ी पर यह सबसे ऊँचाई पर है। यहीं से बेतवा की घाटी दीखती है। तो कालिदास की मालविका, अग्निमित्र और विदिशा के रसिक याद आते हैं। इस विहार में भूमि स्पर्श मुद्रा में बुद्ध प्रतिमा दबी पड़ी है। इसका प्रकाश कम हुआ है। बुद्ध ने अपना साक्षी भूमि को माना। भूमि साक्षी है कि बुद्धत्व उन्हें मिला या नहीं। या उनकी बोधि आकाश के लिए नहीं, भूमि के लिए है।

दुःख है, दुःख का कारण है, दुःख निर्वाण है और उसका मार्ग है। यह सब इसी भूमि पर है। भूमि जो हमारे सब पाप-पुण्य का साक्षी है, वही इस बोधि का भी साक्षी है। यह कल्पना ही मुझे बहुत आकर्षक लगती है। इस पर मूर्ति भी जबर्दस्त बनी है।

एक प्रश्न मेरे मन में सांची में बार-बार उठता रहा है। आज भी है। वह नाग प्रतिमा को लेकर है। यह सांची की पहाड़ी पर मन्दिर-३१ के साथ है। श्री जान मार्शल को खुदाई के समय यह 'नागी प्रतिमा' दिलचस्प लगी। *ए गाइड टु सांची* (पृष्ठ १२०-१२१) पर लिखते हैं कि एक दिलचस्प सामान जो मन्दिर की खुदाई में निकला वह 'नागी प्रतिमा' है। यह ७ फीट ६ इंच ऊँची है। यह सीढ़ियों और चबूतरे के कोने में थी। यह मूर्ति चौथी या पाँचवीं शती में गढ़ी गयी है और कभी ऐसी जगह पर थी जहाँ से यह हर जगह से देखी जा सकती थी।

आकृति के सिर के पीछे नाग का फण है। बायाँ हाथ कमर पर है, दाहिना उठा हुआ है। खड़ी आकृति है। वक्ष, जाँघें पुष्ट हैं। अलंकरण भी है। फिर सांची के संग्रहालय में भी दो नाग प्रतिमाएँ हैं। जिन्हें नागराज चतुर्थ शती ई. की कहा गया है। सर्प का फण है, बाएँ हाथ में कुंडिका है, दाहिने में कमल। मस्तक मुकुटधारी है। हिमालय में जहाँ परम्परा से बौद्ध धर्म कला का अटूट सिलसिला है वहाँ की गोनपाओं में मैंने नागार्जुन के चित्र देखे हैं और थंकाएँ भी देखी हैं। आकृतियाँ भिन्न हैं भोट-रीति-भाँति की है। हाँ, एक लक्षण समान है। उनमें सिर्फ नागार्जुन के साथ ही सर्प के फण आदि होते हैं। अन्यों के साथ नहीं। मैंने थंकाओं, चित्रों के कलाकार हिमालय की मध्य की घाटी लाहुल में गेमूर गाँव निवासी श्री टशी पलजोर से पूछा तो वे बताते हैं कि सभी सिद्धों में वे सिर्फ नागार्जुन के साथ ही सर्प बनाते हैं। नाग+अर्जुन ऐसा ही उनका नाम है। नागार्जुन बौद्ध विश्व में बुद्ध के बाद शायद दूसरे बुद्ध हैं। महायान के पुरस्कर्ता हैं। महान दार्शनिक हैं। शायद ये ही महान् रसायनशास्त्री और सिद्ध भी हैं। इसलिए नागार्जुन की मूर्तियाँ प्राचीन बौद्ध स्थलों में बनें यह सहज है। मुझे नालंदा में, मथुरा में, संग्रहालय में ऐसी मूर्तियाँ मिली हैं जो नागार्जुन की प्रतीत होती हैं। मैं इस नाग-प्रश्न को यहाँ उठाकर छोड़ देता हूँ। कभी अवकाश मिला तो इस पर कुछ और कहना चाहूँगा। नहीं तो अगर ज्ञानी जन तक मेरा यह प्रश्न पहुँचे तो वे बूझें।

इस सर्प को पकड़ना मेरे लिए कठिन हो रहा है। दुर्गृहीत सर्प मुट्ठी से सरक जाता

है। इसके विष के दाँत टूटे नहीं हैं। जगह-कुजगह डस लेता है। मैं भी इसे लगातार साध नहीं पाता। कभी पकड़ता हूँ। कभी छोड़ता हूँ। शरीर में इस सर्प का विष फैल रहा है। शरीर कहीं नीला हो रहा है, कहीं अवर्ण। ठण्डा पड़ रहा है। इसलिए यह स्तूप, अर्थ, नाग-प्रश्न सब यहीं छूट रहा है।

•

निर्वाण *

निर्वाण दु:ख–ध्वंस है और साधारण ध्वंस नहीं। आत्यन्तिक दु:ख–ध्वंस। एक बार निर्वाण हो जाने पर फिर पलटना नहीं है। न जनमना है, न जरा–जीर्ण होना है, न मरना है, न कुछ करना है। बुद्ध वचन है : "जाति, जरा, रोग, मरण से अभिभूत मैंने अजात, अरुग्ण, अजीर्ण, अमृत का अन्वेषण किया है।... एक अजात, अजीर्ण, अमृत, अकृत है।..."

यह कैसा अमृत है जिसका बुद्ध ने अन्वेषण किया है? निर्वाण का आकार क्या है? समाधि में इसका दर्शन है। यह वाणी का विषय नहीं है। फिर भी इसका जो आकार बताया गया है उसमें सबसे मुख्य 'क्षय' है। तृष्णाक्षय। अन्य है : शान्त, प्रणीत, नि:सरण आदि।

निर्वाण अभाव है। भाव नहीं। फिर भी इसकी व्याख्या में इसे सुख भी कहा है। महासुख। सुखराज वगैरह। तर्क की दृष्टि से यह परस्पर–विरुद्ध लगता है। जो निर्वाण अभाव है उसमें सुख कहाँ? क्योंकि सुख–दु:ख न सुख–दु:ख तो वेदना है। निर्वाण इससे परे है। फिर भी अगर आप किसी बौद्ध से पूछें तो वह कहेंगे कि निर्वाण अभाव है। लेकिन उसमें सुख भी होता है। तथागत ने कहा है: "मेरे लिए जाति (जन्म) नहीं है। मैंने अपना कर्त्तव्य सम्पन्न किया है, अब मेरे लिए और करणीय नहीं है। यहाँ मेरे पुन: आगमन का कोई कारण नहीं है। निर्वाण सर्वश्रेष्ठ सुख है।"

यह क्या है? निर्वाण सुख कैसे है? क्योंकि वहाँ वेदना–सुख, दु:ख, न सुख–

---

* सम्पूर्णानन्द संस्कृत विश्वविद्यालय, वाराणसी में २५ फरवरी, १९७७ को "मोक्ष और निर्वाण का सामाजिक विनियोग" पर आयोजित विचार-गोष्ठी में दिये गये वक्तव्य के आधार पर प्रस्तुत।

दुःख वेदना का अभाव है। तर्क के लिए सारिपुत्र उत्तर देते हैं कि निर्वाण सुख-वेदना का अभाव ही है। किन्तु इसका उत्तर कोरे तर्क से नहीं दिया जा सकता। यह एक अनुभव है। जीवन-मृत्यु की नितान्त व्यर्थता के बीच एक अर्थ देने की कोशिश है। जीवन-मरण का अनादि चक्र समझ में नहीं आता। फिर भी उसमें अर्थ ढूँढ़ने की कोशिश होती है। जितनी ही यह कोशिश होती है उतनी ही इसकी नितांत व्यर्थता समझ में आती है। कोई एक ऋषि, तथागत, मसीहा, रसूल आता है। वह कुछ साक्षात्कार करता है। व्यर्थता का, इस व्यर्थता से निकल जाने के रास्ते का। उस चरम अनुभव की भाषा मौन है। फिर भी दूसरे की भलाई के लिए वह उसे भाषा में व्यक्त करता है। तभी से इसमें शब्द, अर्थ, शब्दानुशासन की समस्या आ जाती है। तर्क का व्यापार शुरू होता है। यह उसे व्यवस्था देता है। मेल बैठाता है। प्रमाण-प्रमेय वगैरह आता है।

यह दर्शन का क्षेत्र है। क्योंकि दर्शन का जहाँ सामान्य अर्थ देखना है, वहाँ इसका विशेष अर्थ भी है। दर्शन व्यवस्थित ज्ञान है। जबकि अनुभव सदा व्यवस्थित नहीं होता। परस्पर-विरुद्ध भी होता है। कम-से-कम लगता है। दर्शन इन परस्पर-विरुद्धों में भी एकता ढूढ़ता है। क्योंकि ज्ञान परस्पर-विरुद्ध नहीं हो सकता। इसलिए जो परस्पर-विरुद्ध लगता है वह वास्तव में है नहीं। किन्तु तर्क की कोटियों में यह परस्पर-विरुद्ध दीखता है। यह भाषा का, कोटियों का काम है। भाषा विभक्त करती है जबकि अनुभव अन्तिम रूप से अविभक्त होता है। इसलिए *अविभक्तं विभक्तेषु* और *विभक्तं अविभक्तेषु* देखने से ठीक देखना हो सकता है। असल में न विभक्त है, न अविभक्त है, और निर्वाण है। एक अनुभव है। इसमें एक साथ ही दुःख-ध्वंस भी दीखता है सुख भी, मैत्री भी, करुणा भी, शून्यता भी, प्रज्ञा भी। इसमें कोई आगे पीछे का क्रम नहीं है। न यह कोई वस्तु है। निःस्वभाव, निर्विकल्प, निर्वाच्य शून्य ही है। इन सबका साक्षात्कार होता है। उसे देखने में कोई पूर्वापर क्रम नहीं होता। भाषा में कहने में यह सब एक साथ नहीं कही जा सकती। इसलिए शब्द आता है, क्रम आता है, बँटवारा आता है। इसमें वह मूल अनुभव बँध जाता है। लेकिन वह इसमें समाता नहीं। इसी माने में वह अनिर्वचनीय है। निर्वाण है। लेकिन यह क्या है? इसका उत्तर नहीं है।

निर्वाण अनाख्यात है। फिर भी इसका आख्यान हुआ है। इसमें मेल नहीं है। दर्शन इसमें मेल बैठाता है। व्यवस्था देता है। व्यवस्था की दृष्टि से, निर्वाण अभाव है। नितान्त अभाव। इसलिए कोई भी जो निर्वाण के शास्त्र का जानकार है वह इसे अभाव

ही कहेगा। किन्तु वह अगर कुछ अनुभव-रसिक भी है तो तुरन्त जोड़ देगा कि उसमें सुख होता है। सुख होने से वह वज्र की तरह दृढ़ हो जाता है। यह तार्किक के लिए एक समस्या है। तर्क नहीं है। और निर्वाण है।

शरीर रहते जिस हद तक निर्वाण हो सकता है वह एक पद है। इसमें भी निर्वाण का दावा वही कर सकता है जिसने राग, द्वेष, मोह से साधारण रूप से नहीं, असाधारण रूप से छुटकारा पा लिया है। जिसमें शील, समाधि, प्रज्ञा प्रतिष्ठित है। किन्तु यह पद उससे भिन्न है जो उसे शरीर से भी छुटकारा पाने के बाद प्राप्त होता है। क्योंकि आखिर शरीर के रहते हुए शरीर के धर्म रहते हैं। वह निर्वापित इसी अर्थ में है कि यह उससे बँधता नहीं। वह उन्हें जस-का-तस देख सकता है। सुख है तो सुख देखता है। दुःख है तो दुःख देखता है। यथाभूत देखता है। जस-का-तस देखना उसे मुक्त करता है।

लेकिन यह मुक्ति क्या है? शान्ति क्या है? स्वतन्त्रता क्या है? आज-कल इसको एक सामाजिक सन्दर्भ भी दिया जाता है। यह कहा जाता है कि क्या मुक्ति, शान्ति, स्वतन्त्रता नितान्त वैयक्तिक है? या इसका एक सामाजिक रूप भी है? अब अगर यह सामाजिक नहीं है तो यह बेमतलब है, यह मानने वाले मत, या कम-से-कम आग्रह कम रहे हैं। एक नितान्त वैयक्तिक रूप में मुक्ति वगैरह आधुनिक मनुष्य की चिन्ता का विषय है। सामाजिक अर्थ में बाह्य स्वतन्त्रता प्राप्त हो लेने पर भी जब अपने को पूरी तरह मुक्त नहीं महसूस करते तो संवेदनशील स्त्री-पुरुष इस खोज में निकलते हैं कि वह क्या चीज है? जो रोटी और सेक्स के भी परे हैं।

मुक्तिकामी के लिए निर्वाण का आकर्षण है। यह १९वीं सदी की योरोपीय चिन्ताधारा से भिन्न है। उन दिनों चाहे माक्स वेबर हों या कार्ल मार्क्स इन महत्त्व को उतना नहीं आँक सके जितना आज के पश्चिमी युवा-युवती आँक रहे हैं। मोटे तौर पर वेबर के लिए मोक्ष या निर्वाण-प्रधान परलोक के लिए त्याग की दृष्टि इहलौकिक विकास से असंगत है। इस कारण इस दृष्टि के रहते भारत का आर्थिक-सामाजिक विकास उनकी राय में सम्भव नहीं। जबकि ईसाई दृष्टि इहलौकिक त्याग की दृष्टि है और वह प्रगति से संगत है। इस व्याख्या का एक साम्राज्यशाही सन्दर्भ है। यह गोरी जातियों की श्रेष्ठता की स्थिति से उपजी है। गोरी सभ्यता विजेता है। भारतीय और अन्य एशियाई और रंगीन विजित हैं। इसलिए इनका असंगत होना जाहिर है। इस दृष्टि से १९वीं सदी की पश्चिमी व्याख्या उनके जातीय अहं और अज्ञान का सूचक है।

अब ऐसी फूहड़ व्याख्या नहीं की जाती। बल्कि कालचक्र एक पूरा चक्कर घूम गया है। इधर की व्याख्याओं में, उदाहरण के लिए, ज़ेन बुद्धिज्म को आधुनिक जीवन के लिए और विज्ञान के लिए भी विधायक और ईसाइयत को निषेधात्मक मानने जैसा अध्ययन भी हो रहा है। इस दृष्टि से विलियम होरोज के 'रेलिजन एण्ड कल्चर इन माडर्न परस्पेक्टिव' का जिक्र किया जा सकता है। इस अध्ययन का निष्कर्ष यह है कि ईसाइयत विज्ञान के विरुद्ध है, ज़ेन बुद्धिज्म अनुकूल है। इसे मान कर फिर वे ज़ेन के उन लक्षणों का विश्लेषण करते हैं जो विज्ञान से संगत हैं। जैसे, व्यक्तिगत साक्षात्कार पर बल, जीवन के प्रति रहस्यात्मक दृष्टिकोण, संगठित–रूप–रूपाकारों की उपेक्षा, अनुभवों की अन्तरंगता, चित्त की अपूर्वता, सरलता, सादगी, गरीबी, सौन्दर्य और करुणा की अनुभूति और जीवन जगत् की नितान्त व्यर्थता वगैरह। अब इन्हें ही विज्ञान से संगत बताया गया है। यह दूसरी अति है।

१९वीं सदी के पश्चिम की मुक्ति का तरीका अधिकतम वाला है। उत्पादन, रोजगार, आय, उपभोग को अधिकतम कर के उससे तृप्त हो जाना, अघा जाना, उनके लिए उनसे छूट जाने का रास्ता है। यह अधिकतम सन्तुष्टि सिर्फ वस्तुओं के ही अधिकतम भोग से नहीं, सेक्स के भी अधिकतम से प्राप्त होने वाली है। इसे इतना अधिक पा लिया जाये, इतना इफरात हो जाये कि फिर उससे निजात मिल जाये। किन्तु उनका अनुभव यह है कि इससे उन्हें परम निष्कृति नहीं मिलती। परा निवृत्ति नहीं होती। गोरों के लिए भी नहीं। सारी मनुष्य जाति के लिए नहीं। बल्कि एक व्यक्ति के लिए भी नहीं। इस सिलसिले में ययाति का अनुभव शायद उनके कुछ काम का हो। उनका अनुभव तो यही है कि सारे संसार का अन्न और स्त्रियाँ एक पुरुष के लिए भी पर्याप्त नहीं। इसे अगर स्त्री दृष्टि से कहा जाये तो सारे संसार का अन्न और पुरुष एक स्त्री के लिए पर्याप्त नहीं। तो रास्ता क्या है?

वस्तुत्व और संगठन और इफरात की व्यर्थता को महसूस कर पश्चिम के सूझबूझ वाले तरुण–तरुणियाँ अपना संसार छोड़कर निकल पड़ते हैं। वे सम्पूर्ण स्वतन्त्रता की तलाश में हैं। जनतन्त्र, पूँजीवाद, साम्यवाद, चर्च, विज्ञान और टेकनॉलॉजी उन्हें यह स्वतन्त्रता नहीं दे पाते। रोटी, कपड़ा, मकान, शिक्षा, दवा, भोग के साधन मिल भी जाते हैं तो क्या? उतने से वे सन्तुष्ट नहीं। तन्त्र से जकड़े हुए महसूस करते हैं। बनारस या काठमांडू में वे शान्ति पाते हैं। निर्वाण के शास्त्र की ओर खिंचते हैं। उससे

भी ज्यादा साधना की ओर। योग और तन्त्र के लिए उनमें जिज्ञासा है। तलाश है।

अपने देश में जहाँ साधना की परम्परा रही है, वहाँ उसके लिए जिज्ञासा उतनी नहीं है। इच्छा, ज्ञान और क्रिया नहीं है। बल्कि ऊब है। या अजब किस्म की अज्ञान से मिली हुई उपेक्षा है। यहाँ श्रेष्ठ जन में पश्चिम के इफरात विज्ञान और टेकनॉलॉजी के लिए ललक है। पश्चिम की कोई भी वस्तु, सेवा, रंग, रूप, गंध, स्पर्श, शब्द प्रिय है। इसी चाल से जनतन्त्र और समाजवाद को स्वतन्त्रता का दर्शन और संगठन मानने की रुझान है। इसी दृष्टि से प्राचीन प्रत्ययों की आलोचना की जाती है। निर्वाण का सामाजिक प्रयोजन क्या है? अगर हिमालय की गुफा में जाकर मुझे निर्वाण मिलता हो तो वह मुझे नहीं चाहिए। इत्यादि।

इस संशय की अपनी जरूरत है। लेकिन इस जरूरत के लिए निर्वाण जैसी चीज को हल्का करने की जरूरत नहीं। जनतन्त्र और समाजवाद आज के युग धर्म हैं। इनमें कुछ अच्छे आदर्श हैं। व्यवहार में इनके नाम पर बहुत सी क्रूरताएँ भी की जाती हैं। फिर भी, ये राजधर्म हैं। इनसे अधिक से अधिक अच्छी राजनीतिक–सामाजिक–आर्थिक व्यवस्था की अपेक्षा की जा सकती है। अगर वह हो जाये तो इससे कुछ हद तक निवृत्ति होती है। यह उपेक्षणीय नहीं। संसार की अपेक्षा से निर्वाण है। और निर्वाण की अपेक्षा से संसार। और दोनों की ही निरपेक्ष सत्ता नहीं है। परमार्थ की दृष्टि से संसार निर्वाण से विशिष्ट नहीं। न निर्वाण संसार से। लेकिन व्यवहार में संसार निर्वाण नहीं। संसार संसार है। निर्वाण निर्वाण है। निर्वाण संसरण नहीं, निःसरण है। परा निवृत्ति है। समाजवाद सम्पूर्ण रूप से आ भी जाये तो भी मनुष्य के लिए निर्वाण एक सपना रहेगा। जन्म, बुढ़ापा, रोग, शोक, दुख–दौर्मनस्य, मृत्यु का चक्कर रहेगा। संसरण रहेगा। इसलिए निःसरण, निर्वाण का आकर्षण रहेगा।

प्रश्न यह है कि वह जो निवृत्त है वह समाज के लिए किस काम का है? एक तो जो जीवन मुक्त है वह जब तक जिन्दा है तब तक शरीर भुवन, भाव और भूत के लिए कुछ न कुछ करता रहता है। शरीर को जिन्दा रहने के लिए और स्वस्थ रहने के लिए जितना जरूरी है वह भी करता है। बहुत करके उसके लिए कोई समस्या नहीं। ज्यादा कर के भुवन और भाव और भूत हित के लिए करता है। वही कर सकता है। जो पाश से मुक्त नहीं है, जिसे कुछ चाहिए, वह न मिलने पर जिसे गुस्सा आता है, वह अपने से भिन्न भुवन और भूत वगैरह के लिए क्या कर सकता है? उसकी अपनी ही चाह और

चिन्ता नहीं मिटती। तो वह दूसरे के लिए क्या कर सकता है? इसका यह अर्थ नहीं कि जो सर्वथा मुक्त नहीं वह समाज के लिए कुछ करने का अधिकारी नहीं। क्योंकि फिर तो शायद ही कोई समाज के लिए कुछ करने का अधिकारी हो पाएगा। इसलिए जो जितना मुक्त है वह उतना ही भुवन और भूत भलाई के लिए कामना करे। चेष्टा करे। तो बस है।

बुद्ध, महावीर, ईसामसीह, मुहम्मद, शंकराचार्य, कबीर, गाँधी ने अपनी मुक्ति के साथ-साथ भुवन और भूत की मुक्ति के लिए अथक चेष्टा की। आज भी उनके नाम, रूप, लीला, धाम के स्मरण से मनुष्य को सकून मिलता है। जिन्हें नहीं मिलता वे खुद अपनी शान्ति की तलाश में निकलते हैं। उनके लिए भी वे नमूना हैं।

लेकिन अगर यह मान लिया जाये कि जो मुक्त है वह फिर कुछ नहीं करता, न एक शब्द किसी की भलाई के लिए सोचता है, बोलता है, न करता है, चुपचाप पड़ा रहता है, तो भी वह एक काम करता है। प्रसज्य व्यर्थता को समझ कर, और यह भी समझ कर कि परिवार, समाज, राज्य संसार में कुछ नहीं किया जा सकता, अगर वह इसमें से अकेले बाहर निकल जाता है तो भी वह मार्ग बताता है। उस निष्क्रमण का भी एक सामाजिक अर्थक्रिया-कारित्व है।

निर्वाण का अगर कोई सामाजिक विनियोग हो सकता है तो शायद इतना ही है। इससे अधिक सामूहिक निर्वाण की कल्पना करना, उसे प्राप्त करने का कार्यक्रम बनाना, संगठन खड़ा करना निर्वाण के साथ ज्यादती है। निर्वाण की भूमि इससे भिन्न है। गम्भीर है। मनुष्य की स्वतन्त्रता का आखिरी सपना है। अपने आखिरी रूप में वह कभी भी हासिल न हो सके तो भी उसका होना अच्छा है। उसे हल्का करना या विरूप करना ठीक नहीं।

•

परिवर्तन और बौद्ध धर्म*

परिवर्तन का मतलब है : हेरफेर, उलटपुलट। इसमें विकास और ह्रास दोनों शामिल हैं। इसका बौद्ध धर्म पर क्या प्रभाव पड़ा है?

बौद्ध धर्म की परम्परा में अट्ठारह संप्रदायों का जिक्र होता है। यह सब चलन में नहीं है। धर्म में अगर किन्हीं विश्वासों, मूल्यों, कर्मकांडों और उस पूरे पवित्र-अपवित्र संकुल को शरीक करें, जो किसी धर्म के साथ जुड़े होते हैं तो बौद्ध धर्म के दो रूप इस दृष्टि से विचारणीय हैं। एक, जिसे हीनयान कहने की चाल है, दूसरा महायान। मैं केन्द्रीय उच्च तिब्बती शिक्षा संस्थान के तत्त्वावधान में आयोजित इस परिचर्चा में हिमालय के आर-पार के महायान धर्म की चर्चा करूँगा। बौद्ध धर्म में परिवर्तन को विशेषकर हिमालय के इस पार, उस पार बसे महायान में परिवर्तन से जोड़ कर देखने में बात कुछ ठीक हो सकती है क्योंकि इसका ही वातावरण है। दूसरे, इसके बारे में मेरा अज्ञान थोड़ा कम है। थोड़ी प्रत्यक्ष जानकारी है। फिर इसे औरों पर भी लगाया जा सकता है।

बुद्धदृष्टि परिवर्तन के लिए प्रस्तुत है। प्रतीत्यसमुत्पाद, क्षणभंगवाद, अनित्यवाद, मध्यम मार्ग का परिवर्तन से मेल बैठता है। लेकिन बौद्ध धर्म और संघ में परिवर्तन के लिए अटक क्यों है? कहाँ है? क्या यह धर्म मात्र में निहित है? इसकी संस्थाओं, रीति-रिवाजों, आदतों में है? क्या महायान के लिए कुछ विशेष है? या दोनों हैं?

जो हो, हिमालयी महायान बौद्ध धर्म में बीसवीं सदी के उत्तरार्द्ध में जबर्दस्त हादसा हुआ है। इससे बहुत घना और वेगवान उलट-फेर हुआ है :

---

* केन्द्रीय उच्च तिब्बती शिक्षा संस्थान, सारनाथ, वाराणसी द्वारा आयोजित 'बौद्ध परिवर्तनवाद : आधुनिक सन्दर्भ में' गोष्ठी में प्रस्तुत वार्त्ता।

१. राज्य, धर्म, समाज का नेतृत्व एक व्यक्ति या संस्था के हाथ में नहीं रह गया।
२. राज्य सद्धर्म विरोधी हो गया या धर्म-निरपेक्ष।
३. संचार की नयी दुनिया में आ गया। तिब्बत, लदाख, लाहुल-स्पीति, किन्नौर आदि में अपने में पूर्ण धर्म, संस्कृति, शिक्षा, कला, व्यापार की बन्द दुनिया नष्ट हो गयी। नयी मिली नहीं, इसलिए अस्तव्यस्तता है। इन परिवर्तनों की दृष्टि से हिमालयी बौद्ध धर्म में क्या कोई परिवर्तन जरूरी है? अगर हाँ तो वह क्या है? इस परिवर्तन का मार्ग क्या है?

इस खोज में उन मूल प्रश्नों तक जाना अच्छा है जहाँ से तथागत चले थे। दुःख-आर्य-सत्य। दुःख है, दुःख का कारण है, दुःख से छुटकारा है और इसका रास्ता है। दुःख को केन्द्र में रखना और उसके निरोध का रास्ता सुझाना आज भी अत्यन्त महत्त्व का है। इसमें भी उपाय कुशलता महत्त्व की है। यह शास्त्रों और समुदायों के विकास में उलझ गयी इसलिए ऋजुता जरूरी है। सरलता फिर से लाने की जरूरत मालूम पड़ती है। जटिलता बहुत आ गयी है। इसके बीच तथागत का कहीं जामुन की छाँह वाला प्रथम ध्यान जरूरी लगता है। उसका विस्तार किया जा सकता है। दुःख दूर करने के रास्ते में जो भी अटक है, चाहे वह शास्त्रों, संप्रदायों की ही क्यों न हो, दूर होनी चाहिए।

सद्धर्म का ज्ञान, उसका उपदेश और उसकी साधना तीनों की आवश्यकता है। अब जब हिमालय की प्रायः अलंघ्य दुनिया से निकलकर संचार की इस नयी दुनिया में आ पड़े हैं तो १. प्राचीन-नवीन शास्त्रों, शिल्पों का ज्ञान, २. धर्म का उपदेश, ३. साधना, ध्यान-भावना, तन्त्र भी जरूरी है।

मुझे भय है कि कहीं आधुनिक बनने के चक्कर में हिमालयी बौद्ध इस धरोहर को न खो दें। भर्तृहरि वाली स्थिति है—मैं जिस पर अनुरक्त हूँ वह दूसरे पर, और वह दूसरा तीसरे पर जान देता है। धिक्कार है उस मदन को, धिक्कार है मुझे और धिक्कार है उसे!

पश्चिमी आधुनिक मनुष्य तो आपकी ओर साधना के कारण आकृष्ट है। आप उसके ट्रांजिस्टर और टेप रिकॉर्डर और कैमरा और ट्विस्ट पर लट्टू हैं। अपनी साधना ही खोने के कगार पर हैं।

गुह्यता के बारे में भी कुछ विचार जरूरी है। सिद्धान्त खुला है। क्रिया गुह्य

है।...लुप्त होने का भय है।

माहात्म्य, ज्ञान, क्रिया—तन्त्र के ये तीन अंग हैं। इनमें माहात्म्य का पाठ करते हैं। फिर कभी-कभार ज्ञान देते हैं। क्रिया को छिपाते हैं या कठिनता से देते हैं। सनातन परम्परा में जनेऊ है तो यहाँ दीक्षा है। वर्जना है। वैशिष्ट्य है। विशेष अधिकार है। यह वर्णभेद का आभ्यंतरीकरण है। दूरी, ऊँच-नीच और शुद्ध-अशुद्ध का भाव है। तन्त्र में इसका निषेध है। फिर भी है। साधना का मार्ग कठिन है। इसमें पात्र-अपात्र का ध्यान रखा जाये, लेकिन इस पात्रता की कसौटी क्या है? जो माहात्म्य का जाप करे वही पात्र है। मनुष्य दुःखी है। वह आपके पास दुःख दूर करने का रास्ता पूछने आता है। आप समझते हैं कि आपके पास रास्ता है लेकिन वह रास्ता आप बताते नहीं, क्योंकि आपके धर्म, संघ ने आपको आज्ञा नहीं दी है। यह अबौद्ध आचरण है।

माहात्म्य बता देना या ज्ञान देना भी काफी नहीं। क्रिया की शिक्षा के अवसर खुले होने चाहिए। उसकी कसौटियाँ बदलनी चाहिए, सार्वभौम शिक्षा का सिद्धान्त और व्यवहार भी नयी चीज है। यह विशिष्ट जनों की शिक्षा के विचार-व्यवहार से भिन्न है। ज्ञान, गुरु और साधक तीनों हैं। इसका मेल नहीं है। इसका संयोग जरूरी है। गुह्यता से हानि औरों को ही नहीं, खुद को भी होती है। मनुष्य मात्र की धरोहर पर सर्प की तरह कुंडली मार कर बैठे रहते हैं। इससे वह खजाना न औरों के काम आता है, न आपके।

अगर शमथ, विपश्यना से आप चित्त का विकास, वशंकार नाश और शांति देने में मदद दे सकते हैं तो क्यों नहीं देते? नहीं देते तो नकली लोग यह करेंगे। आपकी भी बदनामी करेंगे और दुःख भी दूर न कर सकेंगे। निश्चय ही शमथ और विपश्यना के जो गहन प्रयोग हैं, वे हों, लेकिन उसका यह विस्तार हो सकता है।

दुःख सत्य का उपदेश करते बुद्ध और बौद्धों को २,५०० वर्ष से ऊपर हुए फिर भी लोक में दुःख है। तो बौद्ध कैसे सुखी बैठ सकता है। लेकिन सुखी है। यह विरोधाभास खटकने वाला है।

मुझे लगता है कि नीतार्थ और नेयार्थ की फिर-फिर व्याख्या जरूरी है, नहीं तो जो महत्त्व का नहीं है उसकी रक्षा करने में जो अत्यन्त महत्त्व का है, उसके नष्ट हो जाने का खतरा है। जैसे, धर्मशाला में जो अध्यापकों की शिक्षा की पोथी छपी है, उसमें प्रारम्भ में बौद्ध सृष्टि विद्या भी दी गयी है। परम्परागत रूप से यह दो आधारों पर हो सकती है। एक, *अभिधर्मकोश* के आधार पर, दूसरे *श्रीकालचक्रतन्त्र* के आधार पर।

इधर वैज्ञानिक खोजों ने पृथ्वी और सृष्टि विषयक नयी जानकारी हासिल की है। उससे आप अपने अध्यापकों, विद्यार्थियों को परिचित नहीं कराएँगे तो बौद्ध सृष्टि विद्या के बारे में उसे संशय होगा। फिर वह त्रिशिक्षा–प्रज्ञा, शील, समाधि के बारे में भी संशय करेगा, धर्म के बारे में, आचार्यों के बारे में भी।

यह सृष्टि विद्या सद्धर्म के लिए केंद्रीय नहीं है। इसलिए उस सम्बन्ध में तो बिना हिचक नयी व्याख्याओं को शिक्षा में शामिल किया जा सकता है।

विज्ञान और टेक्नॉलॉजी का आज की दुनिया पर बड़ा असर पड़ा है। इसकी अपर्याप्तताओं को सम्यक् दृष्टि उजागर कर सकती है। किन्तु वैज्ञानिक दृष्टि से कुछ प्रयोगात्मकता सृजनशील ढंग से लगायी जा सकती है–जैसे हिमालयी बौद्धों में से एक वर्ग को परम्परागत दृष्टि से शिक्षित किया जा सकता है जैसा शायद धर्मशाला और मुंडगोड में हो रहा है। दूसरे को पाश्चात्य आधुनिक दृष्टि से शिक्षा संस्कार दिये जा सकते हैं जैसा एक दुःखद संयोग से स्विट्जरलैंड में हुआ है। इन दो की तुलना कर देखा जा सकता है कि कौन–सा मार्ग सम्यक् है। या दोनों समान रूप से निरर्थक हैं?

मैं समझता हूँ कि अपने पर प्रयोग करने की झंझट से बचना चाहें तो हमारा अनुभव है, और आपकी दृष्टि से जिसका मेल है, वह यह है कि यह दोनों अन्त–परम्परा और आधुनिकता का अन्त–बरजने जैसे हैं। तीसरा रास्ता इन अन्तों को बरज कर मध्यम है। मध्यम का भी निरन्तर विकास जरूरी है। नये–नये अन्तों के बीच मध्यम मार्ग क्या है इसकी खोज जरूरी है। उच्छेद–शाश्वत अन्त के बीच इसे देखना जरूरी है, पर काफी नहीं है।

जैसे प्रतीत्यसमुत्पाद की चार व्याख्याएँ हैं। इनमें से किसकी देशना तथागत ने की? अब तो यह बताना प्रायः असम्भव है। हाँ, इनके प्रयोजन के बारे में सहमति हो सकती है कि जो भी व्याख्या हो वह मोह को दूर करने के लिए हो। इसी प्रकार मध्यम मार्ग आत्यंतिक मार्गों का मिथ्यात्व बताने के लिए है। उनका प्रहाण करने के लिए है। शास्त्रार्थ या जप मात्र के लिए नहीं है। शास्त्र का प्रयोजन ध्यान में रखने जैसा है। आम तौर पर एक या दूसरे अन्त में पतित है।

परिवर्तनवादी दृष्टियाँ एक नहीं अनेक हैं। ये अन्तों में पतित हैं जैसे भौतिकवादी–अध्यात्मवादी अन्त में, परम्परावादी–आधुनिकतावादी अन्त में, वैयक्तिक–सामाजिक अन्त में। इन दो अन्तों का निरसन मध्यम मार्ग अपनाने जैसा है। इसकी तफसील से व्याख्या

जरूरी है। यह सिर्फ दृष्टि है। संकेत है। इससे आर्य अष्टांगिक मार्ग जुड़ा हुआ है।

अभी तो शब्दज्ञान और क्रिया का विकल्प बन गया है। प्राणिमात्र के प्रति करुणा करने के बजाय करुणा के माहात्म्य का पाठ हो रहा है। यह पाठ काफी नहीं है।

प्रश्न है कि आधुनिक परिवर्तन को बौद्ध क्या दे सकते हैं? परिवर्तन को वह गहराई दे सकते हैं, अन्तरंगता दे सकते हैं, जो अन्यत्र दुर्लभ है। यह कैसे हो सकता है? शील, समाधि, प्रज्ञा से हो सकता है। प्रज्ञा से करुणा, मुदिता, उपेक्षा आती है, जो इस प्रक्रिया को गति देती है, प्रश्रब्धि भी। शांति निष्क्रिय न हो, अशांति के बीच शांति। बोधिसत्त्व की चर्या इसका श्रेष्ठ उदाहरण है।

परिवर्तन आंदोलन के बीच होता है। आंदोलन विचारों और व्यवहारों दोनों में जरूरी है। इस आंदोलन के बिना न तो परिवर्तन के लिए इच्छा होती है, न ज्ञान, न क्रिया।

अगर मेरी व्याख्या सही है और जब तक मुझे इसमें भूल नहीं दिखायी देती, तब तक मेरे लिए तो यह सही है तो बौद्ध धर्म में परिवर्तन के लिए इच्छा, ज्ञान और क्रिया की मुझे जरूरत महसूस होती है। आपको भी होती है क्या? आचरण में क्या बदलती हुई परिस्थितियों में कोई परिवर्तन जरूरी है? क्या कारण है कि परम्परागत हिमालयी बौद्धों में से कुछेक संवेदनशील लामा सद्धर्म का निर्वाह कठिन महसूस कर रहे हैं। क्या सिर्फ उनका दोष है? या कहीं धर्म, संघ के नियमों में कोई दोष है? यह विचारणीय है।

बदलती हुई दुनिया में बौद्ध भिक्षुओं के ज्ञान, उपदेश और साधना की समस्या है। साथ ही मनुष्यमात्र के ज्ञान, उपदेश और साधना की समस्या है।

अन्त में, क्या बौद्ध धर्म-दर्शन सिर्फ बौद्धों का दुःख दूर करने के लिए है या प्राणिमात्र के दुःख दूर करने का उपाय बताता है? यदि प्राणिमात्र का दुःख दूर करने के लिए है तो रास्ता क्या है?

क्या आप चाहते हैं कि मजुश्री कभी भी निर्वाण न प्राप्त करें? सिर्फ औरों का दुःख दूर करने के लिए चरवाहे की तरह हँकाते ही रहें?

•

नवबौद्ध : पहचान का प्रश्न *

नवबौद्ध क्यों? बौद्ध काफ़ी है। बौद्ध तो बौद्ध, ऐसा अनेक नवबौद्धों का मत है। भाषा पहचान कराती है। इसी पहचान से परेशानी है जो समझ में आती है। बाबा साहब डॉ. भीमराव आंबेडकर के १९५६ में बौद्ध धर्मांतरण के साथ और उसके बाद लाखों दलित नवबौद्ध हो चुके हैं। १९५१ की जनगणना के अनुसार देश में बौद्धों की संख्या १,८०,८२३ थी। डॉक्टर आंबेडकर ने १४ अक्टूबर १९५६ को नागपुर में दीक्षा ग्रहण की। इसके बाद १९६१ की जनगणना में यह संख्या बढ़कर ३२,५०,२२७ हो गयी। १९७१ की जनगणना में यह संख्या और बढ़कर ३८,७४,८४२ हो गयी है। अनुमान है कि यह कम बतायी गयी है। हिंदू गणकों का पूर्वग्रह, लोभ या भय से धर्म न बताने, अज्ञान, अगम्य स्थानों में बसने आदि के कारण से यह संख्या कम दर्ज हो सकती है। अगर मोटा अनुमान यह लगाएँ कि प्रत्येक बौद्ध जो दर्ज है उसके पीछे ३ दर्ज नहीं हैं, तो संख्या १ करोड़ के लगभग है। ये अधिकांश हिंदुओं की परिगणित जातियों में जनमे थे। महाराष्ट्र में महार, पश्चिमी उत्तरप्रदेश में जाट व पूर्वी उत्तरप्रदेश में चमार, पंजाब और हिमाचल प्रदेश में भंगी प्राय: धर्म परिवर्तन कर बौद्ध बन रहे हैं। महार तो अधिकांश बौद्ध हो चुके हैं। शेष परिगणित जातियों में से अभी तक ५-७ जानियाँ, और परिगणितों में से लगभग ५ प्रतिशत बौद्ध हुए हैं। इनकी सहज इच्छा है कि ये ब्राह्मण धर्म की क्रमिक अस्पृश्यता वाली जाति से और ऊँच-नीच से बौद्ध होते ही छुटकारा पा लें। आत्मसम्मान के लिए इन्होंने अपने पुराने धर्म को छोड़ा। यहाँ भी जब इन्हें नवबौद्ध कहा जाता है, और नव का मतलब बहुत कर के परिगणित जातियों में जन्मे धर्मांतरित बौद्ध से होता है तो उन्हें बुरा लगता है। क्योंकि वह पहचान बनी रहती है। नवबौद्ध इस

* *दिनमान* (साप्ताहिक, नयी दिल्ली), ७-१३ नवम्बर, १९७६ से साभार।

पहचान को मिटाना चाहते हैं। इसलिए इधर राहुल सांकृत्यायन का दिया हुआ शब्द चलाने की हमने कोशिश की : नवदीक्षित बौद्ध। राहुल जी ने डॉक्टर आंबेडकर की दीक्षा पर लिखते हुए कहा था कि यह कोई नवबौद्ध आंदोलन नहीं है क्योंकि डॉक्टर आंबेडकर ने गौतम बुद्ध के धर्म में ही दीक्षा ली है। कोई नया बुद्ध धर्म नहीं चलाया है या उसमें ही कोई नया पंथ नहीं चलाया है। जैसे न्याय के बाद नव्य न्याय आया, या क्लासिकी अर्थशास्त्र के बाद नवक्लासिकी अर्थशास्त्र आया, वैसे बौद्ध धर्म के लगभग २,५०० वर्ष बाद यह कोई नया बौद्ध धर्म नहीं है, सिर्फ़ दीक्षा नयी है। इसलिए उन्होंने इन्हें नवदीक्षित बौद्ध कहा। इस पर भी वही आपत्ति है जो नवबौद्ध पर है। अलगाव तो बना रहता है। नव कहें या नवदीक्षित कहें, क्या फर्क पड़ता है?

इतिहास से उदाहरण दिया जाता है कि जब बुद्ध त्रिशरण देते थे तो वे तो नवदीक्षित बौद्ध नहीं कहलाते थे। या फिर जब अशोक के काल में धर्मांतरण हुआ तो अशोक सहित करोड़ों नवबौद्ध या नवदीक्षित बौद्ध नहीं कहलाये। फिर अब यह विशेषण क्यों? यह अलगाव अपमानजनक लगता है।

प्रश्न मान–अपमान का नहीं है। प्रश्न जो है उसे यथावत देखने का है। अच्छा है तो अच्छा देखने का है। बुरा है तो बुरा देखने का है। ऐसा–वैसा है तो ऐसा–वैसा देखने का है। यह सम्यक् दृष्टि है। इतिहास में जो हुआ वह यहाँ नहीं लगता। बाबा साहब भीमराव आंबेडकर के पीछे जो धर्मांतरण हुआ वह इतिहास में अपूर्व घटना है और वह प्रक्रिया उनके जाने के बीस साल बाद भी चल रही है। नेतृत्व नहीं है, संगठन नहीं है, दिशा नहीं है, फिर भी धर्मचक्र चल रहा है। डॉक्टर आंबेडकर ने धर्मपरिवर्तन करते समय अपने अनुयायियों से बाईस प्रतिज्ञाएँ करवायी हैं। ये बाईस प्रतिज्ञाएँ नवबौद्ध करते हैं। ये बाईस प्रतिज्ञाएँ बौद्धों के परंपरागत पंचशील या अष्टशील या दसशील से भिन्न हैं। ये अपने आप में परंपरागत बौद्ध धर्म के नव्य रूप को उभारती हैं। डॉक्टर आंबेडकर ने अंतिम दिनों में जो पुस्तक लिखी 'बुद्ध एंड हिज धम्म' (बुद्ध और उनका धम्म) यह भी परंपरागत बौद्धों से भिन्न है। उसे 'आंबेडकर एंड हिज धम्म' आंबेडकर और उनका धर्म भी कहा जा सकता है। इस अर्थ में यह नवबौद्ध धर्म हो जाता है।

डॉक्टर आंबेडकर का धर्मांतरण एक करिश्मा है। यह गौतम बुद्ध के धर्मचक्र प्रवर्त्तन से या अशोक आदि के धर्म प्रचार से या नागार्जुन आदि के महायान से भिन्न कोटि का है। शायद भारतीय इतिहास में पहली बार अस्पृश्य जाति में जनमे एक सताये

हुए आदमी ने ब्राह्मण धर्म छोड़ कर आत्मसम्मान के लिए बौद्ध धर्म ग्रहण किया और उसके पीछे करोड़ों दलित या तो धर्म प्रवर्त्तन कर चुके हैं या उधर मन ही मन खिंचे हुए हैं। एक क्षत्रिय ने नहीं, राजपूत ने नहीं, एक महार ने, दलित ने धर्म परिवर्तन किया है और फिर खुद दीक्षा दी है। ब्राह्मणवाद पर इससे जितनी करारी चोट लग रही है उतनी और किसी अंदरूनी चीज़ से नहीं। इस अर्थ में भी यह नवबौद्ध आंदोलन है।

नवबौद्ध इसलिए भी कि यह देश के ही परंपरागत बौद्धों से, इनकी समस्याओं और संभावनाओं से अलग इन दलितों की पहचान बतलाता है। हिमालय में लदाख, लाहुल-स्पीति, किन्नौर, नेपाल, सिक्किम, भूटान, अरुणाचल, असम, नगालैंड में परंपरागत बौद्ध हैं। इस अर्थ में बौद्ध धर्म देश से कभी लुप्त नहीं हुआ। ये हिमालयी बौद्ध अपनी परंपरागत संस्कृति, कला, भोटी भाषा, तन्त्र और रीति-रिवाज, पूजा-पाठ, गाने-बजाने के ऐश्वर्य में जीते हैं, दलित नहीं हैं। फिर, भारत में तिब्बत के दुर्भाग्य से दलाई लामा सहित अनेक लामा, साधक, उपासक आ गये हैं, और बस गये हैं। स्थविरवादी देशों के, लंका, बर्मा, थाईदेश आदि के बौद्ध भिक्षु और विद्यार्थी और उपासक यहाँ आते-जाते रहते हैं। इन परंपरागत बौद्धों की अपनी समस्याएँ हैं। इनके बारे में मैं अलग से लिख चुका हूँ। तिब्बत पर चीन के कब्जा होने के बाद ये परंपरागत बौद्ध हिमालय में एक सांस्कृतिक शून्य में रह रहे हैं। तिब्बत से इनके धर्म, संस्कृति, व्यापार, चिकित्सा, कला, भाषा के नानाविध सम्बन्ध थे। वे अब नहीं हैं। इसलिए शून्य में हैं। ये परंपरागत बौद्ध हैं। जैसे ब्राह्मण का बेटा ब्राह्मण होता है, वैसे ही बौद्ध का बेटा बौद्ध। उनके अपने कर्मकाण्ड, रीति-रिवाज, टोटके वगैरह हैं जो उन्हें बौद्ध बनाये रखते हैं। उन्हें त्रिशरण, पंचशील, अष्टांगिक मार्ग वगैरह बताने वाला कोई नहीं है। एक किस्म की जाति-प्रथा भी उन में घुस गयी है। मैं हिमालय के मध्य की दुर्गम घाटियों में उनकी समस्याओं और संभावनाओं को देख आया हूँ। ये समस्याएँ और संभावनाएँ नवबौद्धों की नहीं हैं।

नवबौद्ध कहने का एक कामकाजी कारण भी है। महाराष्ट्र में जब बाबा साहब की प्रेरणा से महारों ने दीक्षा ली तो प्रश्न यह उठा कि क्या ये उन आर्थिक सहूलियतों को छोड़ दें जो वे परिगणित जाति में जनमने की अयोग्यता को दूर करने के लिए उन्हें मिल रही थीं? दुश्मन और नादान दोस्त दोनों ही यह कहते हैं कि जब धर्म छोड़ा तो ये सहूलियतें भी छोड़ देनी चाहिए। छिटपुट कोई ऐसा करने की हैसियत रखता हो तो

अलबत्ता सरकारी आश्रय छोड़े। लेकिन स्थिति यह है कि इनको छोड़कर जन्म की अयोग्यताओं से जूझने का जाति समूहों में बल नहीं रह जाता। ये अधिकार उन्होंने लड़ कर हासिल किये हैं। धर्म बदलने से जन्म की वह सामाजिक शैक्षणिक अक्षमता नष्ट नहीं होती। इसलिए अपने विकास के विशेष अवसर के लिए उन्हें संरक्षण पाने का अधिकार है। संरक्षण देना समाज और सरकार का कर्त्तव्य है। महाराष्ट्र में लड़ कर नवबौद्धों ने परिगणित जाति से धर्मांतरित बौद्धों के लिए ये अधिकार सुरक्षित रखे। महाराष्ट्र सरकार ने इस आशय का प्रस्ताव अप्रैल, १९६८ में स्वीकार कर लिया। केन्द्र और अन्य राज्य सरकारें भी इसी प्रकार परिगणित जातियों में जनमने वाले नवदीक्षित बौद्धों के लिए भी छात्रवृत्ति, नौकरियों में संरक्षण, आवास आदि में वरीयता का अधिकार कायम रखें।

इस व्यावहारिकता के चलते भी नवबौद्ध नाम जरूरी होगा। अगर यह कहा जाये कि नवबौद्ध ही क्यों, हर किसिम के बौद्ध को विशेष अवसर मिले, तो धर्मनिरपेक्षता के होते हुए यह संभव नहीं है। अल्पसंख्यक धर्म और भाषा और संस्कृति की रक्षा का अधिकार संविधान में दिया हुआ है। यह मौलिक अधिकार है लेकिन इससे ही शायद सभी अल्पसंख्यकों को वह सब नहीं मिल सकता जो परिगणित जातियों को मिलता है। किसी शक्ति-युक्ति से ऐसा हो सकता हो कि सभी अल्पसंख्यकों को, मुसलमान, ईसाई, पारसी, जैन, सिक्ख आदि को यदि अधिकार मिलें तो फिर बौद्धों को भी मिलें। चाहे वे परंपरागत बौद्ध हों या नव बौद्ध। अभी तो यह संभव नहीं दीखता। इसलिए अगर यह सरकारी सुविधा लेनी है, और अभी तो वह जरूरी है, तो फिर सरकारी परिभाषा की दृष्टि से भी भेदमूलक शब्द चलेगा।

जैस-जैसे समय बीतेगा, वैसे-वैसे नवबौद्ध या नवदीक्षित घिसता जायेगा। सिर्फ़ बौद्ध रह जायेगा। समय के साथ-साथ अन्दर से ब्राह्मण संस्कार क्षीण होता जायेगा। संस्कार दुःख है। ये धर्म परिवर्तन के क्षण ही एक झटके में नहीं नष्ट हो जाते। धर्मांतरण सिर्फ़ घटना नहीं है, यह एक सतत चालू रहने वाली प्रक्रिया है। अन्तर-बाह्य के संस्कारों से छुटकारा पा कर यह विशेष भी छूट जायेगा। इसलिए शायद एक अपरिहार्य बुराई के रूप में संक्रमण काल में नवबौद्ध या नवदीक्षित बौद्ध चलेगा।

इससे आगे बढ़कर मैं तो यह कहूँगा कि इसमें अपमान न महसूस कर नवबौद्धों को गौरव महसूस करना चाहिए कि जाति-प्रथा के अंध तमसावृत्त नरक से छूटकर वे

बौद्ध धर्म में आ गये हैं। यह उनका नया जन्म है। इसलिए वे नवबौद्ध हैं। फिर यह मान-अपमान के परे, जो है उसे जस-का-तस देख कर उससे पार जाने की कठिन साधना है। ऐसा नहीं है कि सिर्फ़ धर्म परिवर्तन या नाम परिवर्तन से यह चमत्कार हो जाने वाला है। संस्कार प्रबल है। इनसे नित्य अन्तर-बाह्य संघर्ष करना जरूरी है। तभी धर्मांतरण का मतलब है। ज्ञान के साथ क्रिया जरूरी है। बुद्ध या आंबेडकर तो रास्ता बता सकते हैं। रास्ता जान कर भी अगर उस पर चले नहीं तो रास्ता पार नहीं होगा। लक्ष्य प्राप्त नहीं होगा, दुःख से छुटकारा नहीं होगा।

यह नवबौद्धों के विचार के लिए है। लेकिन यह सिर्फ़ बुद्धि का विषय नहीं है। बुरा लगता है, तो बुरा लगता है। इसमें तर्क की गुंजाइश नहीं। हाँ, अगर यह उनकी बुद्धि को जँचे, और बुद्धि को ही नहीं हृदय में उतरे तो वे नवबौद्ध कहलाने में न सकुचाएँ, बल्कि गौरव करें। न उतरे तो न मानें। सिर्फ़ बौद्ध कहें, काम चलाने के लिए कभी नवदीक्षित बौद्ध कहें, या कुछ और कहें। आत्मसम्मान के लिए जब पुराना धर्म छोड़ा तो पुराना शब्द भी छोड़ें। मेरा इसमें कोई आग्रह नहीं है। न पक्ष है। अन्त में तो प्रत्येक को दुःख के सागर में तैरने का यान खुद को ही बनाना है। नाम में क्या धरा है।

•

नागार्जुनकोंडा : नोटबुक से *

नागार्जुन कोंडा। महाचैत्य। प्राचीनतम ऐतिहासिक अवशेष। इसमें बुद्ध की अस्थियाँ मिलीं। जो अब सारनाथ मूलगंध कुटी विहार, सारनाथ में। चक्र के आकार का। व्यास ३२.१५ मीटर। साबूत १८ मीटर ऊँचा। आयक खंभों पर लिखा शिलालेख : इक्ष्वाकु वंश के राजाओं द्वारा तीसरी सदी ईसवी में जीर्णोद्धार। चैत्य के ढूहे के सामने पाँच पत्थर के पट। संभवतः बुद्ध के जन्म, महाभिनिष्क्रमण, बुद्धत्व, धर्मचक्र प्रवर्तन और निर्वाण के स्वरूप।

नागार्जुन कोंडा में बौद्ध मूर्तिकला के दोनों रूप हैं। प्रारम्भ में बुद्ध की मूर्ति नहीं। वृक्ष हैं। उसकी पूजा करते हुए नर-नारी। बोधि का स्वरूप। इसी तरह चक्र है। धर्मचक्र प्रवर्तन का स्वरूप है। और स्तूप है। निर्वाण का स्वरूप। फिर पाँच खंभे। छोटी-सी बुद्ध प्रतिमा इन सब चिह्नों के साथ है। फिर तो विशाल बुद्ध प्रतिमाएँ। सिंहल विहार की विशेष रूप से भव्य।

बाह्य प्रभाव है? गांधार? या बौद्ध परम्परा का ही विकास? या दोनों?

महाचैत्य के पास चांति श्री चैत्य। लगभग २४० ई.। चैत्य और स्तूप राजकांता चांति श्री का बनवाया। अपर महाविनशैलीय विहार के भिक्षुओं के आवास के लिए। चैत्य के पास हिरण का छौना। सहसा विश्वास नहीं। निर्जन द्वीप पर यह मृग शावक कहाँ? मायामृग तो नहीं? यहाँ कौन-सी सीता है? जिनके हरण के लिए यह माया? मेरी कल्पना तो नहीं? नहीं। साक्षात् मृग। सिर नवाता हुआ। बायीं ओर परिक्रमा करता। चला गया। एक परिक्रमा पूरी की।

---

* नागार्जुन कोंडा, १५.७.१९७६

छू कर देखने के लिए बढ़ा। बिना स्पर्श किये अनुभव नहीं। वह जैसे बरजता हुआ। आगे बढ़ गया। चाल तेज की। तो उसने भी। अब इसके पीछे भाग तो नहीं सकता। अपनी जगह स्थिर। सिर्फ देखता रहा। चौकड़ी भरी। महा स्तूप की ओर चला गया।

गर्दन में भूरे हार की रेखा। कुदरती है? या सिंगार? बाल गूँथ कर। आँखों में चौकन्नापन। अपरिचय। भय। फिर धीरे-धीरे पहचान। फिर चाह। साथ की? किसके? पता नहीं।

तराशी हुई टाँगें। दाहिनी टाँग से गर्दन खुजलाता। सुवर्ण वर्ण। दीप्त। प्रभास्वर। गहरी, गीली, काली आँखें। जैसे पहले कभी नहीं देखीं। मृग की भी नहीं। मृगनयनी की भी नहीं। देने को कुछ नहीं। पास बुलाया। घास दी। पहली झिझक। मुँह लगाया। गंध न मिली। या रास न आई। चली गयी? या चला गया?

महास्तूप के ईंटों की लुनाई सूँघता। नमन करता। पूरब-पश्चिम। रास्ते की ओर। आगे चला। वह पीछे-पीछे। रुकता तो वह भी। दूरी रखता। सिंहल विहार की ओर मुड़ा। बुद्ध की ओर देखा। फिर नागार्जुन पथ पर चला। वह भी पीछे-पीछे। गेस्ट हाउस तक।

उसे देने के लिए कुछ नहीं।

एक बच्चा किलकता हुआ लपका। चौकड़ी भरते चला गया।

रात में। घूमते हुए। सम कोटय्या ने बताया कि बगीचे के माली ने पाला है। उस पार से ले आया। 'लेडी' है। दो होना। पुरुष होना।

•

लदाख में बौद्ध विद्या : परम्परा और परिवर्तन *

लदाख में बौद्ध विद्या की परम्परा तिब्बत, और तिब्बत की परम्परा मूलरूप से भारत की बौद्ध परम्परा से जुड़ी हुई है। लदाख में तिब्बत के सम्पर्क के पूर्व धर्म और विद्या की क्या स्थिति रही है, यह इतिहास ज्ञात नहीं है। यह स्वतन्त्र खोज का विषय है। लदाख में प्रारम्भ में गोनपा में गुरु के साथ पूजा-पाठ, लिपि, भाषा का प्रारम्भिक ज्ञान प्राप्त कर तिब्बत में उच्च अध्ययन के लिए जाने की प्रथा रही है। तिब्बत में बौद्ध विद्या की परम्परा प्रायः सातवीं शताब्दी से लगा कर, एकाध अन्तराल को छोड़कर, बीसवीं शताब्दी के पूर्वार्द्ध तक जीवित-जाग्रत रही है। जब कि अपने मूल देश में यह शताब्दियों से विच्छिन्न। इसलिए देश, काल, पात्र की दृष्टि से मैं इस विद्या परम्परा के बारे में और उसकी समस्याओं और सुधार-बिगाड़ की दिशाओं के बारे में कुछ कहने का अधिकारी नहीं। मेरे और लदाख की परम्परा के बीच मेरे अज्ञान का हिमालय है। इसलिए इस हिमवत देश से यथाशक्ति तद्रूप हो कर (१) लदाख में बौद्ध विद्या की परम्परा और (२) इसमें हो रहे परिवर्तन, और (३) भविष्य की दिशा का यहाँ संकेत मात्र किया जा सकता है। इस पर निर्णय का अधिकारी वही है जो लदाख की विशिष्ट प्रकृति, परिस्थिति और आकांक्षा से तदाकार हो, स्वयं उसका स्वरूप हो। वही जान सकता है जो वही है या हो जाता है। अन्यथा नहीं।

---

* केन्द्रीय बौद्ध विद्या संस्थान, चोगलमसर, लेह (लदाख) द्वारा २३ अगस्त से २७ अगस्त, १९८३ तक 'लदाख में बौद्ध विद्याओं का ऐतिहासिक एवं दार्शनिक संदर्भ' विषय पर आयोजित गोष्ठी में प्रस्तुत पर्चा। पर्चे के प्रथम प्रारूप पर विचार-विमर्श के लिए प्रोफेसर जगन्नाथ उपाध्याय, पं. रामशंकर त्रिपाठी, प्राध्यापक श्री रमेशचन्द्र तिवारी के प्रति हृदय से आभारी हूँ।

विदित है कि महायान बौद्ध परम्परा में पाँच महाविद्या मानी गयी हैं : १. अध्यात्म विद्या, २. हेतु विद्या, ३. शब्द विद्या, ४. चिकित्सा विद्या और ५. शिल्पकर्मस्थान विद्या।[१]

शब्द, हेतु, शिल्प, चिकित्सा सामान्य विद्या है, अध्यात्म विद्या असामान्य। विद्या का यह ढाँचा अध्यात्म विद्या की नींव पर प्रतिष्ठित है। किन्तु इसमें आकार और ऊपरी ढाँचे जैसा यान्त्रिक सम्बन्ध नहीं। अन्योन्याश्रय सम्बन्ध है।

बुतोन रिनपोछे (*हिस्ट्री ऑफ बुद्धिज्म* तिब्बती मूल से अनूदित, हाइडलबर्ग १९३१) ने सद्धर्म के पढ़ने, पढ़ाने और दोनों के अनेक लाभ बताये हैं। कहा गया है कि व्याख्यायुक्ति के अनुसार तथागत ने सूत्र के पढ़ने के पाँच लाभ बताये हैं : १. अज्ञात का ज्ञान, २. पढ़े हुए अंशों का पुनर्विचार, ३. संशय का कटना, ४. सम्यक् दृष्टि का उत्पन्न होना, और ५. प्रज्ञा का गम्भीर अर्थ-ज्ञान होना।

इस प्रकार विद्या अध्ययन से अन्ततः प्रज्ञा उत्पन्न होती है। बौद्ध परम्परा में शील, समाधि, प्रज्ञा त्रिशिक्षा है। शील पर प्रतिष्ठित हो कर चित्त की भावना के द्वारा प्राप्त प्रज्ञा से ही नर-नारी (तृष्णा रूपी) जटा को काट सकते हैं। इस प्रकार ज्ञान की पहचान काटना या दिखा देना है। अविद्या का काटना, अविद्या का दिखा देना। जैसे जौ को काटना, या अंधकार में दीया दिखाना। सो ही प्रयोजन लदाख में विद्या का है।

सामान्य रूप से यह विद्या-मात्र का प्रयोजन है। किन्तु पाँच विद्याएँ महायान बौद्ध परम्परा के लिए विशेष हैं। सामान्यतः प्राचीन भारतीय परम्परा में चार विद्याएँ

---

१. *महायानसूत्रालंकार* (११.६०) में कहा गया है :

विद्यास्थाने पञ्चविधे योगमकृत्वा सर्वज्ञत्वं नैति कथंचित्परमार्यः ।
इत्यन्येषां निग्रहणानुग्रहणाय स्वाज्ञार्थं वा तत्र करोत्येव स योगम् ।।

अर्थात् पाँच प्रकार की विद्या प्राप्त किये बिना परम आर्य सर्वज्ञत्व की प्राप्ति कथंचित नहीं हो सकती। इनका अन्य के निग्रह-अनुग्रह और स्वयं के ज्ञान के लिए योग करें।

इस विद्यास्थान श्लोक की व्याख्या करते हुए कहा गया है :

पञ्चविधं विद्यास्थानम्। अध्यात्मविद्या हेतुविद्या शब्दविद्या चिकित्साविद्या शिल्पकर्मस्थान-विद्या च। तद्यदर्थं बोधिसत्त्वं पर्येषितव्यं तद्दर्शयति। सर्वज्ञत्वप्राप्त्यर्थमभेदेन सर्वम्। भेदेन पुनर्हेतु-विद्यां शब्दविद्यां च पर्येषते निग्रहार्थमन्येषां तदनधिमुक्तानाम्। चिकित्साविद्यां शिल्पकर्मस्थानविद्यां चान्येषामनुग्रहार्थं तदर्थिकानाम् अध्यात्मविद्यां स्वयमाज्ञार्थम्।

(महायानसूत्रालंकार, बुद्धिस्ट संस्कृत टेक्स्ट्स नं. १३, दरभंगा, १९७०, पृष्ठ ७०)

मानी गयी हैं : आन्वीक्षिकी, त्रयी, वार्ता और दण्डनीति। आन्वीक्षिकी न्यायविद्या और आत्मविद्या है। इसके अन्तर्गत, सांख्य, योग और लोकायत हैं। त्रयी में धर्म-अधर्म का प्रतिपादन है। इसके अन्तर्गत हैं–ऋग्वेद, सामवेद, यजुर्वेद। वार्त्ता में अर्थ-अनर्थ का प्रतिपादन है। इसके अन्तर्गत हैं–कृषि, पशु-पालन, वाणिज्य, आदि। दण्ड नीति का विषय है : नय-अनय। लोकयात्रा इस दण्ड नीति पर निर्भर है। अब इनकी तुलना यदि पाँच बौद्ध महाविद्या से करें तो भेद-अभेद दोनों हैं। आन्वीक्षिकी में बौद्ध विद्याओं के दो प्रकार–अध्यात्म और न्याय विद्या सम्मिलित हैं। त्रयी के लिए, वेद के लिए बौद्ध परम्परा में स्थान नहीं है। किन्तु उसके स्थान पर बौद्ध त्रिपिटक है। यह सब शब्द है। वैसे विद्याओं में शब्द के अन्तर्गत काव्य, नाटक, छन्द, ज्योतिष, कोश आदि की उप-विद्याएँ हैं। विद्या-उपविद्या का वर्गीकरण सर्व सर्वत्र सर्वदा एक-सा नहीं है। वार्ता और दण्डनीति का बौद्ध विद्या में स्थान नहीं है। आचार्य नागार्जुनकृत *रत्नावली* और *सुहृल्लेख* में राजनीति का निरूपण है। बौद्ध विश्व में अर्थ-अनर्थ और नय-अनय की प्रतिपादिनी वार्ता और दण्डनीति विद्या का किसी न किसी प्रकार व्यवहार तो होता ही है। किन्तु इन्हें बौद्ध विद्यास्थान में शरीक नहीं किया गया है। सम्भवतः यह प्रस्थान एवं प्रयोजन की भिन्नता के कारण है। बौद्ध विद्या बहुत करके विहारों में, भिक्षु संघ के लिए है, वर्णाश्रम व्यवस्था या अन्य प्रकार की सत्ता-व्यवस्था के लिए नहीं है, जैसी कि बौद्ध-भिन्न प्राचीन भारतीय विद्या है। जो हो, इन चार विद्याओं का विद्यात्व धर्म-अधर्म का ज्ञान कराने में है। भिन्न प्रस्थान के होते हुए बौद्ध विद्या का भी यह विद्यात्व है। किन्तु प्रस्थान भेद से दृष्टि भेद है। पाँच बौद्ध विद्याओं का पर्येषण सर्वज्ञता के लिए है। सर्वज्ञता के बिना बुद्धत्व नहीं। सर्वज्ञता की अपेक्षा है कि वह पञ्चविद्याओं से अवगत हो। इसमें हेतु, शब्द, शिल्प, चिकित्सा विद्या प्रधान रूप से परार्थ के लिए, अध्यात्म विद्या स्वयं के ज्ञान के लिए, स्वाज्ञार्थ है। फिर, महायान परम्परा में प्रज्ञा-उपाय, शून्यता-करुणा युगनद्ध है। प्रज्ञा से वह देखता है, करुणा के वश क्रियाशील है, परार्थ रत है, प्राणि मात्र के हित में रत है। इसके आगे बोधिसत्त्व को अरसिक निर्वाण की स्पृहा नहीं।

आधुनिक युग में विद्या क्या है? इसका प्रयोजन क्या है? इस पर एक मत नहीं, अनेक मत, मतान्तर, दर्शन शिक्षा के हैं। उनके विस्तार में जाने का यहाँ न तो अवकाश है, न

प्रयोजन। किन्तु प्रश्न है कि क्या आधुनिक विज्ञान जो ज्ञान स्थापित करता है वह परम्परागत बौद्ध दृष्टि से ज्ञान है? प्रज्ञा है?

इसकी परीक्षा करें तो देखेंगे कि आधुनिक विज्ञान और टेकनॉलॉजी का भी एक प्रकार का अपना शील है। विशेषकर मृषावाद से विरत रहने का। सत्य के जबर्दस्त आग्रह और आचार के बिना वैज्ञानिक खोज संभव नहीं। इसी तरह वैज्ञानिक प्रयोग में भी एक प्रकार की समाधि, ध्यान-भावना, एकाग्रता, एकचित्तता है। किन्तु यह चित्तमात्र का व्यापार नहीं है। बाह्य भी है। यह बौद्ध परम्परा प्राप्त शील, समाधि से भिन्न है, किन्तु है। इसी प्रकार आधुनिक प्राकृतिक और समाज विज्ञानों में प्राप्त ज्ञान-विज्ञान भी परम्परागत बौद्ध दृष्टि से एक सीमित अर्थ में प्रज्ञा हो सकता है। इस तरह यह संसार के यथाभूत ज्ञान में सहायक हो जाता है। इतना तो दोनों में सामान्य है। फिर विशेष-विशेष तो दोनों का भिन्न-भिन्न है। आधुनिक विज्ञान और टेकनॉलॉजी की विद्या और कला ने उत्पादन के साधनों का अभूतपूर्व विकास किया है। इसने औद्योगिक उत्तर में लोक यात्रा के निर्वाह की, जीवन-स्तर को उन्नत बनाने की अपूर्व भौतिक सामग्री उपलब्ध करायी है। यह समृद्धि अपने आप में एक चीज है। दरिद्रता से बढ़कर कोई पाप नहीं। स्वेच्छया अपनायी हुई गरीबी तो साधना है। किन्तु बलात् थोपी गरीबी अभिशाप है। जिसके पास साधन नहीं, उसके पास धर्म, विद्या और शान्ति नहीं। किन्तु पश्चिम में जहाँ भौतिक, बाह्य का इतना विकास हुआ है वहाँ अन्तर, आत्म, अध्यात्म का उतना विकास नहीं। इस दृष्टि से अध्यात्म विद्या का सिर्फ परम्परागत बौद्धों के लिए नहीं, आधुनिक मनुष्य-मात्र के लिए उपयोग है।

बौद्ध परम्परा में यह शील काल है। इस साधना काल में प्रज्ञा, समाधि के साथ-साथ शील का अन्तःसम्बन्ध वस्तुओं और सेवाओं के प्रचुर उत्पादन से जुड़े तो मानव कल्याण हो। विशेषकर प्राणि-हिंसा से विरत रहने का शील, काम मिथ्याचार से विरत रहने का शील, और सुरा आदि पान से विरत रहने का शील। रास्ता क्या है? आधुनिक काल से विज्ञान-टेकनॉलॉजी ले लें, प्राचीन बौद्ध परम्परा से शील ले लें, दोनों का मिलाकर एक मिश्रण बनाएँ, और उस पर से प्राणिमात्र का कल्याण हो, ऐसा सरल मार्ग नहीं। आर्थिक विकास और शील का आन्तरिक, अटूट, अद्वय सम्बन्ध स्थापित हो। यह शायद एक नये परिपाक में सम्भव है।

फिर, बौद्ध परम्परा में जो प्राचीन-नवीन का, ञिङमा-सरमा का द्वन्द्व है वह

आज की दृष्टि से बुनियादी नहीं। आज बुनियादी द्वन्द्व प्राचीन बौद्ध सहित समस्त प्राच्य, आध्यात्मिक परम्परा का और आधुनिक, पाश्चात्य भौतिक परम्परा का है। ज्ञातव्य है कि तिब्बत में बौद्ध सम्प्रदायों का काल, देश, शिक्षा की दृष्टि का अनेक प्रकार का विभाजन है। इनमें से ञिङमा अर्थात् प्राचीन और सरमा अर्थात् नवीन का भेद प्रमुख है। प्राचीन काल से आचार्य स्मृतिज्ञान तक बौद्ध तन्त्र का जो विकास तिब्बत में हुआ वह ञिङमा कहलाता है। फिर, लोचावा रिनचेन जाङ्पो (१०वीं शती) के बाद से जो तन्त्रों का तिब्बत में अनुवाद हुआ उसके बाद का काल, सरमा। इसके अन्तर्गत हैं : करग्युद-पा, साक्या-पा, गेलुग-पा। इस प्रकार जो तिब्बती परम्परा का नया भी है, सरमा-पा है वह भी प्रायः १,००० वर्ष पुराना है। इन सम्प्रदायों में मौलिक भेद नहीं, एकता है (इस दृष्टि से सम्प्रदाय शास्त्र का अध्ययन-अनुसंधान भी हो किन्तु प्रधानता मूल शास्त्र की हो सो ही सम्यक् है।)

जो हो, सरमा, नयों में भी गेलुग-पा जो सबसे नया है वह भी आचार्य चोंखापा (१४वीं शताब्दी) द्वारा प्रवर्तित है। उन दिनों पाश्चात्य आधुनिक सभ्यता की बुर्जुआ और मार्क्सवादी-लेनिनवादी शाखाओं का उदय नहीं हुआ है। वैसे तो यह सभ्यता प्राचीन ग्रीस-रोम और मध्यकाल के महापुरुषों और संतों से अप्रत्यक्ष रूप से जुड़ी हुई है, किन्तु प्रत्यक्ष रूप से नहीं। तो प्रत्यक्ष आधुनिक सभ्यता के पुनर्जागरण काल के पूर्व तिब्बत में चोंखापा जी सूत्र और तन्त्र का अपना परिपाक कर गये हैं। उसके बाद लगभग ६ शताब्दियों से, १४वीं से लगा कर २०वीं शताब्दी तक तिब्बत में बौद्ध विद्याओं का नवीनीकरण नहीं हुआ। ज्ञान विकास अवरुद्ध हो गया। जीवन-जगत् का प्रवाह रुका नहीं। इसलिए विद्या और वास्तविकता में खाई पड़ गयी। इस प्रकार बौद्ध विद्या परम्परा के तार्किक ढाँचे में कमी नहीं है। वह तो बहुत युक्तिपूर्वक, जतन से गढ़ा गया है। फिर भी यह अपर्याप्त और अपूर्ण है। अपर्याप्तता को स्वीकार करने में परम्परा के प्रति अश्रद्धा नहीं है। यह तो यथाभूत दर्शन करना है। इसके बाद इस अपूर्णता को यथासंभव पूर्ण करने का रास्ता खुलता है। सर्वाकारज्ञता, सर्वज्ञता का मार्ग अपूर्णता से होकर है। विद्या से विनय आता है।

शाश्वतवादी बौद्ध कह सकते हैं कि शाक्यमुनि ने जो आर्य सत्य की व्याख्या की है वह तो शाश्वत है, नित्य है, ध्रुव है उसमें देश, काल, परिस्थिति के भेद से क्या फर्क पड़ता है? एक अर्थ में यह ठीक है। किन्तु संदर्भ के बदलने के साथ, सत्य की भाषा

और संवेदना भी बदलती है। शब्द–अर्थ का नया–नया उन्मेष होता है। उदाहरण के लिए मध्यकाल में सिद्ध सरहपाद का वचन है : *जग उपपाअणे दुक्ख बहु, उप्पण्णउ तहिं सुह–सार*। जग में उत्पन्न होने से यदि दुःख बहुत है तो सुख का सार भी वहीं है। दुःख–सत्य की इतने से ही अर्थ, अर्थ की छाया में अन्तर है। फिर, आधुनिक सिद्ध–साधक दुःख को जैसे देखते हैं, वस्तुत्व में, संगठन में, मान्यताओं, रूढ़ियों, रीति–रिवाजों, आदतों, टेकनॉलॉजी, प्रदूषण आदि में उसका इस रूप में प्राचीन काल में बखान नहीं हुआ है। इसी प्रकार दुःख–समुदय, दुःख–निरोध सत्य, और दुःख निरोधगामिनी प्रतिपदा सत्य की व्याख्या के बारे में भी। इसे स्वीकार न करना तो अनित्यता का निषेध है और शाश्वत अन्त में पतित होना है।

फिर अध्यात्म विद्या की भी अन्य परम्पराएँ हैं : शैव–शाक्त, जैन, वैष्णव, ईसाई, सूफी, जैन तथा अन्य। ये सब मनुष्य की आध्यात्मिक जरूरतों और साधनाओं पर से विकसित हुई हैं। इसके अलावा, शब्द, प्रमाण, शिल्प और चिकित्सा विद्याओं में भी पिछली शताब्दियों में बहुत काम हुआ है। इनसे ज्ञान परिपूरित और शुद्ध होता है। इनके लिए अपने खिड़की–दरवाजे बन्द रखना तो ज्ञान का मार्ग नहीं घुटन का है। लदाख में विद्या के लिए खिड़की–दरवाजे बन्द नहीं करना है, हाँ, किसी हवा में खास कर पश्चिमी हवा में बह नहीं जाना है।

'अस्मिन् सति, इदं भवति'। यह है तो यह होता है। यह प्रतीत्यसमुत्पाद बौद्ध विद्या पर भी लागू है। बौद्ध विद्या परम्परा के लिए आधुनिक काल में प्रमुख रूप से निम्नलिखित परिवर्तन के कारण उपस्थित हैं :

१. तिब्बत में कम्युनिस्ट चीन का आना और परम पावन दलाई लामा के नेतृत्व में तिब्बत की विद्या परम्परा का तिब्बत से निष्क्रमण।
२. राज्य और सद्धर्म के सम्बन्ध का विच्छिन्न होना।
३. लदाख का भारत गणराज्य का अंग–उप–अंग बनना। और फलतः नये 'त्रिरत्न' का शरण–गमन करना। ये हैं : जनतन्त्र, समाजवाद और धर्मनिरपेक्षता।
४. संचार के तीव्र साधनों का विकास होना, लदाख का खुलना और 'टूरिस्ट' आक्रमण का होना।
५. लदाख में सार्वभौम, अनिवार्य प्राथमिक शिक्षा का प्रारम्भ होना।

हिमालय की बौद्ध परम्परा में इन परिवर्तनों के प्रभाव के बारे में विस्तार से

अन्यत्र कहा जा चुका है। यहाँ उसका विस्तार अनावश्यक है। लदाख में बौद्ध परम्परा इस्लाम और ईसाइयत का प्रथम आघात जैसे-तैसे झेल ले गयी। किन्तु आधुनिकीकरण के इस आघात से जैसे देश में, वैसे लदाख में जैसे सांस्कृतिक रिक्तता आ गयी है। लदाखी के लिए यह कहना कठिन है कि वह किस परम्परा का वारिस है। वैसे वह अगर मुसलमान नहीं है, या कश्मीरी ब्राह्मण नहीं है तो बौद्ध है। लेकिन यह तो सिर्फ लेबुल है। बौद्ध होना क्या है? क्या नहीं है? सिर्फ शब्द नहीं। पानी, पानी, पानी कहने से प्यास नहीं बुझती। पानी पीने से जाती है। क्या बौद्ध विद्या का यह जल उसे प्राप्त है।

अतः प्रश्न इतना है कि इस सांस्कृतिक रिक्तता को पूरने की दृष्टि से, परम्परागत बौद्ध विद्या का प्राण क्या हो? प्राथमिकता क्या हो?

प्राथमिकता के चुनाव का प्रश्न लक्ष्य के चुनाव का प्रश्न है। प्रश्न यह है कि लदाखी कौम का लक्ष्य क्या है? उसके मुताबिक ही उसकी विद्या की प्राथमिकता का निर्धारण हो सकता है, अन्यथा नहीं। लदाख में बौद्ध विद्या का प्राण क्या हो? मूल मन्त्र क्या हो? यह निर्णय तो लदाख की बौद्ध परम्परा का काम है। सुझाव के तौर पर यह कहा जा सकता है कि लक्ष्य है : लदाख की विशिष्ट संस्कृति की रक्षा और वृद्धि और शुद्धि के साथ-साथ मानव अखण्डता और प्राणिमात्र की दुःख निवृत्ति, और सुख-शान्ति की प्राप्ति करना। इस दृष्टि से लदाख में विद्या की परम्परा अध्यात्म विद्या पर ही प्रतिष्ठित हो सकती है। यदि पाश्चात्य आधुनिकता, भौतिकता, इहलौकिकता की आँधी में अध्यात्म विद्या का आधार खिसक गया तो यह लदाख के लिए और मनुष्य मात्र के लिए मृत्यु है। इस दृष्टि से, परम्परागत बौद्ध सूत्र और तन्त्र का अध्ययन, अनुसंधान और अभ्यास बौद्ध विद्या परम्परा की विशेषता है जो मेरी विनम्र दृष्टि में कायम रहनी चाहिए। इस दृष्टि से पालि, संस्कृत, तिब्बती भाषाओं का ज्ञान आवश्यक है। किन्तु आधुनिक विज्ञान और टेकनॉलॉजी की उपेक्षा लदाख में न संभव है, न श्रेयस्कर। इस प्रकार मध्यमा प्रतिपद् का एक नया रूप जरूरी है। प्राचीनता से चिपके रहना एक अन्त में पतित होना है, आधुनिकता में बह जाना दूसरे अन्त में पतित होना है। दोनों अन्तों को छोड़ कर जो मार्ग है वह मध्यम मार्ग ही सम्बोधि का मार्ग है, अनदेखे में देखने की आँख देने वाला है। लेकिन प्रश्न तो यही है कि वह मार्ग क्या है?

यह मार्ग एक बार में नहीं बखान किया जा सकता। जिस प्रकार भगवान बुद्ध के सारे शिक्षा पद भी एक बार नहीं कहे गये, उसी प्रकार परम्परागत बौद्ध शिक्षा में

आवश्यक सुधार या बिगाड़ भी एक साथ नहीं हो सकते। एक समय में एक कदम काफी है। शायद, समस्त लदाख के लिए एक मार्ग भी नहीं। इसलिए प्रयोग की दृष्टि से निम्नलिखित तीन प्रयोग सुझाये जा सकते हैं :

१. परम्परागत शिक्षा गोनपा में हो। फिर मैसूर आदि में अपने-अपने सम्प्रदाय के विहार में प्रवेश हो। सम्प्रदाय शास्त्रों का भी अध्ययन हो किन्तु बल मूलशास्त्र का हो।
२. आधुनिक शिक्षा लेह-श्रीनगर-दिल्ली, हार्वर्ड, लेनिनग्राड, या तोक्यो इत्यादि में हो।
३. परम्परा-आधुनिकता के अन्तों का निरसन कर मध्यम प्रतिपद् की शिक्षा केन्द्रीय बौद्ध विद्या संस्थान, चोगलमसर, लेह (लदाख) में हो। या फिर केन्द्रीय उच्च तिब्बती शिक्षा संस्थान, सारनाथ, वाराणसी में। इन संस्थाओं में यह प्रयोग और भूल और सुधार का क्रम जरूरी है।

यह तीन प्रकार विद्यार्थियों की रुचि, गति में व्यक्तिगत भेद के कारण आवश्यक हो सकता है। इनमें से किसी को एक या दूसरा या तीसरा पसंद आ सकता है। फिर भी किसी को खारिज करना कठिन है। व्यक्तिगत रूप से मुझे तीसरा प्रयोग ज्यादा सार्थक लगता है। लेकिन आग्रह नहीं। इस तीसरे प्रकार के संस्थानों में क्या पढ़ाया जाये? कैसे पढ़ाया जाये? पाठ्यक्रम, शिक्षक, विद्यार्थी, शिक्षा की पद्धति, प्रशासन आदि क्या हो? कैसे हो? इस पर बैठ कर विचार-विमर्श और व्यवहार की आवश्यकता है। व्यवहार असली चीज है। सिद्धान्त की परख व्यवहार में है।

जो हो, इतना ध्यान रहे कि इनमें बौद्ध सूत्रों के साथ-साथ बौद्ध योगतन्त्र की शिक्षा की व्यवस्था प्रधान रूप से हो। इस दृष्टि से कक्षा के साथ-साथ ध्यान भी औपचारिक-अनौपचारिक जीवन-पर्यन्त शिक्षा का अंग हो। सार्वभौम शिक्षा हो, विशेषकर स्त्री-शिक्षा, किन्तु भिक्षु की शिक्षा का विशेष प्रबन्ध हो। बौद्ध परम्परा का प्राण है-शील दर्शन सम्पन्न भिक्षु। भिक्षु शील का धारण करना और निर्वाह कठिन है, इसलिए ही व्रत और विनय की और अधिक आवश्यकता है। फिर, आधुनिक भाषाओं, प्राकृतिक एवं समाजविज्ञानों की शिक्षा भी आनुषंगिक रूप से दी जाये। कोई कह सकता है कि यह भारी बोझ है। लेकिन ज्ञान बोझ नहीं है, वह तो बन्धन काटता है, अन्धकार में प्रकाश देता है, मृत्यु में जीवन। हाँ, इसमें एक या दूसरे अन्त में, परम्परा या

आधुनिकता अन्त में, ज्यादा करके आधुनिकता अन्त में पतित होने का प्रवाह–पतित होने का खतरा अवश्य है। सो तो है। द्वन्द्व है, लेकिन सत्य का मार्ग, सर्वज्ञता का मार्ग, समरसता का मार्ग द्वन्द्व से हो कर है। द्वन्द्वों में निर्द्वन्द्व, अद्वय, शून्य के साक्षात्कार में है, अन्यथा नहीं।

•

बौद्धकला, साधना और संस्कृति के अन्तःसम्बन्ध *

कृष्णनाथ : ऐसा लगता है कि थेरवादी दृष्टिकोण कला के बहुत पक्ष में नहीं है। शायद वह इसे इन्द्रिय-सुख का विषय मान कर बरजने वाला है। इसलिए थेरवादी बौद्धकला के विकास के लिए बहुत गुंजाइश नहीं है?

समदोङ् रिनपोछे : मैं इससे सहमत नहीं। क्योंकि अगर ऐसा होता तो थेरवादी बौद्ध देशों में–श्रीलंका, बर्मा और थाईलैण्ड में–बौद्ध मूर्तियों का इतना प्रशस्त और सुन्दर विकास कैसे होता? और कितनी सुन्दर और प्रचुर मूर्तियाँ हैं, मन्दिरों में तो हैं ही, बरामदों में हैं। बाहर खुले में भी हैं। अलंकरण भी है। इसलिए थेरवादी दृष्टिकोण को कला-विरोधी मानने की प्रथा है, लेकिन इसका आधार नहीं दीखता।

कृष्णनाथ : ऐसा माना जाता है कि पहले भगवान् बुद्ध की मूर्तियाँ नहीं बनीं। प्रतीक बने, जैसे जन्म, बोधि, धर्मचक्रप्रवर्तन, निर्वाण के प्रतीक–पद्म, बोधिवृक्ष, हिरण और चक्र, स्तूप इत्यादि। फिर धीरे-धीरे इनमें से ही बुद्ध मूर्तियाँ आयीं और फिर अन्य भी।

रिनपोछे : ऐसा पुरातत्त्व वाले मानते हैं, परम्परा वाले नहीं। बौद्ध परम्परा में शाक्यमुनि के जीवन काल में ही बुद्ध के चित्र लिखने की तीन घटनाओं के उल्लेख हैं। यह विनय ग्रन्थों में है : (यह द्रष्टव्य है कि थेरवादी विनय ग्रन्थों में भी यह घटनाएँ मिलती हैं क्या?)

१. शायद कौशाम्बी के राजा उदयन ने मगध के राजा बिम्बिसार को एक बहुमूल्य भेंट भेजी। जब उसका मूल्य आँका गया तो लगा कि बिम्बिसार के खजाने में

---

* आचार्य समदोङ् रिनपोछे से कृष्णनाथ की बातचीत, काशी विद्यापीठ, १०.७.१९८५, सायं।

जितना धन है उससे अधिक मूल्यवान वह भेंट है। तो प्रश्न था कि उसके बदले में क्या भेंट दी जाये। हुआ कि इस बारे में तथागत से ही पूछा जाये। तथागत ने उत्तर दिया कि बुद्ध, धर्म, संघ से मूल्यवान कोई और नहीं। इसलिए बुद्ध का चित्र लिखकर उसके नीचे द्वादशाङ्ग प्रतीत्यसमुत्पाद का सूत्र लिख कर राजा को भेजा जाये। अब चित्रकार बुलाये गये। उनके सामने समस्या यह थी कि भगवान् बुद्ध का चित्र कैसे लिखा जाये? उनके तेज के आगे उनकी आँखें टिकती नहीं। और उन्हें चित्र में कैसे उतारा जाये! भगवान् बुद्ध ने स्वयं ही इसका उपाय सुझाया। सामने की दीवार पर एक कपड़ा टाँग दिया जाये। सुबह की जब किरण पड़ी तो दरवाजे पर भगवान् बुद्ध खड़े हुए। उनकी छाया कपड़े पर पड़ी। उसको कपड़े पर अंकित कर लिया गया। उस रूपरेखा को थोड़ा-बहुत भरा। उतना बस है। उसके नीचे द्वादशाङ्ग प्रतीत्यसमुत्पाद लिखा। वही चित्र धूम-धाम से राजा को भेजा गया।

२. शाक्यमुनि के जीवन काल में ही यह प्रसिद्धि हुई कि बुद्ध हुए हैं। सिंहल की राजकुमारी को यह जिज्ञासा हुई कि वह कैसे हैं? कहते हैं कि इस जिज्ञासा के शमन के लिए भगवान् का एक चित्र बनाया गया।

३. भगवान् बुद्ध जब एक वर्ष के लिए तुषित लोक गये। जेतवन विहार में अनाथपिण्डक को उनके बिना विहार सूना लगता था। उन्होंने कहा कि यह ठीक नहीं। जब शास्ता नहीं हैं तो उनकी मूर्ति ही यहाँ रखी जाये। उन्होंने सारिपुत्र से प्रार्थना की। सारिपुत्र ने भगवान् से पूछा। उन्होंने अनुज्ञा दी। इस पर से चन्दन की एक मूर्ति बनाकर गंधकुटी में रख दी गयी। शायद ह्वेनसांग (?) ने यह मूर्ति कहीं देखी है। इसका उसके यात्रा-वृत्तान्त में उल्लेख है।

कृष्णनाथ : साधना में जब शून्य का साक्षात्कार होता है या शून्यता की स्थिति, जो कि कोई स्थिति नहीं है, प्राप्त होती है। फिर, साधक का ध्यान चलता रहता है। उस शून्य में से ही पहले बीज मन्त्र प्रगट होता है। उस पर से वर्णमाला बनती है। फिर देवता और मण्डल इत्यादि का भी उसी शून्य से स्फोट होता है। इससे उसके लक्षण आदि प्रगट होते हैं। और उनकी साधना और स्तोत्र, मूर्ति और चित्र आदि बनते हैं।

रिनपोछे : यह कहना ठीक नहीं कि शून्य से अपने आप यह सब प्रगट होता है। साधना में, बाह्य ब्रह्माण्ड से लगा कर शरीर तक सब शून्य है, इसकी भावना करते-

करते बाह्य जगत् लीन होता है। फिर शरीर की स्थूलता, फिर तरंग। फिर सब शून्य हो जाता है। शून्यता निःस्वभावता है। यह बुद्धत्व की दशा है। इसमें धर्मकाय मात्र रहता है जो एक है। यह भिन्न-भिन्न नहीं है। किन्तु इससे कुछ हो नहीं सकता। प्राणियों का कल्याण नहीं किया जा सकता। इसलिए फिर भावना की जाती है। जैसे, मंजुश्री की भावना। तो पहले उनका बीज मन्त्र प्रगट होता है। सिर्फ अक्षर या लिखा हुआ नहीं, उसका घोष, ध्वनि भी होती है...। फिर, जैसे तलवार जैसा प्रकाश, फिर तलवार। आसन आदि। धीरे-धीरे मंजुश्री का आकार उभरता है। फिर उसमें उनके लक्षण आदि।

पहला क्रम जिसमें सब कुछ लय होता है, सम्पन्न क्रम कहा जाता है। दूसरा जिसमें प्रगट होता है उत्पत्ति क्रम। उत्पत्ति क्रम में भी बाह्य-अन्तर का भेद होता है। कभी मण्डल से देवता, कभी देवता से मण्डल आता है।

भावना में, यह भावना की जाती है कि यह मेरा शरीर नहीं, मंजुश्री है। यह आध्यात्मिक, आन्तरिक मंजुश्री जैसा हो जाता है। इसके बाद बाह्यतः मंजुश्री का ध्यान करते हैं। मंजुश्री समस्त लक्षणों के साथ देखते हैं। उसमें मंजुश्री की प्राण-प्रतिष्ठा करते हैं। उस पर उसका देवता बैठाते हैं। उसे धूप, दीप, नैवेद्य आदि चढ़ाते हैं। अभिषेक करते हैं। प्रारम्भ में अन्तर-बाह्य मंजुश्री दो होते हैं। बाह्य मंजुश्री जैसे कारण या हेतु मंजुश्री है। अन्तर फल।

इस भावना क्रम में अगर मंजुश्री का चित्र या मूर्ति रहती है तो भावना में सहायता मिलती है। जैसे अगर मॉडल रहता है तो मकान बनने में मदद मिलती है। जो मण्डल लिख नहीं सकते वे मंजुश्री के समस्त अंग-प्रत्यंग, आयुध आदि का मेल भी नहीं बैठा सकते। एक-दूसरे में संगति नहीं बैठती। असंगति, असंतुलन आ जाता है।

इस तरह यदि सब शून्य भावना में, सम्पन्न क्रम में लय कर, फिर शून्य में ही उत्पत्ति क्रम में सबका प्रगटन कहें और वह भी स्वतः नहीं, भावना क्रम में, तो ठीक होगा।

कृष्णनाथ : क्या कलाकृति के लिए मात्र एकांत साधना काफी है? या संस्कृति भी जरूरी है?

रिनपोछे : कलाकृतियों के होने के पहले जरूरी है कि कुछ ध्यान भावना करने वाले भिक्षु हों, उपासक-उपासिका हों, जो एकान्त में या विहार में ध्यान भावना करते हों। सिर्फ कुछ विश्वास, दार्शनिक मत ही नहीं, पूजापाठ कर्मकाण्ड करते हों। अर्थात्

साधना तो प्रथम है ही, एक संस्कृति भी जरूरी है, ध्यान-भावना उपासना की, कर्मकाण्ड की, तभी कला पल्लवित-पुष्पित हो सकती है, अन्यथा यह एकान्त साधक के चित्त में उठ कर वहीं लय हो जायेगी।

कृष्णनाथ : अब तो जो भावना करते हैं, उनके सामने गढ़े-गढ़ाये चित्र हैं। शाक्यमुनि, अवलोकितेश्वर, मंजुश्री, वज्रपाणि, तारा आदि के, इसलिए यह कल्पना करना भी कठिन है कि जब यह चित्र नहीं रहे होंगे न यह रंग, न रूप, न रेखा तो उसमें से यह रंग, रूप, रेखा कैसे आये होंगे? यह तो अगर इनका कोई अध्यक्ष है तो वही जानता है, शायद वह भी नहीं जानता। है न?

रिनपोछे : हाँ, वैसे बौद्ध देव परिवार की सृष्टि का कारण क्या है? प्रयोजन क्या है? इसका कुछ बौद्ध तन्त्र साहित्य के आधार पर संकेत किया जा सकता है। इसके लिए द्रष्टव्य है :

१. गुह्यसमाजतन्त्र, २. निष्पन्नयोगावली, ३. साधनमाला, इत्यादि।

कृष्णनाथ : बौद्ध मूर्ति कला का विकास ईसाई से किस अर्थ में भिन्न है?

रिनपोछे : ईसाई मूर्तिकला के विकास से इस अर्थ में भिन्न है कि जब ईसाई धर्म आया तो उसका संसार भारतीय बौद्ध और ग्रीक-रोमन मूर्तियों से भरा-पूरा था। वह शून्य में विकसित नहीं हुई।

इस्लाम से भी भिन्न है। क्योंकि इस्लाम की भाँति बौद्ध मूर्ति पूजा के विरोधी नहीं।

इसलिए यह मानना कि पहले बुद्ध मूर्तियाँ नहीं बनीं सिर्फ प्रतीक बने, फिर मूर्ति, कुछ ठीक नहीं लगता। क्योंकि मूर्ति बनाने की अयोग्यता, अक्षमता इसका कारण हो तो यह बात नहीं। जानबूझ कर सैद्धान्तिक दृष्टि से इससे विरत रहने की बात भी समझ में नहीं आती। आखिर त्रिशरण गमन में बुद्ध शरण गमन प्रथम है। फिर अगर मूर्ति पूजा से परहेज या विरति रही होती तो इतनी बुद्ध, बोधिसत्त्व-प्रतिमाएँ सहसा कैसे बन पातीं?

कृष्णनाथ : अगर वह मूर्ति बना सकते थे और बनायीं नहीं, तो इसका कारण यह हो सकता है कि मूर्ति बनाने की प्रथा, या रिवाज या चलन न था।

रिनपोछे : जो हो, भारत में भौगोलिक और ऐतिहासिक दोनों ही कारण बौद्ध मूर्तियों और चित्रों आदि के नाश के लिए उपस्थित हैं। चीन जैसी परिस्थिति यहाँ नहीं। ऐतिहासिक कालक्रम का वह मिजाज नहीं। जो मूर्ति पुरानी और खण्डित हो गयी,

उसको प्रवाहित कर देते हैं। उसे सुरक्षित रखना, पुरातत्व की सामग्री मानना, और मूल्यवान समझना यह तो पाश्चात्य ऑर्कियोलॉजी की बीसवीं सदी की देन है। इसके पहले और बाद भी खण्डित मूर्ति, पुराने चित्र की जगह नया करने में पुण्य मानते हैं। जो उपेक्षित हैं, कोने-अँतरे में दबे पड़े रह गये जैसे ताबो और अलची वहाँ पुराने चित्र, मूर्तियाँ मिल जाएँ तो बात अलग है।

कृष्णनाथ : आज बौद्ध कला या उसके अवशेष जिस विकसित रूप में मिलते हैं वैसे ही वे प्रारम्भ से नहीं हैं। इनका कालक्रम में उद्‌भव और विकास हुआ है। न ही उनके इसी रंग, रूप, रेखा की निश्चितता या प्रामाण्य स्थिर है। निश्चय ही हर धर्म की तरह बौद्ध धर्म में भी कला, पूजा के लिए है। पूजा के लिए कला का धीरे-धीरे रूप स्थिर हुआ होगा। इसके प्रमाण-ग्रन्थ और पद्धतियों का स्थिर रूप आया होगा। उष्णीष ऐसा, आँख इतनी बड़ी, बाँह में कमल या आँख या तलवार इत्यादि यह सब पहले से नित्य और शाश्वत रूप में नहीं। इसलिए क्या इनकी भिन्न रूप में या अमूर्त रूप में भी कल्पना की जा सकती है? क्योंकि वर्तमान रूप में तो यह कला-रूढ़ि है। चित्रकार और उसके यजमान या ग्राहक के बीच एक तयशुदा करार है। इसमें वह मूल ध्यान भावना नहीं है। साक्षात्कार नहीं है। मौलिकता नहीं। क्या इसमें मौलिकता, सृजनशीलता के लिए कोई स्थान है?

रिनपोछे : शायद वह मौलिक कलाकृति तो होगी, लेकिन पूजा के काम न आएगी।

कृष्णनाथ : आधुनिक दृष्टि से, परम्परागत चित्र के लक्षण, रंग, रूप, रेखा एक कैद हैं। इनसे पूजा तो हो सकती है, कला नहीं। यह तो जैसे रूढ़, जड़ हो गयी है। इसकी यांत्रिक पुनरावृत्ति भर होती है। सो भी हो। किन्तु आधुनिक अमूर्त कला ने परम्परागत रूप, रूपाकारों को तोड़ा है। सीधे सम्प्रेषण की चेष्टा की है। इसमें निज की भावना, भाषा, प्रतिभा की अभिव्यक्ति है। सिर्फ परम्परा की नहीं। इस प्रकार की बौद्ध कला तो हो सकती है। पूजा न हो।

रिनपोछे : प्रश्न है : कला साधना के लिए? या कला कला के लिए?

•

अवलोकितेश्वर : महाकारुणिक की भावना

अवलोकितेश्वर करुणा का स्वरूप है। मंजुश्री ज्ञान का और वज्रपाणि शक्ति का। इसलिए इन तीनों की मूर्ति बना कर रखते हैं।

आर्य अवलोकितेश्वर को लोकेश्वर भी कहते हैं। कुछ परम्परागत तिब्बती विद्वान बताते हैं कि आर्य लोकेश्वर के पन्द्रह प्रकार के चित्र होते हैं। *गुह्यसमाजतन्त्रम्* की भूमिका में श्री विनयतोष भट्टाचार्य लिखते हैं कि नेपाल में इसको कम-से-कम १०८ रूपों में बनाते हैं।

खसर्पण लोकेश्वर दो हाथ वाले हैं। चार हाथ वाले लोकेश्वर के दो हाथ जुड़े होते हैं। उनके बीच में मणि होती है, एक हाथ में स्फटिक की माला और एक हाथ में पद्म होता है। फिर छह हाथ और एक सिर भी बनते हैं। अवलोकितेश्वर के सिर के ऊपर अमित देव होते हैं। कभी इनका रुद्र रूप होता है। अमित देव अवलोकितेश्वर के गुरु माने जाते हैं।

९ या ११ सिर और एक हजार हाथ वाला अवलोकितेश्वर भी बनाते हैं। सिर के ऊपर अमित देव होते हैं। हजार हाथों में से हरेक में आँख होती है। आर्य आँखों से तो देखते ही हैं, हाथों की आँख से भी देखते हैं। और करुणा करते हैं।

सद्धर्मपुण्डरीकसूत्रम् के चौबीसवें परिवर्त में अवलोकितेश्वर की गाथा भाषित है। इस परिवर्त को "समन्तमुखपरिवर्त" कहा गया है। समन्त-सम्यक् अन्तो यत्र है। विशेषण है। अर्थ है हर दिशा में मौजूद। चहुँओर, सब ओर, सब दूर। अवलोकितेश्वर समन्तमुख हैं। चहुँओर, सब ओर, सब दूर देखते हैं।

लोकेश्वर को सफेद रंग का बनाते हैं। मंजुश्री को पीला। वज्रपाणि को नीला। इनके आठ अलंकार और पाँच वस्त्र लिखते हैं।

तिब्बती *ज़-म-तोक* में इनका पूरा वर्णन रहता है। कौन किसके आसन पर बैठा है? हाथ कैसा है? वगैरह।

'गण्डव्यूहसूत्रम्' में श्रेष्ठि सुधन ने बोधिचित का उत्पाद कर लिया है। किन्तु वह बोधिसत्त्व की चर्या नहीं जानता। इसके जानने के लिए वह अनेक कल्याण मित्रों के पास जाता है। इसी सिलसिले से वह अवलोकितेश्वर के पास भी पहुँचता है। अवलोकितेश्वर का स्थान पोतलक पर्वत है।

दलाई लामा आर्य अवलोकितेश्वर के अवतार माने जाते हैं। इनका स्थान भी पोतलक माना जाता है। अंग्रेजी में यह बिगड़ कर पोटाला हो गया।

अवलोकितेश्वर बोधिसत्त्व हैं। सुधन को बताते हैं कि वे महाकरुणा मुखावलम्ब नाम की बोधिसत्त्वचर्या जानते हैं। इसके द्वारा सभी सत्त्वों को सब प्रकार के भय से मुक्त करते हैं।

'ॐ मणि पद्मे हूँ' अवलोकितेश्वर का मन्त्र है। इसमें छह अक्षर हैं। छह अक्षरों की छह प्रज्ञापारमिता हैं। इससे छह मल क्लेश शुद्ध होते हैं। ॐ में तीन अक्षर होते हैं। अ उ म्। इन तीन से काय, वाक्, चित्त के आवरण शुद्ध होते हैं। जन्म, मृत्यु, अन्तराभव संतति का विच्छेद होता है। तन्त्र में ॐ का बड़ा माहात्म्य है।

ॐ मणि पद्मे हूँ, मन्त्र है। इसका उस प्रकार का अर्थ नहीं होता। किन्तु अगर अर्थ किया ही जाये तो कहा जा सकता है कि 'ॐ मणि पद्मवाले! मुझे लोकोत्तर सिद्धि दीजिए।'

इनमें से मणि उपाय का स्वरूप है। पद्म प्रज्ञा का। इस तरह यह प्रज्ञा और उपाय है, प्रज्ञोपाय का मन्त्र है। सोङ्चेन गम्पो के ग्रंथ *मणि-क-बुम* में इसका बड़ा विस्तार है।

डुबछेन थङ्-तोङ्-ग्यलपो ने आर्य अवलोकितेश्वर की साधना के लिए एक पोथी लिखी है। इसका शीर्षक है : *थुगजे-छेनपोइ-गोमदे-डोदोन-खाख्यबमा*। संक्षेप में इसका अर्थ है : महाकारुणिक की भावना।

महायानी बौद्ध स्त्री-पुरुष इसका जय करते हैं। ज्यादातर कम पढ़े-लिखे।

आठ श्लोकों में शुरू के एक-एक श्लोक शरणगमन और बोधिसत्त्व उत्पाद के लिए हैं। मध्य के श्लोक आर्यलोकेश्वर की भावना के लिए है। अन्त में परिणामना है।

साधना में पहले शरणगमन, फिर चित्त-उत्पाद (बोधिचित्त उत्पाद) करते हैं।

'जब तक बुद्धत्व नहीं प्राप्त होता तब तक मैं बुद्ध, धर्म, संघ की शरण जाता हूँ।' सभी महायानी साधना के प्रारम्भ में शरणगमन के इस श्लोक का पाठ करते हैं। यह श्लोक दीपंकर रचित मानते हैं। फिर, चित्त उत्पाद के लिए एक श्लोक पढ़ते हैं।

"मैंने दान आदि जिन पुण्यों का अर्जन किया है उनके फलस्वरूप प्राणियों के हित के लिए मुझे बुद्धत्व प्राप्त हो।"

शरणगमन और चित्त-उत्पाद के बाद भावना करते हैं। अपने सिर के ऊपर या सामने पास में आर्य लोकेश्वर की भावना करते हैं। यहाँ साधक भावना करता है कि सभी प्राणियों सहित उसके सिर पर कमल है, कमल के ऊपर चन्द्रमा है, चन्द्रमा के ऊपर ह्री अक्षर है। इस ह्री अक्षर से ही अवलोकितेश्वर की उत्पत्ति है। फिर अवलोकितेश्वर के स्वरूप का बखान करते हैं। इस स्वरूप का ध्यान करते हुए खुद, काय, वाक्, चित्त से वही हो जाते हैं।

इस पोथी के तीसरे श्लोक में यह भावना प्रारम्भ होती है। चौथे और पाँचवे श्लोक में अवलोकितेश्वर के स्वरूप का बखान होता है। यह रूप शून्यता से अभिन्न है। मन्त्र, साधक और आर्य लोकेश्वर तीनों शून्य स्वरूप हैं, यह छठे श्लोक में कहा गया है। सातवें श्लोक में जो भी आभासित शरीर, ध्वनि, चिन्तन, स्मरण और कल्पना है वह सभी आर्य लोकेश्वर की है।

अन्त में परिणामना भावना करते हैं। आठवें श्लोक में जपते हैं कि इस जाप से जो भी पुण्य हुआ है उससे मैं शीघ्र आर्य लोकेश्वर होऊँ और अशेष प्राणी उनकी भूमि में स्थिर हों।

परिणामना और प्रार्थना में भेद है। परिणामना के पहले कुछ पुण्य होना चाहिए। मैंने किसी भिक्षु को दान किया। उसके बाद भावना करते हैं कि इस पुण्य से प्राणियों का कल्याण हो। प्रार्थना के पहले पुण्य का अर्जन जरूरी नहीं है। यों ही प्रार्थना की जा सकती है।

परिणामना के तीन अर्थ हैं। १. बदलना, २. देना, ३. बढ़ना। परिणामना से पुण्य बदला जा सकता है, दिया जा सकता है और बढ़ता है, क्रोध आदि से नष्ट नहीं होता।

परिणामना खुद के लिए नहीं बनता, अल्प हो जाता है जैसे कि सिर में सफेद बाल न हो, काँटा न चुभे, दीर्घायु हों, बुढ़ापा जल्द न आये। परिणामना भी बुद्ध आदि से सीखना होता है।

शांतिदेव ने बोधिचर्यावतार के ९ परिच्छेदों में चर्या का वर्णन किया है। १०वें परिच्छेद में वे परिणामना करते हैं। यह हो, वह हो।

तन्त्र के लिए पारमिता और बोधिचित्त का उत्पाद जरूरी है। इसके बिना तो बौद्धतन्त्र बोन और हिन्दू धर्म जैसा हो जायेगा।

पोथी के अन्त में सर्वमंगलम् की भावना करते हैं। फिर लेखक और पुस्तक का नाम दोहराते हैं। लेखक हैं : डुबछेन थङ्-तोङ्-ग्यलपो। पोथी का नाम है : *थुगजे-छेनपोइ-गोमदे-डोदोन-खाख्यबमा*। शीर्षक का अगर शाब्दिक अनुवाद करें तो इसका अर्थ होगा : महाकारुणिक की भावना-मन्त्रजाप प्राणिहित के लिए आकाश की तरह व्यापक।

तिब्बती मूल मन्त्र-जाप का अनुवाद इस प्रकार है :

१. बुद्धत्व प्राप्ति पर्यन्त मैं बुद्ध, धर्म, संघ की शरण जाता हूँ।
२. मैंने दान आदि, जिन पुण्यों का अर्जन किया है उनके फलस्वरूप प्राणियों के हित के लिए मुझे बुद्धत्व प्राप्त हो। शरणगमन और बोधिचित्त उत्पाद के इन श्लोकों का तीन बार जप करना चाहिए।
३. मेरे सहित आकाश पर्यन्त के सभी प्राणियों के सिर पर श्वेत कमल हैं, उसके ऊपर चन्द्रमा है, उसके ऊपर ह्री है। ह्री से उत्पन्न आर्यश्रेष्ठ लोकेश्वर (चेन-रे-ज़िग) हैं। शुभ और स्वच्छ देह से पाँच प्रकार की प्रभास्वर श्वेत किरणें निकल रही हैं। चेहरे पर मुस्कान है। करुणा की दृष्टि से देख रहे हैं। चार हाथों में से पहले दो हाथ जुड़े हैं और उनके बीच मणि है। और नीचे दो हाथों में से एक में स्फटिक की माला और एक में सफेद कमल है। वस्त्र और अलंकार से अलंकृत हैं। मृग-चर्म धारण किये हुए हैं। अमिताभ उनके सिर पर मुकुट की तरह विराजता है। वज्रासन में बैठे हैं। निर्मल चन्द्रमा की टेक लगाये हुए हैं। समस्त शरण-स्थलों के पुंज स्वरूप हैं। मैं समस्त प्राणियों के साथ अभिन्न होकर भावना करता हूँ।
४. जो अवलोकितेश्वर श्वेत वर्ण और दोषों से निर्लिप्त हैं, सम्यक् सम्बुद्ध उनके सिर पर विराजमान हैं, प्राणियों को करुणा की दृष्टि से देख रहे हैं, ऐसे आर्य लोकेश्वर को मैं प्रणाम करता हूँ। इसका तीन या सात बार पाठ करना चाहिए।
५. इस प्रकार एकाग्रचित्त होकर प्रार्थना करने से आर्य के शरीर से निकलने वाली

किरणें अशुद्ध कर्मों को शुद्ध करती हैं और भ्रांति को दूर करती हैं। बाह्य भाजन लोक सुखावती क्षेत्र है। सत्त्वलोक का काय, वाक् और चित्त है। समस्त आभासित रूप, ध्वनि और ज्ञान शून्यता से अभिन्न हैं। इस प्रकार की भावना करते हुए 'ॐ मणि पद्मे हूँ' का यथाशक्ति जाप करें।

६. अन्त में, मन्त्र, साधना और आर्य लोकेश्वर तीनों को शून्य स्वरूप मानना चाहिए।

७. अपना और अन्य का आभासित शरीर आर्य का शरीर है। जितनी ध्वनि गूँजती है वह छह अक्षरों की ध्वनि है। मन का सारा चिन्तन, स्मरण और कल्पना आर्य लोकेश्वर के अन्तर्गत है।

८. इस पुण्य से मैं शीघ्र आर्य लोकेश्वर होऊँ और अशेष प्राणी उनकी भूमि में स्थित हों।

•

मन्त्रनय : शब्द, अर्थ और प्रयोजन *

पर्चे के प्रथम खण्ड में यान, नय, शब्द-अर्थ और प्रयोग के बारे में विचार-विमर्श किया गया है। दूसरे खण्ड में मन्त्रनय के प्रयोजन के बारे में। खण्ड तीन में सूत्र और तन्त्र की विधि में भेद, प्रयोजन में अभेद देखा गया है।

खण्ड-१

बौद्ध तन्त्र साहित्य में वज्रयान, तन्त्रयान, सहजयान का प्रयोग होता है। किन्तु, जहाँ तक मेरी अल्प जानकारी है, शास्त्र में यान का प्रयोग निश्चित और पारिभाषिक अर्थ में है। इस अर्थ में यान तीन हैं। नागार्जुनपाद विरचित *धर्मसंग्रहः* में कहा गया है–*त्रीणि यानानि। (तद्यथा–) श्रावकयानम्, प्रत्येकबुद्धयानम्, महायानं चेति।* अर्थात् यान तीन हैं–श्रावकयान, प्रत्येक बुद्धयान, महायान। श्रावकयान, प्रत्येकबुद्धयान हीनयान या थेरवाद के अन्तर्गत हैं। इसलिए वज्रयान या तन्त्रयान या सहजयान को अगर यान कहा जाये तो यान तीन नहीं चार या अधिक हो जाते हैं। वैसे हो सकते हैं किन्तु हैं नहीं। यान तीन हैं, यथा–

अत्र यानत्रयं श्रावकयानम्, प्रत्येकबुद्धयानम्, सम्यक्सम्बुद्धयानम्। गम्यतेऽनेनेति यानम्। (विमलप्रभा, तृतीय, पृ. १४८)

पारिभाषिक अर्थ में, परम्परागत रूप से महायान के अन्तर्गत दो नय हैं : प्रज्ञापारमितानय और मन्त्रनय। जैसा श्री नडपाद विरचित *सेकोद्देशटीका* में कहा गया है–

उक्तं च मूलतन्त्रे–

---

* केन्द्रीय बौद्ध विद्या संस्थान, चोगलमसर, लेह, लदाख के तत्वावधान में ५-९ अगस्त, १९८७ तक 'वज्रयान मार्गगमन की विधि' पर आयोजित परिसंवाद में प्रस्तुत पर्चे का प्रारूप।

गृध्रकूटे यथा शास्त्रा प्रज्ञापारमितानये ।
तथा मन्त्रनये प्रोक्ता श्रीधान्ये धर्मदेशना ।। (*सेकोद्देशटीका*, पृ. ३)

अर्थात् मूलतन्त्र में कहा गया है–जैसे शास्ता ने गृध्रकूट पर प्रज्ञापारमिता-नय की देशना की, वैसे ही श्रीधान्य (कटक) में मन्त्रनय की देशना की।

इस प्रकार महायान के अन्तर्गत ये दो नय हैं : प्रज्ञापारमितानय और मन्त्रनय। *अमरकोश* के अनुसार 'नयौ नायै' नय: नाय: नीति के ये दो नाम हैं। किन्तु यहाँ नय का यह नीति विषयक अर्थ नहीं है। नय (–नयते) का अर्थ है : जाना, रक्षा करना। नय: की व्युत्पत्ति नी+अच् की गयी है। इसके अनेक अर्थ हैं : १. निर्देशन, मार्गदर्शन, प्रबन्धन, २. व्यवहार, नित्यचर्या, आचरण, दिनचर्या, ३. क्रम, प्रणाली, रीति, ४. पद्धति, वाद सम्मति, ५. दार्शनिक पद्धति, जैसे वैशेषिकनय, इत्यादि। इनमें से नय का नयति, जाना या क्रम, प्रणाली, पद्धति कोई भी अर्थ प्रस्तुत सन्दर्भ में लग सकता है।

यान (या यानम्) का शब्दार्थ *अमरकोश* में दो प्रकार से किया गया है। एक तो राज्य के षड्गुण के अर्थ में : अर्थात् संधि, विग्रह, यानम्, आसनम्, द्वैधम्, आश्रय: ये षड्गुण हैं। दूसरे वाहनम्, यानम्, युग्यम्, पत्रं, घोरणम्, वाहनमात्र हाथी, घोड़ा इत्यादि। बौद्ध धर्म दर्शन में यान का यह दोनों ही अर्थ नहीं है। बौद्ध साहित्य में 'यान' एक पारिभाषिक अर्थ में इस्तेमाल किया गया है। यह मार्ग-फल की व्यवस्था का संकुल है। यान तीन हैं। यथा श्रावकयान, प्रत्येकबुद्धयान, महायान। इसे पारिभाषिक अर्थ में वज्रयान, तन्त्रयान, सहजयान का प्रयोग ठीक नहीं लगता।

खण्ड-२

प्रज्ञापारमितानय और मन्त्रनय की देशना के प्रयोजन में क्या भेद-अभेद है? शायद, प्रयोजन में, दोनों नयों में भेद नहीं है। पद्धति, प्रणाली, उपाय में भेद है। और यह उपाय-भेद लोगों की रुचि, गति, मति के वैचित्र्य और भेद के कारण हैं।

श्रीगुह्यसमाजतन्त्रम् में कहा गया है : दुष्कर और तीव्र नियमों के सेवन से जो सिद्ध नहीं होता, वह कामभोगों के सेवन करते हुए आशु, शीघ्र सिद्ध होता है।[१]

इसका सिद्धान्त यह है कि राग बाँधता है तो राग ही मुक्त करता है। राग, द्वेष,

---

१. दुष्करैर्नियमैस्तीव्रै: सेव्यमानो न सिद्धयति।
सर्वकामोपभोगैस्तु सेवयंश्चाशु सिद्धयति।। –*गुह्यसमाजतन्त्रम्* ।। ७.३ ।।

मोह को उपाय बनाकर इनको पार किया जा सकता है। किन्तु यह तीक्ष्ण साधन है। इसलिए यह तीक्ष्ण इन्द्रिय वाले के लिए ही शक्य है, मंद और मध्य इन्द्रिय वाले के लिए नहीं। कौन उपाय किसके लिए है इसका निर्णय गुरु करता है। गुरु उपाय है। या उपाय गुरु है। किन्तु इस निर्णय में जल्दबाजी ठीक नहीं। हर पद्धति या उपाय के परीक्षण के लिए यथोचित समय और साधना जरूरी है।

जो हो, सूत्र और तन्त्र के प्रयोजन में अन्तर नहीं, साधन में है। और यह अन्तर सत्त्वों के इन्द्रिय भेद से है।

फिर, तन्त्र में उपाय बहुलता भी है। एक अर्थ में सूत्र में ऋजुता है। तन्त्र में जटिलता है, गुरु, मन्त्र, मुद्रा, मण्डल, देवता, अभिषेक, पूजा इत्यादि हैं। गुरु की उपाय-कुशलता से इन सबके द्वारा मन्त्रनय से इस एक जीवन में, एकक्षण में बोधि प्राप्त हो सकती है जो प्रज्ञापारमितानय से गंगा में बालू के कितने कण हैं उतने जन्मों में, तीन असंख्येय कल्पों में भी प्राप्त होना दुष्कर है। यह मन्त्रनय की प्रतिज्ञा है।

खण्ड-३

इस प्रकार प्रज्ञापारमितानय और मन्त्रनय में भेद स्पष्ट है। किन्तु उपाय के इन भेदों के अन्दर दोनों में अनुस्यूत अभेद भी दीखता है। उदाहरण के लिए, प्रज्ञापारमिता तो दूर, पालि त्रिपिटक में संकलित *महासतिपट्टानसुत्त* को लें। इस सूत्र पर से थेरवाद में विपश्यना की विधि विकसित की गयी है। सूत्र में कहा गया है : "भिक्षुओ! यह जो चार स्मृति-प्रस्थान (सति-पट्ठान) हैं, वह सत्त्वों के कष्ट-शोक की विशुद्धि के लिए, दुख-दौर्मनस्य के अतिक्रमण के लिए, न्याय (सत्य) की प्राप्ति के लिए, निर्वाण की प्राप्ति के लिए, एकायन (एकान्त : प्रापक) मार्ग हैं।"

यह प्रयोजन मन्त्रयोग का भी है। शब्दों में अन्तर हो सकता है। तन्त्र में सत्त्वों के कष्ट-शोक की विशुद्धि के स्थान पर महासुख की प्राप्ति कहा जा सकता है। फिर भी स्मृति-प्रस्थान का जो ध्येय है सत्य की प्राप्ति, यथाभूत दर्शन और निर्वाण का साक्षात् सो ही तन्त्र का भी है किन्तु ये चार स्मृति प्रस्थान कौन से हैं?

'कौन से चार? भिक्षुओ! यहाँ...भिक्षु काय-अनुपश्यी हो, उद्योगशील अनुभव (=सम्प्रजन्य) ज्ञान-युक्त स्मृति-मान हो लोग (=संसार या शरीर) में अभिध्या (=लोभ) और दौर्मनस्य (=दुःख) को हटाकर विहरता है। वेदनाओं (=सुखादि) में

वेदनानुपश्यी हो विहरता है। चित्त में चित्तानुपश्यी०। धर्मों में धर्मानुपश्यी०।

इस सूत्र पर से कायानुपश्यना, वेदनानुपश्यना, चित्तानुपश्यना और धर्मानुपश्यना की जाती है। सो कैसे? इसके लिए तो मूल सूत्र द्रष्टव्य है। असल में तो इसके लिए विपश्यना का अभ्यास जरूरी है। किन्तु संक्षेप में, वह अरण्य में, वृक्ष के नीचे या शून्यागार में आसन मारकर शरीर को सीधा कर स्मृति को सामने रखकर साँसों को देखता है। साँसों का देखना स्थूल साधन भी है, सूक्ष्म भी है। मन्त्रनय में इसकी विधि विकसित की गयी है। मन्त्र, मुद्रा, मण्डल, देवता, वज्र आदि साँसों को देखने में साधक होते हैं। दोनों ही विधियों में साँसों के साथ सिर से पाँव तक, पाँव से सिर तक काया को देखते हैं। साँस या वायु या प्राण के साथ चित्त का भी अटूट सम्बन्ध है। तन्त्र की विधि में और पालि सुत्त पर आधारित विधि में बड़ा भारी भेद है, इसमें तनिक भी सन्देह नहीं। किन्तु अगर विधि के, पद्धति के भेद को भेद कर अन्दर मर्म में पैठे तो बात एक ही है : काया को यथाभूत, यथावत, जस-का-तस देखना। ऐसे ही, वेदना को, चित्त को, धर्म को देखना। यथाभूत दर्शन। यही सूत्र का, सो ही तन्त्र का सार है। शब्द भेद है। किन्तु शब्द वह नहीं। असली चीज वही है। वेदना कोई सूत्र में अलग, तन्त्र में अलग नहीं। वही सुख-वेदना, दुःख-वेदना, असुख-अदुःख वेदना। चित्त भी सूत्र का अलग, तन्त्र का अलग नहीं। वही राग-चित्त, द्वेष-चित्त, मोह-चित्त है। तन्त्र में राग, द्वेष, मोह के लिए देवता और रति और उनके युगनद्ध स्वरूप हो सकते हैं। किन्तु यह तो उपकरण-मात्र है। बाह्य हैं, साधन हैं, उपाय हैं। असल तो चित्त को देखना है। चित्त में राग है तो राग को देखना, द्वेष है तो द्वेष को देखना, मोह है तो मोह को देखना और उनका उदय-व्यय देखना। यथाभूत देखना, ऐसे ही धर्मानुपश्यना में अनित्यता, दुःखता और अनात्मता आदि का देखना।

इस पर कहा जा सकता है कि थेरवाद में शून्यता की देशना नहीं। शून्यता शब्द का उतना माहात्म्य पालि सूत्र में न हो, किन्तु एक अर्थ में देखें तो वह अनात्मता में निहित है। अनात्मता और निःस्वभावता में शब्द का अन्तर अवश्य है। किन्तु इन शब्दों में निहित अर्थ में बड़ा भारी अन्तर नहीं। विरोध नहीं, अविरोध है।

जो हो, प्रज्ञापारमितानय और मन्त्रनय की इन्द्रिय, विधि, पद्धति, उपाय में भेद है, इसमें तनिक भी सन्देह नहीं। किन्तु इनके प्रयोजन में, प्राप्तव्य में, चरम में अभेद है। चरम अनुभव की भाषा मौन है। या भाषा, शब्द, विधि नहीं है, और वह है।

•

महायान बौद्ध देव परिवार : स्वरूप और प्रयोजन

महायान बौद्धों का देव परिवार भरा-पूरा है। विविध और विकसित है। गोनपा में प्रवेश करने पर मूर्तियों, भित्ति चित्रों, थंकाओं का जैसे जंगल दिखायी पड़ता है। इसमें अनजान आदमी या औरत जैसे खो जाते हैं। कोई सिलसिला नहीं बन पाता। कोई अर्थ नहीं समझ में आता। कोई प्रयोजन समझ में नहीं आता।

बुद्ध को तो पहचानते हैं। बोधिसत्त्व के नाम से परिचित हैं। लेकिन ये कौन हैं? अवलोकितेश्वर क्या हैं? मंजुश्री? व्रजपाणि? यह इतने क्रोधन क्यों हैं? यह देवी कौन हैं? तारा कितने प्रकार की हैं?

पहचान के लिए नाम रूप की जानकारी जरूरी है। फिर इतने ढेर सारे नाम, रूप, अनाम, अरूप आखिर क्यों हैं? इनका प्रयोजन क्या है? क्रम क्या है? फल क्या है?

बौद्ध ईश्वर, आत्मा नहीं मानते। निषेध करते हैं। थेरवादी मानते हैं कि जो सत् है वह क्षणिक है। महायानी तो क्षण की भी वास्तव सत्ता नहीं स्वीकारते। शून्यता, निःस्वभावता में विहरते हैं। फिर इनमें इतना बड़ा देव परिवार कैसे बना? इसका औचित्य क्या है? संगति कैसे है?

इस देव परिवार का तन्त्र से सम्बन्ध है। इसी सिलसिले से कलाओं का विकास हुआ है। यह सब शून्यता पर आधारित है। ठीक-ठीक यह सब कैसे हुआ?

तन्त्र विशेष कर साधना है। दर्शन तो उसकी व्याख्या है। यह बिना गुरु के प्राप्त नहीं हो सकता। वैसे शास्त्र में कहा है कि यह गुरुतः शास्त्रतः स्वतः प्राप्त हो सकता है। इसकी परम्परागत समझदारी यह है कि तीनों गुरुतः, शास्त्रतः और स्वतः प्राप्त होता है, न कि सिर्फ गुरु से या सिर्फ शास्त्र से या बिना गुरु और शास्त्र के अपने आप यह प्राप्त होता है। गुरु उपाय है और उपाय के बिना प्रज्ञा की प्राप्ति कठिन है। उपाय के

बिना प्रज्ञा बन्धन है। प्रज्ञा के बिना उपाय बन्धन है। प्रज्ञा-उपाय के युगनद्ध होने का फल मोक्ष है।

प्रज्ञोपाय विनिश्चय के लिए सूत्र और तन्त्र के युगल की साधना जरूरी है। इसके लिए मूल स्त्रोतों का अध्ययन और अभ्यास आवश्यक है। *गुह्यसमाजतन्त्रम्* बौद्ध तन्त्र का एक आधारभूत ग्रंथ है। इसका बौद्ध तांत्रिक साहित्य में प्रामाण्य है। इस पर अनेक टीकाएँ हुई हैं। साधना विधि गुह्य है। यह साम्प्रदायिक विद्या है। इसका विधिवत् अभ्यास करने से ही फल प्राप्त हो सकता है, अन्यथा नहीं।

श्रीगुह्यसमाजतन्त्रम् का सर्वतथागतमण्डलाधिष्ठान नामक प्रथम पटल इस प्रकार प्रारम्भ होता है :

एवं मया श्रुतम्। एकस्मिन् समये भगवान् सर्वतथागतकायवाक्चित्त-हृदयवज्रयोषिद्भगेषु विजहार। अनभिलाप्यानभिलाप्यैः...।

वहाँ किसिम-किसिम के बोधिसत्व भी थे। समयवज्र, कायवज्र, वाग्वज्र, चित्तवज्र, समाधिवज्र आदि नामक बोधिसत्त्व थे। प्रश्न यह था कि प्रव्रज्या सम्बन्धी विनय इतने कठोर थे कि श्रमणों को कठिनाई महसूस होती थी। फिर यह भी तय नहीं था कि इन नियमों के पालन से इसी जन्म में बुद्धत्व प्राप्त हो सकता है। गंगा नदी में जो अनेक बालू के कण हैं उतने कल्पों में भी बोधि प्राप्त हो जाये यह जरूरी नहीं। इसलिए उनकी चिन्ता थी कि भगवान् तथागत उन्हें *गुह्यसमाजतन्त्र* दें। क्योंकि *गुह्यसमाजतन्त्रम्* की प्रतिज्ञा है कि दुष्कर नियमों के सेवन से भी जो सिद्धि नहीं मिलती वह सर्वकायभोग सेवन करते हुए आशु सिद्ध होती है। इसे बतलाने के लिए प्रार्थना करने पर भगवान् बोधिचित्तवज्र ने कहा कि यह इतना कठिन है कि बोधिसत्त्वों की कौन कहे, तथागतों को भी इसके बारे में संशय रहता है। परिषद् के फिर आग्रह करने पर अन्तर्धान आदि सामान्य सिद्धियों और बुद्धत्वसाधन जैसी उत्तम सिद्धियों की प्राप्ति के लिए *गुह्यसमाजतन्त्र* का प्रकाश करना स्वीकार किया। तब भगवान् ने विभिन्न समाधियाँ और मन्त्र समापन्न कर अपने में से ही पाँच ध्यानी बुद्धों का निर्माण किया। ये पाँच ध्यानी बुद्ध हैं :

१. अक्षोभ्य, २. वैरोचन, ३. रत्नकेतु, ४. अमितवज्र और ५. अमोघवज्र। इनमें से वैरोचन को बीच में और चार को चार दिशाओं में स्थापित किया। फिर भगवान् ने समाधि लगाकर अपने ही बिम्ब से पाँच स्त्री बिम्ब सिरजे। *स्वबिम्बानि स्त्रीबिम्बान्यभिनिर्माय*। ये स्त्री बिम्ब हैं :-

१. द्वेषरति, २. मोहरति, ३. ईर्ष्यारति, ४. रागरति और ५. वज्ररति।

प्रत्येक ध्यानी बुद्ध को एक-एक रति दी।

फिर समाधि लगाकर पूर्व, पश्चिम, उत्तर, दक्षिण द्वार के लिए चार महाक्रोध यमान्तक, पद्मान्तक, विघ्नान्तक और प्रज्ञान्तक निःसृत किये। इन्हें चार द्वारों का रक्षक बनाया। इस तरह ध्यानी बुद्धों का मण्डल पूरा हुआ। यह पाँच ध्यानी बुद्ध पाँच स्कन्धों के स्वरूप माने गये हैं। पाँच स्कन्ध हैं : रूप, वेदना, संज्ञा, संस्कार, विज्ञान।

इन सबका *गुह्यसमाजतन्त्रम्* में स्थान इस प्रकार दिखाया गया है-

विघ्नान्तक
।
अमोघसिद्धि
वज्ररति । मोहरति
।
पद्मान्तक - अमिताभ - अक्षोभ्य - वैरोचन - यमान्तक
द्वेषरति
रागरति । ईर्ष्यारति
।
रत्नकेतु
।
प्रज्ञान्तक

अब इन पाँच ध्यानी बुद्धों की मुद्राएँ हैं, रतियाँ हैं, मण्डल हैं, कुल हैं। सम्भवतः इनसे बोधिसत्त्व निःसृत होते हैं। ये भी अनेक हैं। नागार्जुन रचित *धर्मसंग्रह* के अनुसार बोधिसत्त्व आठ हैं : मैत्रेय, गगनगंज, समन्तभद्र, वज्रपाणि, मंजुश्री, सर्वनिवरणविष्कम्भी, क्षितिगर्भ, खगर्भ। इनमें तीन प्रायः लिखे जाते हैं : अवलोकितेश्वर, मंजुश्री और वज्रपाणि। अवलोकितेश्वर समस्त आगत अनागत बौद्धों के करुणा के देवता हैं, मंजुश्री ज्ञान के और वज्रपाणि शक्ति के। फिर तारा हैं। इनके भी अनेक रूप हैं।

धर्मसंग्रह के ही अनुसार चार देवियाँ हैं : मोचनी, मामकी, पाण्डरा और तारा। तारा की बड़ी महिमा है। तथागत भी एक नहीं, सात हैं : विपश्यी, शिखी, विश्वभू,

क्रकुच्छन्द, कनकमुनि, काश्यप, शाक्यमुनि। लोकपाल चार, आठ, दस या चौदह हैं। दस क्रोध हैं। छः योगिनियाँ हैं। अनुत्तरपूजा सप्तविधा है : वन्दना, पूजना, पापदेशना, अनुमोदना, अध्येषणा, बोधिचित्तोत्पाद, परिणामना।

ब्राह्मण देव परिवार को भी नीचा स्थान देकर शरीक कर लिया गया है : जैसे इन्द्र, कुबेर, यम, वरुण, ब्रह्मा, कृष्ण वगैरह द्वारपाल हैं।

फिर भय, रोग, शोक वगैरह के शमन के लिए कुछ स्थानीय चिह्न, चेहरे, देव वगैरह होंगे। उन्हें भी इसमें शरीक किया गया होगा। केन्द्र में अपने को रख कर इनका सामरस्य बना होगा। लेकिन यह सब इतना घुल-मिल गया है कि अब भेद नहीं है।

इसके लिए साधना है। यह साधना *साधनामाला* में संकलित है। यह सिर्फ कविता नहीं। महान् साधकों के साक्षात्कार हैं। अन्य साधकों के लिए सहायक हैं। *साधनामाला* में विभिन्न इष्ट देवी-देवताओं के लक्षण बताये गये हैं। मन्त्र भी दिये गये हैं। भूमि, मार्ग और फल तीन बातें हैं। इन तीनों का प्रबन्ध जरूरी है। तन्त्र प्रधान रूप से मार्ग-फल व्यवस्था है, वह भी क्षण सिद्धि वाली।

साधना गुह्य है। जैसे कुल स्त्री की रति। शायद साधना की प्रक्रिया में बौद्ध, शैव-शाक्त, वैष्णव या जैन में बहुत भेद नहीं है। इसकी दार्शनिक व्याख्या में भेद है। जो हो, बौद्ध साधना, शून्यता पर आधारित है। अर्थात् इनकी भी स्वभाव सत्ता, वास्तविक या पारमार्थिक सत्ता नहीं है। प्रज्ञप्ति-मात्र है। व्यवहार के लिए है। जैसे साधना के लिए अवलोकितेश्वर का उत्पाद करते हैं और फिर साधना करके निष्पन्न कर देते हैं। वह कोई नित्य, कूटस्थ, सस्वभाव नहीं हैं। निःस्वभाव ही हैं। इस माने में बौद्ध साधना अपने दर्शन से असंगत नहीं है।

इसी क्रम में, साधना की जरूरतों के लिए पाँच ध्यानी बुद्ध, उनकी रतियाँ, द्वारपाल, बोधिसत्त्व, तारा वगैरह उत्पन्न और निष्पन्न होते हैं। साधना के लिए इनके रंग, रूप, रूपाकार बताये जाते हैं। जैसे अवलोकितेश्वर का रंग सफेद है, मंजुश्री का पीला, वज्रपाणि का नीला, फिर दो, चार, छः ...हजार हाथों वाले अवलोकितेश्वर हैं। इक्कीस प्रकार की तारा हैं, वगैरह। इस तरह विस्तार होता जाता है।

अब इनकी मूर्तियाँ, भित्तिचित्र, थंका (पटचित्र) बनने लगते हैं। इसके लिए इनका प्रतिमान निश्चित होता है। माप के मुताबिक बनने पर मूर्ति या चित्र पूजा के लायक है। अन्यथा वह कला हो सकती है लेकिन पूजा की वस्तु नहीं। चित्रों के

प्रतिमान इतनी तफसील से बताये जाते हैं कि अभ्यास से इसे लिखना सीख सकते हैं। तिब्बत में चित्र कला सिखाने में शुरू में बुद्ध शाक्यमुनि, अवलोकितेश्वर आदि बोधिसत्त्व, वज्रपाणि आदि क्रोधनदेव, तारा आदि देवियाँ, अर्हत् आदि मनुष्य लिखना सिखाते हैं। इससे पूजा के लिए चित्र बनाने भर को वे सीख जाते हैं। यह मूर्तियाँ, भित्तिचित्र, थंका भी मूल रूप से साधना में सहायता के लिए हैं। इसलिए कहीं-कहीं गोनपाओं में इन्हें भी गुह्य बताते हैं और सबको, सब समय इनका दर्शन करने की अनुमति नहीं देते।

इसके साथ अब इनके पुराण भी बनने लगे। जैसे अवलोकितेश्वर पोतलक पर्वत पर निवास करते हैं। खास प्रकार की बोधिसत्त्व की चर्चा करते हैं। समन्तमुख हैं- चहुँ ओर देखते हैं। हजार हाथों से प्राणि मात्र के प्रति करुणा करते हैं। और इन हजार हाथों में भी हजार आँखें होती हैं। सिर्फ आँखों से नहीं, हाथों से भी देखते हैं, इत्यादि।

मूर्ति और चित्त और पुराण बनने पर जो साधक नहीं हैं, वे भी इनका दरस-परस कर सकते हैं। पाठ-स्तुति, भक्ति कर सकते हैं। भक्ति सुगम है। सबके लिए है। साधना तो गुह्य है, कठिन है।

लोक में कला और पुराण और पूजा-पाठ के जरिये ये स्वरूप पहचाने जाते हैं। किन्तु धीरे-धीरे साधना से दूर होते जाने पर इनके मूल अर्थ खोते जाते हैं। मूल प्रयोजन भूलता जाता है। सिर्फ कर्मकाण्ड रह जाता है। दीया बारना, पानी रखना-बदलना, धूप दिखाना, मक्खन, सत्तू चढ़ाना रह जाता है। मूर्ति वगैरह बन जाने से शून्यता, निःस्वभावता की भावना भी कुछ हल्की पड़ जाती है। कम-से-कम सामान्य जन के लिए तो वह करीब-करीब वैसी ही अगम्य होती है जैसे कि महेश्वर, या चिति शक्ति, या ब्रह्म की भावना।

जब साधारण जन इन स्वरूपों का अर्थ भूलने लगते हैं तो भी पूजा-पाठ दान-दक्षिणा करते रहते हैं। पुजारी लामा भी कर्मकाण्ड दुहराते रहते हैं। धर्मों में दुहरावन की बड़ी महिमा है। इस अभ्यास की शक्ति है, लेकिन जब यह निरर्थक अभ्यास रह जाता है तो उबाऊ होने लगता है। भय या लोभ या मात्र आदत से चलता जाता है। सिर्फ उपाय रह जाता है, प्रज्ञा का लोप हो जाता है। पहले सामान्य लोगों से, फिर विशेषज्ञों से भी। क्योंकि जब कोई पूछे तब तो वे बताएँ कि कौन क्या है? कैसे है? कोई पूछता नहीं। इसलिए बताता नहीं। इसलिए जानता नहीं।

इन स्वरूपों के अर्थ के खो जाने का संकट मालूम पड़ता है। वैसे पूजा-पाठ अभ्यास चल रहा है। और शायद विघ्न-बाधाओं के बावजूद चलते रहने वाला है। चाहे 'टूरिस्ट' के आकर्षण के लिए ही सही। दर्शन के लिए भी।

जो हो, शायद महायान बौद्धपरिवार का यह स्वरूप और माहात्म्य और प्रयोजन है। जो अब अज्ञानवश भूलता जा रहा है। यह भी सनातन जैसा होता जा रहा है।

•

अहिंसा

पाणातिपाता वेरमणी सिक्खापदं समादियामि।

–*दस सिक्खापद*, १

धर्मं समासतोऽहिंसां वर्णयंति तथागताः।

–आर्यदेव (*चतुःशतक*, १२.२३)

प्रस्तुत निबन्ध में बौद्ध धर्म में अहिंसा के स्वरूप एवं महत्त्व का संक्षेप में बखान किया गया है। पहले खण्ड में थेरवादी परम्परा में, पालि स्रोतों के आधार पर अहिंसा का निरूपण है, दूसरे खण्ड में महायान परम्परा में, संस्कृत-तिब्बती स्रोतों के आधार पर। तीसरे खण्ड में अहिंसा साधन के कुछ सैद्धान्तिक-व्यावहारिक प्रश्नों पर विचार किया गया है।

।। खण्ड १ ।।

शील, समाधि और प्रज्ञा बुद्धों की तीन शिक्षा है। प्रज्ञावान शील पर प्रतिष्ठित हो चित्त और प्रज्ञा की भावना करते हुए जटा को काट सकता है, अन्य नहीं। फिर, "कुशल धर्मों का आरम्भ क्या है? सुविशुद्ध शील।" इस पर से पंचशील प्रसिद्ध है। थेरवादी परम्परा में प्रारम्भ में ही त्रिशरण और पंचशील ग्रहण करते हैं। पंचशील गृहस्थों का नित्य शील है। पूर्णमासी और अमावस्या जैसे विशेष अवसरों पर वे अष्टशील का पालन करते हैं। दस शील श्रामणेर शील है। प्रातिमोक्ष शील भिक्षु शील है। इसके अन्तर्गत २२७ नियम हैं। विनय में इन नियमों की व्यवस्था है। पंचशील प्रथम स्थान पाणातिपात से विरत रहने का है। प्राणघात से, जीवहिंसा से विरत रहने का शील प्रथम है।

विशुद्धि मार्ग में प्रथम परिच्छेद शील-निर्देश है। इसका विस्तृत वर्णन करने के लिए शील के सम्बन्ध में ये प्रश्न रखे गये हैं- शील क्या है? किस अर्थ में शील है? इसके लक्षण, रस, प्रत्युपस्थान, पदस्थान क्या हैं? शील का गुण क्या है? यह शील कितने प्रकार का है? इसका मल क्या है? इसकी विशुद्धि क्या है?

इन प्रश्नों के उत्तर के लिए *विशुद्धि मार्ग* देखने जैसा है। यहाँ दिया गया उत्तर आचार्य बुद्धघोष कृत *विशुद्धि मार्ग* (अनुवादक-भिक्षु धर्मरक्षित, वाराणसी, १९५६) के अनुसार है। खेद है कि इस ग्रन्थ का भोट भाषा में अनुवाद नहीं हुआ। इसलिए यह लाहुल सहित हिमालय की बौद्ध परम्परा में परिचित नहीं। जो हो, प्रस्तुत प्रश्न है कि जीव हिंसा से विरत रहने का क्या शील है? चेतना शील है, चैतसिक शील है, संवर शील है, अनुल्लंघन शील है। अर्थात्, जीव हिंसा आदि से विरत रहने वाले या व्रत पूर्ण करने वाले की चेतना शील है। जीव हिंसा आदि से विरत रहने वाले की विरति चैतसिक शील है। और भी, जीव-हिंसा आदि करने वाले की सात (कुशल) कर्मपथ की चेतना चेतनाशील है। "लोभ (अभिध्या) को त्याग कर, लोभरहित चित्त से विहरता है" आदि प्रकार से कहे गये, लोभ से रहित होना, प्रतिहिंसा न करना और सम्यक् दृष्टि चैतसिक शील है। संवर शील, संवर पाँच प्रकार का होता है-प्रातिमोक्ष संवर, स्मृति संवर, ज्ञान संवर, क्षान्ति संवर और वीर्य संवर। अर्थात् प्रातिमोक्ष के नियमों के पालन द्वारा संयम कायम रखना, सही स्मृति द्वारा इन्द्रिय-संयम रखना, प्रज्ञा द्वारा संयम रखना, सहनशीलता द्वारा संयम रखना और प्रयत्न द्वारा संयम रखना। अन्त में अवीतिक्कम या अनुल्लंघन शील है ग्रहण किये हुए शील का काय और वाणी द्वारा उल्लंघन न करना।

यह जीव हिंसा आदि से विरत रहने वाला शील क्या है? इस प्रश्न का उत्तर है। फिर प्रश्न है किस अर्थ में शील है। शीलन (आधार, ठहराव) के अर्थ में शील होता है। यह शील क्या है? काय-कर्म आदि का संयम,सुशीलता, व्यवस्था अथवा टिकने के लिए आधार की भाँति कुशल धर्मों को धारण करना-इसका अर्थ है। अर्थात् एक तो शील के पालन से मनुष्य के क्रिया-कलाप में, जीवन में व्यवस्था आती है। दूसरा अर्थ है आधार या प्रतिष्ठा। समाधि आदि शील पर ही प्रतिष्ठित है, टिका हुआ है।

हिंसा, अब्रह्मचर्य, मृषावाद आदि से बचने के लिए कोई आधार चाहिए। नहीं तो संसार में प्रवाह-पतित होने का भय है। शील यह आधार देता है।

दूसरे आचार्य शिरार्थ (शिर के समान उत्तम) शीलार्थ, शीतलार्थ, शीलार्थ है,

आदि प्रकार से भी अर्थ करते हैं। जैसे सिर के कटने पर आदमी मर जाता है वैसे ही शील के टूटने पर सारा गुण रूपी शरीर नष्ट हो जाता है, इसलिए शील शिरार्थ है। फिर, जीव हिंसा आदि से विरत रहने से शीतलता, अद्वेष, अदाहकता आती है। शायद इस अर्थ में शील शीतलार्थ है।

इसका लक्षण आदि क्या है? शीलन (आधार) ही उसका लक्षण है। दु:शील का नाश करना और अनवज्ज, निर्दोष गुण वाला होना रस है। निषेध रूप में दु:शील का विध्वंस और विधायक रूप में अनवद्य गुण का स्थापन।

इस प्रकार अहिंसा एक ओर जीवहिंसा से विरत रहना है, वेरमणी शील है। किन्तु यह मात्र निषेधात्मक नहीं है। इसका विधिपक्ष भी है। प्राणि मात्र के प्रति मैत्री, करुणा इसका विधायक पक्ष है। शायद थेरवादी परम्परा में इसके निषेध पर, वेरमणी शील पर, विरति पर कुछ ज्यादा बल है। और महायान परम्परा में इसके विधायक पक्ष करुणा पर कुछ ज्यादा। इस पर कुछ अन्तिम रूप से कहना कठिन है। यह बला–बल विचारणीय है। इतना तो निर्विवाद है कि महायान में प्रज्ञा–उपाय युगनद्ध साधना है। प्रज्ञा शून्यता का, नि:स्वभावता का ज्ञान है, और करुणा आदि उपाय है। इस प्रकार प्रज्ञा और करुणा, या शून्यता और करुणा युगनद्ध है। फिर, जीव हिंसा आदि से विरत रहने वाले शील का गुण क्या है? पश्चात्ताप न करना आदि शील के अनेक गुण हैं। कहा है–आनन्द! सुन्दर शील पश्चात्ताप न करने के लिए है, पश्चात्ताप न करना इनका गुण है। और भी कहा है–गृहपतियों, शीलवान् के शील पालन करने के पाँच गुण हैं। कौन से पाँच?

(१) यहाँ गृहपतियों, शीलवान्, शील युक्त प्रमाद में न पड़ने के कारण बहुत–सी धन–सम्पत्ति को प्राप्त करता है। यह शीलवान् के शील पालन करने का पहला गुण है।

(२) और फिर गृहपतियों, शील पालन करने वाले, शीलवान् की ख्याति, नेकनामी फैलती है। यह शीलवान् के शील पालन करने का दूसरा गुण है।

(३) और फिर गृहपतियों, शील पालन करने वाला शीलवान् जिस–जिस सभा में जाता है, चाहे क्षत्रियों की सभा हो, चाहे ब्राह्मणों की सभा हो, चाहे वैश्यों की सभा हो, चाहे श्रमणों की सभा हो, वह निर्भीक, नि:संकोच जाता है। यह शीलवान् के शील पालन करने का तीसरा गुण है।

(४) और फिर गृहपतियों, शील पालन करने वाला, शीलवान् बिना बेहोशी को प्राप्त किये हुए मरता है। यह शीलवान् के शील पालन करने का चौथा गुण है।

(५) और फिर गृहपतियों, शील पालन करने वाला, शीलवान् शरीर को छोड़ मरने के बाद सुगति को प्राप्त हो स्वर्ग में उत्पन्न होता है। यह शीलवान् के शील पालन करने का पाँचवाँ गुण है। (*दीघनिकाय* २.३.१)

यह पाँचवाँ गुण मरने के बाद सुगति और स्वर्ग की प्राप्ति बौद्ध परम्परा में मान्य है। विश्वास-प्राप्त है। किन्तु आज-कल मरने के बाद स्वर्ग-नरक की कल्पना कुछ आलोचकों को मान्य नहीं। जो भी हो, मरने के बाद सुगति न हो, तो भी जिन्दा रहते तो जीवहिंसा, अब्रह्मचर्य, झूठ आदि से बचने का आचार तो पालन करने जैसा है। इसका परिणाम जीते जी या मरने के बाद अच्छा हो, या बुरा, या ऐसा-वैसा, यह उतने महत्त्व का नहीं। यह अहिंसा साधन-मात्र नहीं, अपने आप में साध्य भी है। शायद, साध्य-साधन दोनों नहीं है, कोटियाँ नहीं है, और वह है। जो कुछ हो, जीव हिंसा से विरत रहने के शील पालन के जो शेष गुण गृहस्थों के लिए कहे गये हैं, वे तो सीधे और साफ तौर पर गुण हैं : पश्चात्ताप न करना, धन-सम्पत्ति को प्राप्त करना, ख्याति फैलना, सभा में निःसंकोच जाना, होश में मरना। इस अन्तिम पर भी कोई शंका कर सकता है कि क्या इसका परीक्षण किया गया है कि शीलवान् होश में ही मरता है, बेहोश नहीं होता। आधुनिक वैज्ञानिक दृष्टि तो शीलवान् गैर-शीलवान् के मरने के समय अनेक निश्चित माप के आधार पर, दीर्घकाल के प्रयोग के बाद इसकी पुष्टि या खण्डन कर सकती है, अन्यथा नहीं। किन्तु बौद्ध परम्परा में तो यह बुद्ध वचन है इसलिए ही प्रमाण न भी माना जाये, फिर भी चूंकि बुद्ध वचन असत्य नहीं होते इसलिए इसको भी सत्य मानने की परम्परा है।

जो हो, जीव हिंसा आदि से विरत रहने का शील क्या है? किस अर्थ में शील है? शील का गुण क्या है? इन प्रश्नों पर इतना बस है।

शील के माहात्म्य के बारे में और भी कहा गया है–गंगा, यमुना, सरयू या सरस्वती, अचिरवती, मही या महानदी, जैसी नदियाँ जिस मल को धो कर साफ नहीं कर सकतीं, प्राणियों का वह मल शील के जल से धुल कर साफ हो जाता है। नदियों की यह सूची पूरी नहीं। लाहुल में अगर यह गाथा कही सुनी जाये तो इसमें चन्द्र और भागा और फिर तांदी के बाद चन्द्रभागा को जोड़ कर कहना ठीक होगा। चन्द्रभागा का जल भी जिस मल को साफ नहीं कर सकता उसे शील का जल साफ करता है। और

भी कि मालती आदि फूलों की गंध तो अनुवात में ही, जिधर बयार बहती है उधर ही जाती है किन्तु शील की गन्ध केवल अनुवात में नहीं प्रतिवात में, विपरीत दिशा में भी बहती है।

इस प्रकार शील आधार है, अकुशल से विपरीत का आरम्भ है, इत्यादि। यह कई प्रकार का है। *विशुद्धि मार्ग* में शीलों का विभाजन संख्यानुसार एक से लेकर पाँच तक किया गया है। इन पाँच के भी अनेक विभाजन हैं। डॉ.भिक्षु धर्मरत्न, *विशुद्धि मार्ग की रूपरेखा* (महाबोधि सभा, सारनाथ, वाराणसी, १९७३, पृ.१८) की सूचना है कि *पटिसम्भिदा मग्ग* में इन शीलों की जो व्याख्या आ गयी है उसे *विसुद्धिमग्ग* में भी दिया गया है। यह व्याख्या दस अकुशल कर्म-पथों, ध्यानों में अभिभूत अकुशलों, अठारह महाविपश्यनाओं के अभ्यास से निष्कासित मिथ्या धारणाओं और मार्ग-प्राप्ति के विनष्ट बन्धनों के संदर्भ में की गयी है। प्रत्येक की व्याख्या पाँच प्रकार की की गयी है, जो कि पंचशील नाम से अभिहित है। उदाहरणार्थ प्रथम कर्मपथ के संदर्भ में यह व्याख्या आयी है–प्राणघात (पाणातिपात) के सिलसिले में उसे त्यागना शील है, उससे विरत रहना शील है, तत्सम्बन्धी चेतना शील है, संयम शील है, और उस नियम का उल्लंघन नहीं करना शील है। इस प्रकार प्रत्येक अवस्था की व्याख्या शील के पाँच पहलुओं (प्रहाण शील, वेरमणी शील, चेतना शील, संवरशील और अवीतिक्रम शील) के अनुसार की गयी है। अब अन्तिम प्रश्न है–शील का मल क्या है? और इसकी शुद्धि कैसे होती है। इसका उत्तर विशुद्धि मार्ग के मूल ग्रन्थ से न दे कर संक्षेप में *विशुद्धि मार्ग की रूपरेखा* के अनुसार इस प्रकार है : जब शील सम्बन्धी नियमों का उल्लंघन होता है तब उसकी शुद्धि नहीं रह जाती। यह उल्लंघन छोटा या बड़ा हो सकता है।

जब व्यतिक्रम के बिना शिक्षापदों (शील सम्बन्धी नियमों) का पालन होता है तब शील की शुद्धि बनी रहती है। यह दो ढंग से हो सकता है–पहला है व्यतिक्रम के दुष्परिणामों को समझना और दूसरा है शील पालन के सुपरिणामों को समझना।

संक्षेप में, जो शील का पालन करेगा वह अकुशल कर्मों से बचेगा और कुशल कर्मों की ओर जायेगा। उसका चित्त शान्त हो समाधि की ओर होगा।

।। खण्ड २।।

महायान परम्परा में अहिंसा का स्थान महत्त्व का है। आर्यदेव ने *चतुःशतक* (१२.२३) में कहा है : *धर्मं समासतोऽहिंसां वर्णयन्ति तथागताः*। तथागत ने समासतः, संक्षेपतः धर्म को अहिंसा कहा है।

इस पर चन्द्रकीर्ति की वृत्ति है : *धर्मं समासतोऽहिंसां वर्णयन्ति तथागताः। हिंसा परापकारापन्नत्वात्सत्त्वस्यापकारचिन्ता तत्समुत्क्षिप्तं कायकर्म वाक्कर्म च। अहिंसा तद्विपरीतमुखेन दश कुशलकर्मपथाः। यदीषदपि परोपकारकं तत्सर्वमप्य-हिंसान्तः संगृहीतम्। तथागता हि धर्मं समासतः संक्षेपतः सैवाहिंसेति प्रतिपादयन्ति।*

अर्थात् तथागत ने धर्म को समासतः संक्षेपतः अहिंसा कहा है। हिंसा पर-अपकार से उपजी सत्त्वों के अपकार की चिन्ता है और उससे हुआ कायकर्म और वाक्कर्म, शरीर और वाणी की चेष्टा है। इसके विपरीत अहिंसा दश कुशल कर्मपथ है। जो ईषत्, थोड़ा भी परोपकार है, वह सब अहिंसा में आता है। तथागत ने समासतः संक्षेपतः धर्म का प्रतिपादन अहिंसा के रूप में किया है।

अब इस पर कुछ और टिप्पणी आवश्यक नहीं।

महायान में भी भगवान् बुद्ध के समस्त उपदेशों का सार तीन शिक्षाएँ ही हैं : अधिशील शिक्षा, अधिसमाधि शिक्षा और अधिप्रज्ञा शिक्षा। अधिशील आदि में 'अधि' उपसर्ग अतिरेक (अधिक) या उत्कृष्ट अर्थ में है। अतः अधिशील का अर्थ है विशिष्टशील या 'उत्कृष्टशील'। इन तीन शिक्षाओं में थेरवाद की ही भाँति, यहाँ भी अधिशील शिक्षा पहले कही गयी है। जैसे पृथ्वी सभी चराचर जगत् का आश्रय है, वैसे ही शील गुणों का आधार है। यह समस्त कुशल धर्मों का मूल है।

आचार्य चन्द्रकीर्ति ने अहिंसा की व्याख्या करते हुए इसे दश कुशल कर्मपथ कहा है। यह कुशल कर्मपथ क्या है? १० अकुशल से विरति है। परमपावन दलाई लामा श्री तेनजिन ग्यात्सो के *बौद्ध सिद्धान्त सार* (तिब्बती मूल से अनूदित, १९६४, पृष्ठ २८) के अनुसार १० अकुशल विरति शील के आधार पर शील के अनेक प्रकार होते हैं। किन्तु संक्षेप से शील तीन प्रकार का होता है–प्रातिमोक्ष शील, बोधिसत्त्व शील एवं गुह्यतन्त्र शील। सभी प्रकार के शीलों का इन्हीं तीनों में समावेश हो जाता है। यह शील जब प्रतिष्ठित हो जाता है तब पुद्गल अकुशल करने का अवसर उपस्थित होने पर अर्थात् अकुशल करने के क्षण में अपने को उससे बचा लेता है। अतः इसे अकुशल

विरतिशील कहते हैं।

ये क्या हैं? ये १० अकुशल तीन भागों में बाँटे जा सकते हैं, कायिक, वाचिक एवं मानसिक। कायिक अकुशल तीन हैं, जैसे–१. प्राणातिपात (प्राणी की हिंसा), २. अदत्तादान (चोरी) एवं ३. काम मिथ्याचार (काम व्यभिचार)।

वाचिक अकुशल चार हैं–१. मृषावाद (झूठ बोलना), २. पैशुन्य (चुगली करना), ३. पारुष्य (कठोर वचन), तथा ४. सम्भिन्न-प्रलाप (व्यर्थ बकवास करना)।

मानसिक अकुशल भी तीन हैं–१. अभिध्या, दूसरे की सम्पत्ति को हड़पने की इच्छा है। यह खास प्रकार का लोभ है। २. व्यापाद, दूसरे के अहित की कामना है। यह द्वेष का एक प्रकार है। ३. मिथ्या दृष्टि, यह मोह, अज्ञान है। मिथ्या दृष्टि अनेक प्रकार की होती है।

बौद्ध सिद्धान्त सार के अनुसार ये अकुशल कर्म कर्मपथ भी होते हैं और नहीं भी होते।...कोई कर्म कर्मपथ हुआ कि नहीं? यह जानने के लिए उसके अंगों पर विचार करना होता है। यदि उसके अंग पूर्ण होते हैं तो वह कर्म कर्मपथ होता है। उपर्युक्त १० अकुशलों में से प्रत्येक के ५ अंग होते हैं। ...

उदाहरण के लिए, प्राणातिपात (हिंसा) के ५ अंग हैं :

१. **वस्तु**–अपने से भिन्न सन्तान वाला प्राणी। अर्थात् हिंसा की पूर्ति के लिए अपने से भिन्न प्राणी का होना आवश्यक है। यह पहला अंग है।
२. **चेतना**–यह ज्ञान होना चाहिए कि यह प्राणी है और यह ज्ञान भ्रान्ति से रहित होना चाहिए।
३. **प्रयोग**–विष, शस्त्र या अभिचार (मन्त्र) आदि द्वारा स्वयं मारना या दूसरों से मरवाना।
४. **क्लेश**–इस हिंसा कर्म की पूर्ति के लिए चित्त में क्लेशों का होना आवश्यक है। सामान्य रूप से यहाँ लोभ, द्वेष और मोह ये तीन क्लेश होते हैं, किन्तु उनमें से द्वेष का होना परमावश्यक है।
५. **निष्पत्ति**–वध करने वाले बधक की मृत्यु से पूर्व बध्य (जिसका वध किया जा रहा है) सत्त्व (प्राणी) का मरना आवश्यक है।

इन पाँच अंगों के सम्पन्न होने पर ही यह प्राणातिपात कर्म पूर्ण होता है अर्थात् वह

कर्मपथ होता है। इनमें से कोई एक अंग भी यदि न होगा तो यह कर्म कर्मपथ न होकर कायदुश्चरित मात्र होगा। इसी प्रकार अन्य अकुशल भी अपने-अपने अंगों के पूर्ण होने पर ही कर्मपथ होते हैं, अन्यथा दुश्चरित-मात्र होते हैं।...

प्राणातिपात इत्यादि दश अकुशल कर्मपथ हैं। इनके विपरीत दश कुशल कर्मपथ हैं। फिर, प्राणातिपात अकुशल कर्म होता क्यों है?

१. कभी यह लोभ से होता है। जैसे मांस खाने की तृष्णा से बकरा काटा जाता है।
२. कभी यह द्वेष से होता है। किसी के वैर-वश होता है।
३. कभी यह मिथ्या दृष्टि के कारण होता है, जैसे यज्ञ में पशु-बलि।

इन सब प्राणातिपातों में गुरु, माता, पिता, अर्हत्, श्रमण या ब्राह्मण की हत्या गुरुतर अपराध है।

।। खण्ड ३ ।।

अन्य धर्मों में भी कम-बेश अहिंसा परम धर्म है। किन्तु जगत् और जीवन में हिंसा सनातन है। जीवन धारण के लिए प्राणि-हत्या अपरिहार्य है। तब अहिंसा साधन कैसे हो? यह प्रश्न है।

हिंसा सनातन है। इसलिए वह धर्म नहीं। धर्म तो अहिंसा ही है। बल्कि इसीलिए अहिंसा के संवर, व्रत की आवश्यकता है। शायद लाख-लाख योनियों में लाखों बरस से प्राणी में राग, द्वेष, मोह है। इसलिए इनसे बचने के लिए, विरति के लिए कुछ रोक-टोक की जरूरत है।

फिर, देह धारण के लिए हिंसा अवश्यम्भावी है, इसलिए श्रेष्ठ जन भविष्य में देह धारण करने से बचते हैं। गृहकारक को देख लेते हैं तो फिर-फिर घर नहीं बनाते। उसके शिखर शृंखला टूट जाते हैं। इस आवागमन के चक्र से परे चले जाते हैं। निर्वाण या मोक्ष में मानते हैं। यह अहिंसा का प्रथम साधन है।

यथासंभव स्थावर तथा जङ्गम प्राणियों की अनावश्यक हिंसा से विरत होना द्वितीय साधन है।

प्राणियों में भी ऊँचे प्राणियों को दुःख न देना तृतीय अहिंसा-साधन है। शायद इसी दृष्टि से अन्यत्र योगसूत्र के व्यास भाष्य में हिंसा मृदु, मध्य और अधिमात्र तीन प्रकार की कही गयी है। या बौद्ध परम्परा में माता, पिता, गुरु, अर्हत् आदि की हिंसा का

पाप गुरुतर है।

प्राण प्राणि-मात्र को प्रिय है। जैसे अपना प्राण अपने को, वैसे ही दूसरे का प्राण दूसरे को प्रिय है, इसलिए प्राणघात न करे, न कराये, न उसका अनुमोदन करे, ऐसी व्यवस्था है। केवल प्राणि पीड़ा त्यागना ही अहिंसा नहीं है, बल्कि प्राणियों के प्रति करुणा, मैत्री आदि का पोषण और संवर्धन भी है।

अन्यत्र हिंसा में भी तारतम्य देखा गया है। माता, पिता, गुरु इत्यादि का वध करना और दुश्मन का वध करना एक जैसा नहीं है। ऐसे ही आदमियों को मारना और खटमल मारना या तिनका तोड़ना समान हिंसा नहीं है। किन्तु महायान परम्परा में तो प्राणि-मात्र में से पता नहीं कौन कब किसकी माता, पिता आदि रहा है। इसलिए जैसे खटमल को मारना भी उतनी ही बड़ी हिंसा है। जहाँ तक निभ जाये वहाँ तक तो यह ठीक है। लेकिन जब चुनाव करना पड़े खटमल और आदमी में तो चुनाव स्पष्ट है। फिर भी, बौद्ध धर्म की दृष्टि से हिंसा में ऐसा तारतम्य, क्रम, या ऊँच-नीच मान्य है? या नहीं? सो विचारणीय है।

फिर, प्राण-घात से विरत रहने का शील जैसे आत्यंतिक है। पतंजलि रचित योगसूत्र में अहिंसा महाव्रत है। महाव्रत वह है जो जाति, देश, काल, समय से अनवच्छिन्न है और सार्वभौम है। सो ही महाव्रत है। किन्तु लोक व्यवहार में जैसे मछुए को अपनी जीविका के लिए मछली मारनी ही है। या अगर अपने देश का पड़ोसी देश से युद्ध है तो सेना को दूसरे देश की सेना का वध करना है, इत्यादि। या वैसे भी अहिंसा का आत्यंतिक प्रयोग सम्भव नहीं। फिर भी शील तो हिंसा से अन्तिम मुक्ति या विरति का ही होता है। यह कहने का कोई अर्थ नहीं, वजन नहीं कि जहाँ तक हो सकेगा हिंसा से बचूँगा। क्योंकि फिर तो इसमें टेक नहीं, शीलन, शील नहीं बनता।

वैसे भी स्थूल रूप से हिंसा तो प्राणातिपात है। किन्तु सूक्ष्म रूप से समस्त वितर्क, विकल्प, विचार हिंसा है। अपनी पसन्द को दूसरे पर थोपना हिंसा है। और जब विकल्प है तो हिंसा है। लेकिन सारा व्यवहार तो विकल्प में है। अहिंसा स्वयं हिंसा का विकल्प है, विरति है, वेरमणी शील है। इसलिए शायद आत्यंतिक दृष्टि से अहिंसा का साधन संभव नहीं। शायद हिंसा-अहिंसा नहीं है, और शील है। यह अद्वयमुख प्रवेश जैसा है।

शब्द बाँटता है। हिंसा-अहिंसा, अब्रह्मचर्य-ब्रह्मचर्य, मृषा-अमृषा इत्यादि में।

किन्तु वास्तव में यह वैकल्पिक कोटियाँ नहीं हैं, और वह है। शब्द वह चीज नहीं है। फिर भी लोक व्यवहार में, संप्रेषण बिना शब्द के नहीं होता, जैसे कि सूरज का उगना, या हवा का बहना या सुगंध का फैलना होता है। इसलिए शब्द एक हद तक अपरिहार्य है। इस अर्थ में ही हिंसा-अहिंसा है। एक-दूसरे की अपेक्षा से है। अन्यथा नहीं।

फिर, बौद्ध आचार में प्रारम्भ से एक प्रश्न मांस खाने के बारे में है। *मज्झिम निकाय* में 'जीवक सुत्त' (२.१.५) में कहा गया है :

'एक समय भगवान् राजगृह में जीवक कौमारभृत्य के आभुवन में विहार करते थे। तब जीवक कौमारभृत्य जहाँ भगवान् थे, वहाँ गया, जा कर भगवान् को अभिवादन कर एक ओर बैठ गया। एक ओर बैठे जीवक ने भगवान् से यह कहा-

'भन्ते! मैंने सुना है-श्रमण गौतम के उद्देश्य से (लोग) जीव मारते हैं, श्रमण गौतम जानते हुए (अपने) उद्देश्य से बनाये (अपने) उद्देश्य से किये कर्मवाले मांस को खाता है। भन्ते! जो यह कहते हैं-श्रमण गौतम...खाता है' क्या भन्ते! वे भगवान् के विषय में यथार्थवादी हैं, वे भगवान् पर झूठा इलजाम तो नहीं लगाते? सत्य के अनुसार कहते हैं? ...

'जीवक जो यह कहते हैं-'श्रमण गौतम...खाता है', वे मेरे विषय में यथार्थवादी नहीं हैं, वे मुझ पर झूठा इलजाम (अभ्याख्यान) लगाते हैं।...जीवक! मैं तीन प्रकार के मांस को अभोज्य कहता हूँ-दृष्ट, श्रुत और परिशंकित।...जीवक! तीन प्रकार के मांस को मैं भोज्य कहता हूँ-अ-दृष्ट, अ-श्रुत, अ-परिशंकित।...'

यह उद्धरण स्पष्ट है। भोज्य-अभोज्य मांस की कसौटी है जीव का अपने लिए मारा जाना देखना, सुनना या शंका होना या न होना। इन्हीं तीन के आधार पर अदृष्ट, अश्रुत, अपरिशंकित के आधार पर बौद्ध समाज-उपासक, उपासिका, श्रामणेर, भिक्षु, भिक्षुणी-प्राय: अढ़ाई हजार वर्षों से अधिक से कितना मांस-भक्षण कर रहे हैं!

अब इसमें भी कोई आत्यंतिक दृष्टि नहीं हो सकती। कहते हैं देवदत्त ने भी कभी यह प्रश्न संघ में उठाया था। तो भगवान् ने उसे बरज दिया था। भिक्षु यह तय नहीं कर सकता कि उसके पात्र में क्या पड़ेगा? और अगर आहार न हुआ तो वह जी नहीं सकता। सब प्राणी आहार पर प्रतिष्ठित हैं। यह प्रथम है। उस समय मांसाहार प्रचलित है। सो ही भिक्षा में भी दिया जाता है, जैसे थाइलैंड में आज भी होता है।

इस प्रश्न पर विचार करने के लिए, अन्य बातों के अलावा, दो बातों पर ध्यान

रखना जरूरी है : १. समस्या, २. समय। मांस का भोज्य-अभोज्य होना समस्या है। इससे जुड़ा हिंसा, प्राणातिपात और उससे विरत रहने का शील है। अगर शील को सिर्फ पाखण्ड नहीं बन जाना है तो यह मानने का कोई कारण नहीं कि जब बौद्ध उपासक, उपासिका, भिक्षु, भिक्षुणी अपने-अपने नियत घरों में या विहारों में या गोनपाओं में बैठते हैं और प्रायः नित्य मांसाहार करते हैं तो वे मांस खाने की इच्छा करते हैं, उसके लिए समर्थ हैं और प्रस्तुत रहते हैं। इस प्रकार वे आधुनिक भाषा में मांस की माँग करते हैं, और मांस बेचने वाला उसकी पूर्ति करता है। माँग अपनी पूर्ति खुद पैदा करती है और पूर्ति अपनी माँग। इसमें तो अ-दृष्ट, अ-श्रुत, अ-परिशंकित वाली शर्त नहीं लगती। इसमें अपने लिए जीव हिंसा का होना देखा, सुना और शंका होना, सब है। फिर भी मांस खाया जाता है।

फिर, समय। जब श्रमण गौतम इन तीन के आधार पर मांस खाने की छूट देते हैं तब समय भिन्न है। आज भिन्न है। बौद्ध, जैन, वैष्णव अहिंसा के प्रभाव से समाज में मांस-भक्षण के बारे में अब धारणा बदल गयी है। रीति-रिवाज और आदत बदल गयी है। शाकाहार न सिर्फ मध्यदेश में बल्कि सारे विश्व में एक श्रेष्ठ जीवन-चर्या का अंग बन गया है। यह सिर्फ खुराक का फैशन नहीं है। न ही क्लोरोस्ट्रॉल आदि से बचत का उपाय भर है। शाकाहार का नैतिक आधार है। शील है। इस पर भी जब बौद्ध मांस खाता है तो यह सिर्फ देवदत्त की शंका नहीं है। निश्चय ही, इसमें जाति, देश, काल, समय का बंधन है। हिमालय के प्रत्यंत और शील प्रदेशों में जहाँ मांस खाये बिना जीना ही संभव नहीं वहाँ शाकाहार को थोपना ही शायद हिंसा है। लेकिन जहाँ संभव है वहाँ जैसे वाराणसी में या बोधगया में या काठमांडो में भैंसा काट कर खाना क्या है? अ-दृष्ट, अ-श्रुत, अपरिशंकित तो नहीं ही है। इसलिए यह मांसाहार भी बौद्ध धर्म में अहिंसा के साधन की दृष्टि से एक विचारणीय प्रश्न है।

एक प्रश्न यह है कि आज के संदर्भ में अहिंसा की क्या प्रासंगिकता है? यह जैसे एक सेमिनार-रूढ़ि हो गया है। जो हो। अब अगर आज भी मनुष्य में द्वेष है, द्रोह है, पर-अपकार की वृत्ति है, प्राणातिपात है तो उससे विरत रहने के शील का भी महत्त्व है। और कौन कह सकता है कि आज के मनुष्य में पहले जैसा क्रोध, लोभ, मोह, द्रोह नहीं है? इसलिए तो यह प्रश्न ही निरर्थक है। अहिंसा की प्रासंगिकता तो जाति, देश, काल, समय से परे है। सार्वभौम है।

फिर यह भी कहा जा सकता है कि यह सब शास्त्रीय बात है। बकवास है। चित्त, चैतसिक यह सब क्या है? प्रश्न तो सत्ता-व्यवस्था का है। जब तक उसमें परिवर्तन नहीं होता तब तक चित्त, चैतसिक में परिवर्तन हुआ तो क्या, न हुआ तो क्या? इस पर पहले भी विचार किया जा चुका है। वास्तव में, अन्तर-बाह्य भी दो अन्त हैं। दोनों एक-दूसरे की अपेक्षा से हैं, निरपेक्ष नहीं हैं। दोनों नहीं हैं, और दुःख है। व्यवहार में अगर सत्ता-व्यवस्था को भी बदलने जाएँ तो इसके लिए भी चित्त, चैतसिक को बदलने की जरूरत होती है। ऐसे ही अगर चित्त-चैतसिक को देखने लगें तो इससे भी बाह्य सत्ता-व्यवस्था टूटती है। अब इसमें से कहाँ से प्रस्थान करें। इसके भेद से, प्रस्थान भेद से दृष्टिभेद जरूर है। और दृष्टि तो अपनी-अपनी पसंद है। दृष्टि-मात्र मिथ्या है। फिर भी, व्यवहार के लिए एक को सम्यक् दृष्टि कहा जाता है, अन्य को मिथ्या-दृष्टि। तो बौद्ध दृष्टि सम्यक् दृष्टि है। और यह मन को प्रथम मानती है। *धम्मपद* (१.१) में कहा है 'मन पूर्व है, मन श्रेष्ठ है, मनोमय है। ...'

और भी कहा जाता है कि प्रश्न भोज्य-अभोज्य का नहीं, प्रश्न तो सम्पूर्ण मानव-जाति के अस्तित्व का है। आज संहारक अस्त्र-शस्त्र का ऐसा जमाव है कि वह इस सृष्टि को अनेक बार ध्वंस कर सकता है। ऐसी स्थिति में निःशस्त्रीकरण और विश्व शान्ति का प्रश्न है। इस प्रश्न के बारे में विनम्र निवेदन है कि यह प्रश्न प्रधान रूप से राजनीतिक है। इसमें बौद्ध धर्म या जैन या हिन्दू, या ईसाई प्रत्यक्ष बहुत कुछ नहीं कर सकता। अप्रत्यक्ष रूप से तो इन धर्मों में, विशेषकर बौद्ध धर्म में अहिंसा का शील है जो शान्ति के लिए है, शीतलता के लिए है, हिंसा से विरति के लिए है। लेकिन वह इसमें सीधे कैसे कारगर हो सकता है? अभी तो उसे सुधारते-सुधारते खण्ड प्रलय हो सकता है। या फिर कोई सुधारने वाला ही न रह जाये, यह भी हो सकता है।

महात्मा गाँधी ने भारत के स्वाधीनता आन्दोलन में अहिंसा का सक्रिय राजनीतिक प्रयोग किया। मार्टिन लूथर किंग ने अमेरिका में अश्वेतों की समता के लिए गाँधी जी की अहिंसा को आधार माना। परम पावन दलाई लामा के नेतृत्व में चल रही मुक्ति साधना में अहिंसा को आधार माना गया है। बीसवीं-इक्कीसवीं सदी में अन्तर्राष्ट्रीय मामलों में अहिंसा का यह महान प्रयोग जीवित-जाग्रत है।

हाँ, इतना जरूर है कि आज-कल शांति के लिए शोध (पीस रिसर्च) की दृष्टि जैसे औंधी है। उसे ठीक करने में बौद्ध परम्परा कुछ सुझा सकती है। पहले अन्तर्राष्ट्रीय

हिंसा का प्रश्न शांति के लिए शोध में उठा। फिर, राष्ट्रों के अन्दर समाजों में हिंसा का, फिर व्यक्तियों के बीच हिंसा का प्रश्न विचारणीय हुआ है। जब कि बौद्ध परम्परा में, या भारत की अन्य आध्यात्मिक परम्पराओं में यह क्रम चित्त से शुरू होता है। हिंसा, घृणा, द्वेष, या शान्ति पहले चित्त में आती है फिर बाहर प्रक्षिप्त होती है काय-कर्म में, वाक्-कर्म में या नहीं होती। इसलिए अगर शान्ति के लिए वास्तविक खोज करनी है तो बाह्य को खारिज नहीं करना है लेकिन उसकी जड़, शुरुआत को चित्त में देखना है। इस पर बौद्ध धर्म में बड़ा काम हुआ है। जो आज भी उतने ही महत्त्व का है जितना कि जब वह प्रथम बार हुआ था।

हाँ, इतना जरूर है कि आज जो श्रम-विभाजन हुआ है उसमें यह काम प्रधानरूप से राजनीतिक है और इसमें बौद्ध आध्यात्मिक परम्परा का प्रत्यक्ष योगदान बहुत महत्त्व का नहीं है, अप्रत्यक्ष तो है ही।

अन्त में, अहिंसा को भी इतने शब्दों में कहना शायद वाक् हिंसा है। इसलिए अभी तो इतना ही बस है।

•

पञ्च महाविद्या *

महायान बौद्ध परम्परा में पाँच महाविद्या मानी गयी है : १. अध्यात्म विद्या, २. हेतु विद्या, ३. शब्द विद्या, ४. चिकित्सा विद्या और ५. शिल्पकर्म-स्थान विद्या।[१]

शब्द, हेतु, शिल्प, चिकित्सा सामान्य विद्या है, अध्यात्म विद्या असामान्य। विद्या का यह ढाँचा अध्यात्म विद्या की नींव पर प्रतिष्ठित है। किन्तु इसमें आधार और ऊपरी ढाँचे जैसा यान्त्रिक सम्बन्ध नहीं। अन्योन्याश्रय सम्बन्ध है।

बुतोन रिनपोछे *(हिस्ट्री ऑफ बुद्धिज्म,* तिब्बती मूल से अनूदित, हाइडलवर्ग, १९३१) ने सद्धर्म के पढ़ने, पढ़ाने और दोनों के अनेक लाभ बताये हैं। कहा गया है

---

* केन्द्रीय बौद्ध विद्या संस्थान, चोगलमसर, लेह के तत्वावधान में धर्मशाला (हि.प्र.) में २४-२८ अक्तूबर, १९९० को आयोजित राष्ट्रीय संगोष्ठी में प्रस्तुत पत्र।

१. *महायानसूत्रालंकार* (११.६०) में कहा गया है :

विद्यास्थाने पञ्चविधे योगमकृत्वा सर्वज्ञत्वं नैति कथंचित्परमार्यः।
इत्यन्येषां निग्रहणानुग्रहणाय स्वाज्ञार्थं वा तत्र करोत्येव स योगम्।।

अर्थात् पाँच प्रकार की विद्या प्राप्त किये बिना परम आर्य सर्वज्ञत्व की प्राप्ति कथंचित् नहीं हो सकती। उनका अन्य के निग्रह-अनुग्रह और स्वयं के ज्ञान के लिए योग करें। इस श्लोक की व्याख्या करते हुए कहा है :

पञ्चविधं विद्यास्थानम्। अध्यात्मविद्या हेतुविद्या शब्दविद्या चिकित्साविद्या शिल्पकर्म-स्थानविद्या च। तद्यदर्थं बोधिसत्त्वेन पर्येषितव्यं तद्दर्शयति। सर्वज्ञत्व प्राप्त्यर्थभेदेन सर्वम्। भेदेन पुनर्हेतुविद्यां शब्दविद्यां च पर्येषते निग्रहार्थमन्येषां तदनधिमुक्तानाम्। चिकित्साविद्यां शिल्पकर्मस्थानविद्यां चान्येषामनुग्रहार्थं तदर्थिकानाम्। अध्यात्मविद्यां स्वयमाज्ञार्थम्।

(महायानसूत्रालंकार, बुद्धिस्ट संस्कृत टेक्स्ट्स, न. १३, दरभंगा, १९७०,पृ. ७०)

कि व्याख्यायुक्ति के अनुसार तथागत ने सूत्र के पढ़ने के पाँच लाभ बताये हैं : १. अज्ञात का ज्ञान, २. पढ़े हुए अंशों का पुनर्विचार, ३. संशय का कटना, ४. सम्यक् दृष्टि का उत्पन्न होना, और ५. प्रज्ञा का गम्भीर अर्थ-ज्ञान होना।

इस प्रकार विद्या अध्ययन से अन्ततः प्रज्ञा उत्पन्न होती है। बौद्ध परम्परा में शील, समाधि, प्रज्ञा त्रिशिक्षा है। शील पर प्रतिष्ठित होकर चित्त की भावना के द्वारा प्राप्त प्रज्ञा से ही नर-नारी (तृष्णा रूपी) जटा को काट सकते हैं। इस प्रकार ज्ञान की पहचान काटना या दिखा देना है। अविद्या का काटना, अविद्या का दिखा देना। जैसे जौ का काटना, या अन्धकार में दीया दिखाना।

सामान्य रूप से यह विद्या-मात्र का प्रयोजन है। किन्तु पाँच विद्याएँ महायान बौद्ध परम्परा के लिए विशेष हैं। सामान्यतः प्राचीन भारतीय परम्परा में चार विद्याएँ मानी गयी हैं : आन्वीक्षिकी, त्रयी, वार्ता और दण्डनीति। आन्वीक्षिकी न्यायविद्या और आत्मविद्या है। इसके अन्तर्गत, सांख्य, योग और लोकायत हैं। त्रयी में धर्म-अधर्म का प्रतिपादन है। इसके अन्तर्गत हैं—ऋग्वेद, सामवेद, यजुर्वेद। वार्ता में अर्थ-अनर्थ का प्रतिपादन है। इसके अन्तर्गत है—कृषि, पशुपालन, वाणिज्य आदि। दण्डनीति का विषय है : नय-अनय। लोकयात्रा इस दण्डनीति पर निर्भर है। अब इनकी तुलना यदि पाँच बौद्ध महाविद्या से करें तो भेद-अभेद दोनों है। आन्वीक्षिकी में बौद्ध विद्याओं के दो प्रकार—अध्यात्म और न्याय विद्या सम्मिलित हैं। त्रयी के लिए, वेद के लिए बौद्ध परम्परा में स्थान नहीं है। किन्तु उसके स्थान पर बौद्ध त्रिपिटक है। यह सब शब्द है। वैसे बौद्ध विद्याओं में शब्द विद्या के अन्तर्गत काव्य, नाटक, छन्द, ज्योतिष, कोश आदि की उप-विद्याएँ हैं। विद्या उपविद्या का वर्गीकरण सर्वं सर्वत्र सर्वदा एक-सा नहीं है। वार्ता और दण्डनीति का बौद्ध विद्यास्थान में स्थान नहीं है। आचार्य नागार्जुन कृत *रत्नावली* और *सुहल्लेख* में राजनीति का निरूपण है। बौद्ध विश्व में अर्थ-अनर्थ और नय-अनय की प्रतिपादिनी वार्ता और दण्डनीति विद्या का किसी न किसी प्रकार व्यवहार तो होता ही है। किन्तु इन्हें बौद्ध विद्या स्थान में शरीक नहीं किया गया है। सम्भवतः यह प्रस्थान एवं प्रयोजन की भिन्नता के कारण है। बौद्ध विद्या बहुत करके विहारों में, भिक्षु संघ के लिए है, वर्णाश्रम व्यवस्था या अन्य प्रकार की सत्ता-व्यवस्था के लिए नहीं है, जैसी कि बौद्ध-भिन्न प्राचीन भारतीय विद्या है। जो हो, इन चार विद्याओं का विद्यात्व धर्म-अधर्म का ज्ञान कराने में है। भिन्न प्रस्थान के होते हुए बौद्ध विद्या का भी यह

विद्यात्व है। किन्तु प्रस्थान भेद से दृष्टि भेद है। पाँच बौद्ध विद्याओं का पर्येषण सर्वज्ञता के लिए है। सर्वज्ञता के बिना बुद्धत्व नहीं। सर्वज्ञता की अपेक्षा है कि वह पंच विद्याओं से अवगत हो। इसमें हेतु, शब्द, शिल्प, चिकित्सा विद्या प्रधान रूप से परार्थ के लिए, अध्यात्म विद्या स्वयं के ज्ञान के लिए, स्वाज्ञार्थ है। फिर, महायान परम्परा में प्रज्ञा-उपाय, शून्यता-करुणा युगनद्ध है। प्रज्ञा से वह देखता है, करुणा के वश क्रियाशील है, परार्थ रत है, प्राणिमात्र के हित में रत है। इसके आगे बोधिसत्त्व को अरसिक निर्वाण की स्पृहा नहीं।

आधुनिक युग में विद्या क्या है? इसका प्रयोजन क्या है? इस पर एक मत नहीं, अनेक मत, मतान्तर, दर्शन शिक्षा के हैं। उनके विस्तार में जाने का यहाँ न तो अवकाश है, न प्रयोजन। किन्तु प्रश्न है कि क्या आधुनिक विज्ञान जो ज्ञान स्थापित करता है वह परम्परागत बौद्ध दृष्टि से ज्ञान है? प्रज्ञा है?

इसकी परीक्षा करें तो देखेंगे कि आधुनिक विज्ञान और टेकनॉलॉजी का भी एक प्रकार का अपना शील है। विशेषकर मृषावाद से विरत रहने का। सत्य के प्रति जबर्दस्त आग्रह और आचार के बिना वैज्ञानिक खोज सम्भव नहीं। इसी तरह वैज्ञानिक प्रयोग में भी एक प्रकार की समाधि, ध्यान-भावना, एकाग्रता, एकचित्तता है। किन्तु यह चित्त मात्र का व्यापार नहीं है। बाह्य भी है। यह बौद्ध परम्परा-प्राप्त शील, समाधि से भिन्न है, किन्तु है। इसी प्रकार आधुनिक प्राकृतिक और समाज विज्ञानों में प्राप्त ज्ञान-विज्ञान भी परम्परागत बौद्ध दृष्टि से एक सीमित अर्थ में प्रज्ञा हो सकता है। इस तरह यह संसार के यथाभूत ज्ञान में सहायक हो जाता है। इतना तो दोनों में सामान्य है। फिर विशेष- विशेष तो दोनों का भिन्न-भिन्न है। आधुनिक विज्ञान और टेकनॉलॉजी की विद्या और कला ने उत्पादन के साधनों का अभूतपूर्व विकास किया है। इसने औद्योगिक उत्तर में लोक यात्रा के निर्वाह की, जीवन-स्तर को उन्नत बनाने की अपूर्व भौतिक सामग्री उपलब्ध करायी है। यह समृद्धि अपने आप में एक चीज है। दरिद्रता से बढ़कर कोई पाप नहीं। स्वेच्छया अपनायी हुई गरीबी तो साधना है। किन्तु बलात् थोपी गरीबी अभिशाप है। जिसके पास साधन नहीं, उसके पास धर्म, विद्या और शान्ति नहीं। किन्तु पश्चिम में जहाँ भौतिक, बाह्य का इतना विकास हुआ है वहाँ अन्तर, आत्म, अध्यात्म का उतना विकास नहीं। इस दृष्टि से अध्यात्म विद्या का योग तन्त्र का सिर्फ परम्परागत बौद्धों के लिए नहीं, मनुष्य मात्र के लिए बल्कि प्राणि-मात्र के लिए उपयोग है।

बौद्ध परम्परा में यह शील काल है। इस साधना काल में प्रज्ञा, समाधि के साथ-साथ शील का अन्तःसम्बन्ध वस्तुओं और सेवाओं के प्रचुर उत्पादन से जुड़े तो मानव कल्याण हो। विशेषकर प्राणि-हिंसा से विरत रहने का शील, काम, मिथ्याचार से विरत रहने का शील, और सुरा आदि पान से विरत रहने का शील। रास्ता क्या है? आधुनिक काल से विज्ञान-टेकनॉलॉजी ले लें, प्राचीन बौद्ध परम्परा से शील ले लें, दोनों का मिलाकर एक मिश्रण बनाएँ, और उस पर से प्राणि मात्र का कल्याण हो, ऐसा सरल मार्ग नहीं। विज्ञान और टेकनॉलॉजी से शील का आन्तरिक, अटूट अद्वय सम्बन्ध स्थापित हो। यह शायद एक नये परिपाक में सम्भव है।

फिर, तिब्बती बौद्ध परम्परा में जो प्राचीन-नवीन का, ञिङमा, सरमा का द्वन्द्व है वह आज की दृष्टि से बुनियादी नहीं। आज बुनियादी द्वन्द्व प्राचीन बौद्ध सहित समस्त प्राच्य, आध्यात्मिक परम्परा का; और आधुनिक, पाश्चात्य भौतिक परम्परा का है। ज्ञातव्य है कि तिब्बत में बौद्ध सम्प्रदायों का काल, देश, शिक्षा की दृष्टि से अनेक प्रकार का विभाजन है। इनमें से ञिङमा अर्थात् प्राचीन और सरमा अर्थात् नवीन का भेद प्रमुख है। प्राचीन काल से आचार्य स्मृतिज्ञान तक बौद्धतन्त्र का जो विकास तिब्बत में हुआ वह ञिङमा कहलाता है। फिर, लोचावा रिनचेन् जङ्पो (१०वीं शती) के बाद से जो तन्त्रों का तिब्बत में अनुवाद हुआ उसके बाद का काल सरमा। इसके अन्तर्गत हैं–करग्युद-पा, साक्या-पा, गेलुक-पा। इस प्रकार जो तिब्बती परम्परा का नया भी है, सरमा-पा है वह भी प्रायः १,००० वर्ष पुराना है। इन सम्प्रदायों में मौलिक भेद नहीं, एकता है। इस दृष्टि से, सम्प्रदाय शास्त्र का अध्ययन-अनुसंधान भी हो, किन्तु प्रधानता मूल शास्त्र की हो सो ही सम्यक् है।

•

हिमालयी संस्कृति : समस्याएँ एवं सम्भावनाएँ *

१. हिमालय की संस्कृति और प्रकृति एक-दूसरे पर निर्भर है। प्रकृति अगर गन्दी होती है तो संस्कृति, और संस्कृति अगर गन्दी होती है तो प्रकृति। प्रकृति अगर साफ और शान्त है तो संस्कृति, और संस्कृति अगर साफ-सुथरी है और शान्त है तो प्रकृति। इसलिए हिमालयी संस्कृति की पहली समस्या तो हिमालय की प्रकृति और पर्यावरण की रक्षा की है। इस पर कुछ ध्यान गया है, जो जरूरी है मगर काफी नहीं। इस पर फैशन के तौर पर नहीं, असली काम की जरूरत है। इस दिशा में गढ़वाल हिमालय में श्री सुन्दरलाल बहुगुणा का काम, या हिमालय पार लदाख इकॉलॉजिकल ग्रुप का काम दिशासूचक हो सकता है।

२. संस्कृति की यहाँ कामकाजी परिभाषा लेकर चलें। वैसे तो मनुष्य का जो खास तौर-तरीका है, सोच है, संस्था, रीति-रिवाज, काम करने का ढंग, भाषा, कला वगैरह है, जो संस्कार है वह सब संस्कृति के अन्दर है। लेकिन यहाँ विशेषरूप से हिमालयी धर्म, अर्थ, और भाषा, कला को लेकर बातचीत की जाये तो कुछ नतीजा निकल सकता है, अन्यथा नहीं।

३. हिमालय का धर्म क्या है? जाहिर है हिमालय कोई बौद्ध या हिन्दू शैव या शाक्त या वैष्णव, या ईसाई नहीं है। हालाँकि ये संगठित विश्वधर्म हिमालय में हैं। किन्तु हिमालय तो हिमालय है। ज्यादा करके हिमालय में मन्त्र और देवता का जोर है। जैसे अरुणाचल प्रदेश में तो धर्म वालों से गैर-धर्म वालों की संख्या कहीं अधिक है। धर्मों में हिन्दू, बौद्ध, ईसाई सब मिला लें तो भी जो किसी

* 'हिमालयी संस्कृति : समस्याएँ एवं सम्भावनाएँ' विषयक परिसंवाद, शिमला, ३-७ अक्तूबर, १९८९ में प्रस्तुत पर्चे का प्रारूप।

संगठित विश्वधर्म के माननेवाले नहीं हैं उनकी संख्या अधिक है लेकिन ये अधार्मिक नहीं हैं। ये प्रकृति पूजक हैं, या एक किस्म के प्रकृतिवादी हैं। जो धर्मों के संगठित दायरे में हैं उनमें भी परतों पर परतें हैं। जैसे काठमांडो घाटी में बुंगद्यः नामक आदि देवता है। उस पर से जब काठमांडो घाटी में बौद्ध धर्म का प्रवेश हुआ तो अवलोकितेश्वर का रूप दिया गया। जो पूजा पाठ है, स्तुति है, मन्त्र है वह प्रधान रूप से अवलोकितेश्वर का है। अवलोकितेश्वर जो बौद्ध देव परिवार में करुणा के देवता हैं। इसका ही संक्षेप लोकेश्वर बुंगद्यः के साथ पहले जुड़ा। फिर जब काठमांडो घाटी में शायद गोरखा राज आया या गोरख पंथ आया, जो भी क्रम रहा हो, तो इस पर मत्स्येन्द्रनाथ भी बैठा दिये गये। अब यह पूरा देव संकुल बुंगद्यः-लोकेश्वर-मत्स्येन्द्रनाथ है। यह प्रतीक है हिमालयी धर्म और संस्कृति का।

४. इस पुराने जमाव पर नये का प्रभाव पड़ रहा है। हिमालय की शाश्वत बर्फ पिघल रही है। और दुनिया की तेज हवाओं का झोंका हिमालय की कोख में पहुँच रहा है। वैसे तो परिवर्तन सर्वं-सर्वत्र-सर्वदा होता रहता है, हिमालय में भी। किन्तु पिछले तीस-चालीस वर्षों में परिवर्तन की गति तेज हो गयी है। जितना हेर-फेर हिमालय में शताब्दियों में नहीं हुआ उतना प्रायः पिछले तीस वर्षों में हुआ है। इस परिवर्तन के हेतु-प्रत्यय प्रायः बाह्य राजनीतिक अधिक हैं। या कम-से-कम इन्हीं रूपों में प्रगट हुए हैं। हिमालयी सीमान्त अब धर्म राज्य नहीं। हिमालयी सीमान्त की जब हम चर्चा करते हैं तो हिमालय के दोनों ओर बसे राज्य और समाज की करते हैं। हिमालय के उत्तर तिब्बत शताब्दियों से धर्म का द्वीप रहा है। हिमालय के ऊँचे पहाड़ी-लिंगों में, द्वीपों में, धर्म का ध्वज फहराता रहा है। लदाख से लगाकर अरुणाचल प्रदेश तक ऊपरी हिमालय की यही कथा रही है। किन्तु १९४९ में चीन के कम्युनिस्ट हो जाने के बाद जैसे प्रतिशोध के भाव से चीन ने १९५० में ही तिब्बत पर अपना जाल फेंका और १९५९ तक तो यह फन्दा इतना कस दिया कि परम पावन दलाईलामा के नेतृत्व में तिब्बती संस्कृति और अस्तित्व की रक्षा के लिए जो प्रायः ६० हजार संवेदनशील लोग थे, उन्हें हिमालय के दुर्गम रास्तों और बियाबानों को पार कर तवाङ्, सेला, बोमडिला, तेजपुर होकर भारत आना पड़ा। यह आधुनिक इतिहास

की एक जबरदस्त त्रासदी है। हिमालयी संस्कृति को स्वयं अपनी मूल भूमि से उखाड़ दिया गया। यह फिर भारत में जमी। किन्तु हिमालयी धर्म संस्कृति की दृष्टि से तो तिब्बत मध्य देश है, भारत प्रत्यन्त देश। इतिहास में कभी भारत मध्य देश या हिमालयी सीमान्त प्रत्यन्त देश था। किन्तु जैसे चक्र पूरा घूम गया है। हिमालयी धर्म, दर्शन, साहित्य, साधना, चित्रकला, आयुर्वेद सबका मूल भारत होते हुए भी अपने मूल में यह शताब्दियों से लुप्त-प्राय है। हिमालय में जैसे बर्फ के घर में यह सुरक्षित पड़ी रही। धर्म, दर्शन, साहित्य, योगतन्त्र की परम्परा तो हिमालय में ही, विशेषकर तिब्बत में जीवित जाग्रत थी। अब यह बर्फ ताप से पिघल रही है। हिमालय के पार उत्तर में धर्म का राज नहीं, अधर्म का राज है, कम्युनिज्म में धर्म के लिए गौरवपूर्ण स्थान नहीं है। बिलकुल नहीं है, सिद्धान्त की दृष्टि से, यह कहना सही नहीं है। किन्तु पहले-पहले उन्माद में तो जैसे धर्म का विरोध ही कम्युनिज्म-सोशलिज्म है। जो हो, उस पार सद्धर्म नहीं, इस पार हिमालय के राज्य संविधान की दृष्टि से धर्म-निरपेक्ष है। व्यवहार में, प्रधानरूप से ब्राह्मण धर्म है और अत्यन्त अल्पसंख्यक रूप से श्रमण-बौद्ध, जैन। अल्पसंख्यकों में भी संख्या के बल पर मुसलमान का तो फिर भी अल्प स्थान है। ईसाइयत का असर पाश्चात्य प्रभाव के चलते है। किन्तु बौद्ध, जैन और हाल-हाल तक सिक्ख को तो जैसे हिन्दू धर्म की एक शाखा ही मानने का आग्रह रहा है और जो धर्मों के बाहर हैं, हिमालय और विन्ध्य के जंगलों में बसे हैं, वे आदिवासी तो जैसे जंगली हैं, कुछ गिनती में नहीं हैं, हालाँकि वे अनुसूचित जनजाति कहे जाते हैं, लेकिन जैसे उनकी कोई सूचना ही नहीं। वे अनाम, अव्यक्त मांस पिण्ड भर हैं। जो दृष्टि में नहीं हैं तो मानो सृष्टि में नहीं हैं। इन आदिम संस्कृतियों की जो व्यथा है वह तो अगम अबूझ है। वह तो जैसे कही-सुनी ही नहीं जा रही है। सिर्फ कुछ खोजियों के बखान में है और कुछ पार्लियामेंट, असेम्बली की सीटों और नौकरियों में। संस्कृति के ऐटलस में ये जैसे हैं नहीं। जो हो, हिमालय में धर्म और संस्कृति के पीछे अब दोनों ओर राज्य शक्ति नहीं है, दण्ड शक्ति नहीं है। इसलिए धर्म अरक्षित है।

अब अगर हिमालयी धर्म और संस्कृति का यह संक्षिप्त रेखांकन सही है तो इससे कई एक समस्याएँ निकलती हैं। एक तो यही कि अगर हिमालयी प्रकृति और संस्कृति में विकृति आ रही है तो इसे कौन रोक सकता है, जैसे ठेकेदारी के

लोभ और लालच को कौन थाम सकता है? 'टूरिज्म' की कमाई के लालच में चलते जो स्थानीय संस्कृति पर आक्रमण हो रहा है उसका कौन प्रतिकार कर सकता है? जो सांस्कृतिक धरोहर चोरी हो रही है उस पर कौन निगरानी कर सकता है? और इससे भी ज्यादा गहरे अर्थ में युवा-युवतियों के चित्त में जो अनास्था आ रही है, जो आस्था हिल गयी है उसे कौन दृढ़ कर सकता है?

५. एक सीधी समस्या तो यह है कि पहले हिमालय पार के विद्यार्थी तिब्बत पढ़ने जाते थे। हिमालयी बौद्ध धर्म और दर्शन का अध्ययन तिब्बत गये बिना सम्भव न था। तिब्बत की भूमि पर पाँव रखे बिना उसका मान भी न था। तिब्बत में कम्युनिस्ट चीन के कब्जे के बाद विशेषकर वर्ष १९५९ में परम पावन दलाई लामा जी के निष्क्रमण के बाद अध्ययन के लिए तिब्बत जाने का क्रम भंग हो गया। अब इसके विकल्प के रूप में लदाख में युवा लामाओं के अध्ययन के लिए एक स्कूल खुला। सारनाथ में केन्द्रीय उच्च तिब्बती शिक्षा संस्थान की, गंगटोक में नमग्यल इंस्टिट्यूट की स्थापना हुई। कर्नाटक राज्य में तिब्बती बस्ती बसने के साथ, १९६० के दशक में तिब्बत के परम्परागत विहार विश्वविद्यालय सेरा, ड्रेपुंग, गदेन फिर से काम करने लगे। फिर भी, वे जैसे असल की नकल हैं। तिब्बत के विहारों में जो बीस-पचीस वर्षों तक निरन्तर पाठ, पूजा, ध्यान भावना होती थी उसकी और इसकी कोई तुलना नहीं। अब इस अभाव का पूरण कौन कर सकता है?

६. हिमालय की पुरानी दुनिया नष्ट हो गयी। नयी मिली नहीं। इसलिए एक रिक्तता, अभाव या अवसाद हिमालय में सब दूर है। आर्थिक दृष्टि से, हिमालय के पार से, तिब्बत से ऊन पशमीना, भेड़, बकरा, नमक, सुहागा इत्यादि इस पार आता था। इस पार से, भारत से अनाज, चाय, चीनी, गुड़, रेशमी, सूती कपड़ा इत्यादि तिब्बत जाता था। लदाख से लगाकर अरुणाचल तक दो दर्रों से होकर यह आवागमन था। दोनों ही ओर मण्डियाँ थीं। मौसमी मेले थे। इनमें व्यापारी आते थे। व्यापार करते थे। ये मित्र होते थे। यहाँ से माल इकट्ठा कर छोटी-छोटी पोटलियों में बकरे-बकरियों पर लादकर गर्मियों में ऊपर जाते थे, सर्दियों में नीचे उतरते थे। यह अन्तर्हिमालय व्यापार इन इलाकों में समृद्धि और जिन्दगी का बड़ा कारण रहा है। जैसे, हिन्दुस्तान-तिब्बत रोड पश्चिमी हिमालय की जीवन रेखा रही है। अब यह

टूटी-फूटी है। कुछ दूर तक नयी 'बॉर्डर रोड' इसकी जगह आ गयी है। यह चीनी आक्रमण के बाद प्रतिरक्षा की जरूरतों के चलते बनी है। जबकि पुराने गाँव कालपा, पंगी, जङ्गी, कानम आदि पुरानी हिन्दुस्तान तिब्बत रोड पर हैं। अब वे आकाश में सूली पर टँगे हुए लगते हैं। नीचे की सड़क पर बस अड्डा और चाय और बिसाती की दुकानें हैं। गुजरते हुए यात्री के लिए ये ही उन गाँवों के नाम से जाने जाते हैं। यह नाम-रूप का झगड़ा मात्र नहीं है, पूरा जीवन का छन्द टूट गया है। जो आदमी तिब्बत से व्यापार करते थे, हरकत में थे, वे सब बूढ़े होकर गुजर रहे हैं, और नये प्रायः कुछ नहीं कर रहे हैं। छंग और घंटी पीते हैं और ताश और जुआ खेलते हैं। स्त्रियाँ ही प्रायः घर-बाहर का काम करती हैं। मर्द कुछ कठिन काम करते हैं, जैसे खेत जोतना। लेकिन बहुतों के लिए कोई रोजगार-धन्धा नहीं है, सिवा सरकारी नौकरी के या पलटन में भरती होने के। इससे वे दूर चले जाते हैं। मनीऑर्डर भेजते हैं। एक तरह की मनीऑर्डर की अर्थव्यवस्था पनप रही है। घर के बर्तनों में 'प्रेशर कुकर', थर्मस वगैरह भी बाहर की कमाई से जुड़ गये हैं। पुराने कांसे और पीतल के भारी बर्तनों की जगह स्टेनलेस स्टील के बर्तन आ गये हैं। तिब्बती नमक की जगह सफेद, पिसा नमक आ गया है। पहले तो इसे पशु भी नहीं खाते थे। अब अभाव में खाते ही हैं। कपड़े भी पुरानी पट्टी के चोला जैसे थे या छुबा। इनकी जगह कोट-पैंट आ गयी हैं। स्त्रियों की वेश-भूषा भी बदल रही है। कम ऊँचाइयों पर तो सयानी स्त्रियाँ साड़ी पहनने लगी हैं, लड़कियाँ सलवार कुर्ता। जो पुरानी कढ़ाई-बुनाई थी वह नष्ट नहीं हुई है, लेकिन उनकी जगह लुधियाना या कलकत्ता की होजरी के सपाट शॉल, स्वेटर, मोजा आ रहा है जबकि पुरानी डिजाइन और बुनाई का तो कोई जवाब नहीं। हैंडीक्राफ्ट को कुछ सरकारी संरक्षण मिला है। इससे यह नष्ट होने से तो बच गया। लेकिन व्यावसायिक नकली माल अच्छे माल को जैसे बाजार से खदेड़ रहा है। जैसे खोटा सिक्का अल्पकाल में खरे सिक्के को बाजार से खदेड़ देता है।

७. भाषा की दृष्टि से हिमालय में अस्त-व्यस्तता है। ऊपरी हिमालय में लदाख से अरुणाचल तक धर्म की भाषा भोटी (तिब्बती) रही है। यह प्रशासन की भाषा रही है। इस नाते ऊपरी हिमालय के इस पार-उस पार समझी जाती है। लदाख

के लामा अरुणाचल प्रदेश में तवाङ्, सेला और वोमडिला में गाँव में सीधे बात कर सकते हैं। बोलियाँ अलबत्ता अलग-अलग रही हैं। जैसे पहाड़ के एक लिङ् या द्वीप में एक बोली तो दूसरे में दूसरी, या नदी के इस पार, उस पार बोली में, उच्चारण में अन्तर है। किन्तु मानक (स्टैण्डर्ड) साहित्यिक भाषा के रूप में भोट भाषा रही है। अब अंग्रेजी और हिन्दी इसकी जगह ले रही है या इसको खिसका रही है किन्तु यह दफ्तर या बाजार की अंग्रेजी या हिन्दी शास्त्रीय भोट भाषा की जगह नहीं ले सकती। शास्त्रीय भोट तो संस्कृत और पालि प्राकृत सरीखी है। पश्चिमी हिमालय में श्रीनगर और पंजाब के प्रभाव से बाजार में और स्कूल में उर्दू का भी चलन रहा है। अब भी वह चलता जाता है। जैसे लदाख में स्कूल में भाषा और गणित और लिपि में अरबी-उर्दू तौर-तरीका चलता है पंजाब की पहाड़ी रियासतें 'पंजाब हिल स्टेट्स' होने के कारण लाहुल-स्पीति, किन्नौर आदि जिलों में भी उर्दू पढ़ाई जा रही है। इसने परम्परागत भोट भाषा, लिपि को दूसरे दर्जे का बना दिया है। अब वह राजनीतिक स्थिति नहीं है फिर भी पुरानी लत के कारण उर्दू का आग्रह है। भोट भाषा के अपरिचय के कारण सरकारी कर्मचारी इसे लागू करने में रुकावट डालते हैं। कहते हैं कि यह एक साम्प्रदायिक मांग है, लोग नहीं चाहते, मजहबी, पुराण-पंथी लोग इसे उठाते हैं। इस नाम पर वे अपनी अभ्यस्त उर्दू को दूसरी जुबान के नाम पर चलाना चाहते हैं। अंग्रेजी का ज्ञान चाहे जितना कम क्यों न हो उसका दबदबा है, अंग्रेजी कान्वेंट जैसे स्कूलों में पढ़े लड़के-लड़कियों का और उनके माता-पिता का एक अलग वर्ग ही है जो अपने बड़प्पन के घमण्ड में है। उनके लिए तो हिन्दी या भोटी दूसरे दर्जे की देहाती जुबान है। इससे उन्हें जैसे परहेज है। भोटी तो पढ़ते ही नहीं। हिन्दी को भी अंग्रेजी की तरह चबा-चबाकर बोलते या जानकर भी नहीं बोलते हैं। स्कूलों में एक भोटी टीचर रखा है लेकिन उसका कोई दर्जा नहीं। उतना खास काम भी नहीं। पढ़ाई में घण्टे भी कम हैं, और महत्त्व भी। लाहुल-स्पीति और किन्नौर में इसे लागू कराने की कोशिश हो रही है। एक सरकारी कमेटी ने इसकी सिफारिश भी कर दी है। किन्तु जैसे प्याले और ओठ के बीच कहीं भी चाय गिर पड़ सकती है, वैसे ही इसकी पढ़ाई भी। भाषा, लिपि के अपरिचय से उनकी बहुमूल्य पोथियाँ बस्तों में बन्द पड़ी हैं। और ग्रन्थ लुप्त हो रहे हैं। और नयी

पीढ़ी के लड़के-लड़कियाँ अपनी परम्परा से कटते जा रहे हैं। कहीं तो यह कुतर्क भी चलता है कि तिब्बती तो विदेशी भाषा है। इसे पढ़ाएँगे तो चीन आ जायेगा। दावा करेगा कि यह तिब्बती भाषी क्षेत्र है। और तिब्बत चीन का है। इसलिए यह इलाका भी चीन का है। जबकि भोट लिपि तत्कालीन भारतीय लिपि के आधार पर बनायी गयी। इसमें बुद्धवचन और संस्कृत मूल शास्त्र के ग्रंथ और टीका ग्रंथ, कन्युर (बुद्ध-वचन) तन्युर (शास्त्र-वचन) लिखे हुए, हिमालय में, सब दूर सुरक्षित हैं। लेकिन ये दोनों वेष्ठनों में लपेटे हुए पड़े रहते हैं। कभी इन्हें धूप, दीप दिखाते हैं। लेकिन प्रायः पढ़ते नहीं। फिर, जैसे जर्मन भाषा जर्मनी के अलावा पोलैंड, स्विट्ज़रलैंड आदि में भी बोली जाती है इसलिए क्या जर्मन भाषी इलाकों में कोई स्विस सरकार या जनता यह कह सकती है कि यहाँ बोलने से जर्मनी आ जायेगा। भाषा की सीमा तो राजनीतिक सीमा के परे भी जाती है और यह भाषा की ताकत है। कमजोरी नहीं। इसलिए भोट भाषा की इस शक्ति को पहचान कर इसे ऊपरी हिमालय में शिक्षा और शोध में इसको उचित स्थान मिलना ही चाहिए। बोलियों की अपनी जगह है लेकिन यह भाषा का स्थान नहीं ले सकतीं। इसलिए बोली की आंचलिकता से ऊपर उठकर इस सम्बन्ध में व्यापक रूप में सोचना-बरतना जरूरी है। स्कूलों में पढ़ाई और विश्वविद्यालयों में शोध कार्य में भोटी को स्थान मिले, यह उचित ही है।

८. भारतीय संस्कृति की दृष्टि से गंगा-यमुना का इलाका तो मध्य देश माना जाता है। हिमालय प्रत्यन्त देश। इस दृष्टि से यह कहा जाता है कि हिमालय की प्रत्यन्त संस्कृति को संस्कृति की मुख्य धारा से जुड़ना चाहिए। मध्य देश और मुख्य धारा से जुड़े बिना इसकी गति नहीं। लेकिन संस्कृति में ऐसी मुख्य धारा नहीं। न ही संस्कृति में एक का दूसरे पर आधिपत्य और आरोपण शुभ है। भारतीय संस्कृति की विशेषता है विविधता। एकता तो इसमें गुँथी हुई है। लेकिन इस पर एकता बाहर से थोपी नहीं जा सकती। यह न सम्भव है, न श्रेयस्कर। इसलिए हिमालय की संस्कृति को मध्य देश की संस्कृति में नत्थी करने का कोई अर्थ और औचित्य नहीं है, बल्कि यह हिमालय की विरासत को, मनुष्य जाति की श्रेष्ठ विरासत को नष्ट करने जैसा है। उदाहरण के लिए, लदाख की संस्कृति

ठेठ वैष्णव दृष्टि से या तो देवों की संस्कृति है, या म्लेच्छों, व्रात्यों की है। वैष्णव स्नान, छुआछूत और कर्मकाण्ड तो लदाख सहित ऊपरी हिमालय में चल नहीं सकते। यह तो मृत्यु का कारण बनेंगे न कि जीवन का धारण कर सकेंगे। हाँ, यह देश से बिल्कुल कटे हुए भी नहीं हैं। देश में इनके केन्द्र भिन्न अवश्य हैं। जैसे काशी नहीं, वाराणसी। ऋषिपत्तन मृगदाव का हिरण और चक्र सारे बौद्ध विश्व में हैं। हिमालय में गोनपा में शीर्ष पर चक्र और दो हिरण जो लिखा हुआ है वह तो सारनाथ में हुए धर्मचक्र प्रवर्तन का ही सूचक है। ऐसे ही गया का विष्णु पद नहीं, बोध गया सभी हिमालयी बौद्धों का तीर्थ है। जैसे कि लुंमिनि और कुसीनारा (कुशीनगर, कसया) है। गर्मियों में सारे देश से तीर्थयात्री विशेषरूप से उत्तराखण्ड के चारों तीर्थों में–गंगोत्री, जमनोत्री, बद्रीनाथ, केदारनाथ–की तीर्थयात्रा करते हैं। अब टूरिस्ट भी आते हैं। सर्दियों में बड़ी संख्या में हिमालय से तीर्थयात्री इन नित्य तीर्थों में आते हैं। लेकिन हम इन्हें पहचानते नहीं। तिब्बती या भोटिया समझते हैं। ज्यादा करके इन्हें स्वेटर या शॉल बेचने वाला और माला फेरने वाले भोटिया मानते हैं। तो यह पहचान और प्रीति तो परस्पर होती है, या नहीं होती। मैदानी इलाकों से आने वालों पर कालचक्र के अभिषेक में बोध गया में १९८६ में कोई टैक्स नहीं लगता था। हिमालयी लोगों से टैक्स वसूला जाता था। तो क्या यह कोई परदेश से आने वाले लोग हैं? और अगर परदेशी हैं, अपरिचित हैं तो फिर इनसे हमें या उन्हें हमसे क्या लेना-देना है? तो विविधता के सौन्दर्य को मानकर उनमें निहित एकता को महसूस करना है, न कि एकता को आरोपित करना। जहाँ तक एकता है सो तो ठीक है। लेकिन जहाँ एकता नहीं भिन्नता है वहाँ भिन्नता को देखना और स्वीकार करना ही श्रेयस्कर है। आरोपण अनावश्यक, बल्कि एक हद के बाद साफ तौर पर नुकसानदेह है। असल में तो हिमालय अपनी ऊँचाई के चलते प्राकृतिक रूप से श्रेष्ठ साधना और जीवन-चर्या का, सौन्दर्य और शान्ति का घर है। भारत सहित संसार की समस्त संस्कृतियों के लिए इसके पास बहुमूल्य विरासत सुरक्षित पड़ी है। धर्म, दर्शन, योगतन्त्र, आयुर्वेद, ज्योतिष, शब्द और हेतु जैसी लौकिक-आध्यात्मिक विद्याएँ और कलाएँ यहाँ शताब्दियों से सुरक्षित हैं। अब संचार और सड़क के साधनों के पहुँचने से, 'टूरिस्ट' और टी. वी. के आक्रमण से यह नष्ट

होने के कगार पर हैं। समस्या इन्हें कहीं किसी मध्यदेशीय खूँटे से बाँध देने की नहीं है। इनकी विशिष्ट संस्कृति के संरक्षण और संवर्धन और संशोधन की है। अब यह अपने प्राचीन रूपों में जस-की-तस, अलग-थलग तो नहीं रहने वाली है। यहाँ भी सड़क और संचार के साधनों के जरिये दुनिया की हवा पहुँच रही है। इन हवाओं को रोकना न तो सम्भव है न श्रेयस्कर। लेकिन इन हवाओं में पाँव उखड़ जाएँ तो फिर रोहतांग दर्रे पर संस्कृति का शव ही शव रह सकता है। जीवन और स्पन्दन नहीं, और रोहतांग के पार जाना-आना नहीं। और जीवन ही नहीं, अपना अस्तित्व नहीं, अस्मिता नहीं तो संस्कार या संस्कृति कहाँ?

९. तो संक्षेप में हिमालयी संस्कृति के ये प्रश्न सूझते हैं। ये पुराने भी हैं और नये भी। इन प्रश्नों को यथाभूत, यानी जस-का-तस देखने से इनके समाधान भी इनमें से उगते हैं। इनके कोई गढ़े-गढ़ाये नुस्खे या नमूने नहीं। कम-से-कम मेरे पास तो हरगिज नहीं। और एक नुस्खा है भी नहीं। ये तो इतने ही विविध हैं जितने कि हिमालय के भिन्न-भिन्न क्षेत्र और संस्कृतियाँ, समस्याएँ, सम्भावनाएँ। जैसे ये भिन्न-अभिन्न हैं वैसे ही इनके समाधान या असमाधान। क्योंकि एक हद के बाद तो भव, होना ही दुःख है, वह अकारण नहीं, और निर्वाण है, और उसका मार्ग है किन्तु मार्ग और निर्वाण का कोई निश्चित तार्किक क्रम नहीं है।

•

हिमालय का अनुभव *

लोहिया स्मारक व्याख्यानमाला में हिमालय के बारे में कुछ बातचीत के निमन्त्रण के लिए लोहिया स्मारक न्यास का, विशेषकर बदरीविशाल जी का हृदय से आभारी हूँ।

हैदराबाद में बोलते हुए डॉक्टर साहब की अनेक स्मृतियाँ जाग्रत हो रही हैं। शायद आप में से अनेक मित्रों को यह पता है कि उनका और हम लोगों का एक परिवार का जैसा सम्बन्ध था। यह रिश्ता मैं कोई अपनी ओर से नहीं जोड़ रहा हूँ। १९५७ के सविनय अवज्ञा आन्दोलन के सिलसिले में डॉक्टर साहब ने अपनी गिरफ्तारी दी और लखनऊ जिला जेल में वे लाये गये। मैं अपने अनेक साथियों के साथ सार्वजनिक स्थानों से अंग्रेज शासकों की, महारानी विक्टोरिया की मूर्ति तोड़ने के तथाकथित अपराध में १९ महीने की सख्त कैद काट रहा था। इस सिलसिले में वाराणसी से रायबरेली जेल होता हुआ पहले से लखनऊ जिला जेल में था। वहाँ अन्य विशिष्ट जनों के अलावा आचार्य कृपलानी डॉक्टर साहब से जेल में मिलने आये। कुछ कारणवश कृपलानी जी और लोहिया जी की भेंट न हो सकती थी। तो डॉक्टर साहब ने मुझे अपनी ओर से सारी स्थिति बता देने को भेजा। तब तक आचार्य कृपलानी जा चुके थे। मुझे थोड़ा भ्रम था। उन दिनों लखनऊ में एक पत्रकार कृपलानी हुआ करते थे। मैं सोच रहा था कि शायद वे ही मिलने आये हों। जेल में संचार का क्रम टूटा ही रहता है। किन्तु डॉक्टर साहब ने कहा कि यह तो दादा ही होंगे। फिर उन्होंने बताया कि उनका और कृपलानी जी का एक परिवार जैसा सम्बन्ध है, जैसे उनका और मेरा। तो जब सम्बन्ध

---

* राममनोहर लोहिया समता विद्यालय न्यास के तत्वावधान में आयोजित 'लोहिया स्मृति व्याख्यानमाला', हैदराबाद में २७ दिसम्बर, १९८६ को दिये गये व्याख्यान का प्रारूप।

इतना निकट का हो तो फिर बहुत-सी दो-रसी बातें रहती हैं। उनमें से कई एक हैदराबाद से भी जुड़ी हैं। उनके अनेक साक्षी भी यहाँ उपस्थित-अनुपस्थित हैं। किन्तु यह मात्र लोहिया स्मरण गोष्ठी नहीं है। लोहिया संस्मरण का एक अलग क्रम हो सकता है। आज की प्रदर्शनी और बातचीत का विषय 'हिमालय का अनुभव' है। इसलिए अब उसके बारे में।

वैसे हिमालय और लोहिया का सम्बन्ध भी उतना ही घनिष्ठ रहा है। १९५० की दहाई में उन्होंने दिल्ली में हिमालय बचाओ सम्मेलन किया था। उसी क्रम में एक हिमालय नीति का प्रतिपादन भी। फिर अक्टूबर, १९६२ में जब चीन ने भारत की उत्तरी सीमाओं पर हमला किया तो उनका हिमालय प्रेम बड़े ही उत्कट रूप में प्रकट हुआ। इसी सिलसिले में उन्होंने यह कहा कि सीमा तो चमड़ी की तरह होती है। अगर स्पर्श की संवेदना खत्म हो जाये तो यह मृत्यु है। फिर सीमा या तो तीर्थ होती है या युद्ध-स्थल। डॉक्टर साहब का प्रायः सारा जीवन एक राजनीतिक विपक्ष के नेता के रूप में बीता। इसलिए इस बारे में उनका स्वर प्रधान रूप से राजनीतिक था। हिमालयी सीमा के युद्ध-स्थल वाले पक्ष से ज्यादा जुड़ा हुआ। किन्तु अन्दर-अन्दर तीर्थ वाली धारा भी बहती थी। अन्तःसलिला नदी की तरह। ऊपर-ऊपर जैसे रेत ही रेत है, किन्तु अन्दर-अन्दर जल की निर्मल रसवन्ती धारा भी।

लोहिया जी हिमालय में अपनी राजनीति से छुट्टी लेकर बीच-बीच में रमे रहते थे। उत्तराखण्ड के तो चारों तीर्थों में गये थे। वहाँ यथेष्ट दक्षिणा भी देते थे। पंडों की बही में अपना हस्ताक्षर भी करते थे। रमा जी ने मुझे बताया कि गंगोत्री में अपने हस्ताक्षर के बाद उन्होंने एक रेखा खींच दी। यह अब अन्त है। अलम् है। शारीरिक भौतिक रूप से तो एक प्रकार से उनके देहान्त के बाद यह रेखा खिंच ही गयी। अन्त हो गया किन्तु सूक्ष्म, आध्यात्मिक, आन्तरिक रूप से लोहिया की वंश परम्परा का उच्छेद नहीं हुआ। राजनीति और संस्कृति के अनेक क्षेत्रों में और क्षणों में उनका अनायास स्मरण हो जाता है। मुझे और आपको ही नहीं उनके माने हुए विरोधियों और उनके वंशजों को भी। यह व्याख्यानमाला भी, जैसे कि अनेक पुस्तकों के सम्पादन, प्रकाशन, उनकी विचार परम्परा के जीवित जाग्रत रहने के सूचक सरीखे हैं।

मेरा विनम्र स्वर लोहिया जी के मूल स्वर से किंचित् भिन्न है। यह प्रधान रूप से

सांस्कृतिक, आध्यात्मिक किस्म का है। इस मामले में मैं अनेक नाम-अनाम, आगत-अनागत, श्रमणों-ब्राह्मणों की परम्परा का एक नम्र वारिस हूँ। एक अकेला यात्री हूँ। जो एक अर्थ में हजारों साल से, एक सीमित अर्थ में पिछले बीस-पचीस वर्षों से हिमालय में सब दूर भटक रहा है। यह बातचीत एक अकेले यात्री की बतकही जैसी है। इसका कोई बड़ा भारी भरकम अर्थ नहीं है। बस यह कुछ मित्रों के बीच आपसी अन्तरंग चर्चा भर है। इस सिलसिले में मेरे निकट पूर्ववर्ती के रूप में प्रायः महापण्डित राहुल सांकृत्यायन का स्मरण हो आता है। अप्रत्यक्ष रूप में तो मेरा यह काम उन सभी नाम-अनाम या त्रियों से जुड़ा है जो हिमालय में रमे हैं किन्तु प्रत्यक्ष रूप से इसमें मुझे प्रेरित करने का काम पण्डित जगन्नाथ उपाध्याय का है। हिमालय के अनुभवों का बखान करते हुए मैं इन आगत-अनागत सभी का कृतज्ञतापूर्वक स्मरण करता हूँ और यह प्रार्थना करता हूँ कि यह स्मरण मुझमें ऊर्जा भरे जिससे मैं हिमालय का यत्किंचित् बखान कर सकूँ।

हिमालय का बखान करना कठिन है। हिमालय के बारे में मेरा अज्ञान हिमालय जैसा है। प्रायः २५ वर्षों से हिमालय का दरस-परस होता रहा है। लदाख से लगाकर अरुणाचल तक के हिमालय की समय-समय पर यात्रा की है। लेकिन यह कुछ नहीं। हिमालय को जो जितना जानता है उतना ही उसे लगता है कि कितना कम जानता है? शायद हिमालय ही हिमालय को जानता है, या वह भी नहीं। क्योंकि आँख, आँख को कहाँ देख सकती है? उसे खुद को देखने के लिए भी दर्पण चाहिए। तो हिमालय को कितना लम्बा-चौड़ा दर्पण चाहिए? उत्तर-पश्चिम में बलूचिस्तान से उत्तर-पूर्व में बर्मा तक इसकी लम्बाई ५,००० किलोमीटर है। अब अगर इसी आकार का दर्पण हो तो ५,००० किलोमीटर लम्बा दर्पण या आधा हो तो २,५०० किलोमीटर। कम-से-कम चौथाई भी हो तो १,२५० किलोमीटर लम्बा दर्पण।

फिर, हिमालय उतना ही नहीं जितना आँख से दीखता है। यह सिर्फ हिम का घर नहीं। सो तो है ही। किन्तु, यह सभ्यता, संस्कृति, संस्कार का घर है। उनसे परे शान्ति की नर्सरी है। साधना का स्थल है। हिमालय का इतिहास, भूगोल, भूगर्भ, वनस्पति, भाषा, बोली, साहित्य, रीति-रस्म, सैन-संस्कार और सपन, सुख-दुःख यह कौन जान सकता है?

शायद मन। यह जागते में दूर-दूर तक जाता है, सोये में तो और भी दूर। यह

अन्दर-बाहर, आगे-पीछे सब दूर देखता है। इसमें जातीय अनुभव भी छिपा है। अतीत आगत-अनागत भी। ऐसे मन में हिमालय रचा-बसा है। किन्तु वह तो मेरे मन में है। और शब्द हवा में बिखर रहा है। तो अर्थ आप तक कैसे पहुँचे? वह अध्यास कहाँ से आएँ?

हिमालय के लिए एक पुराना शब्द हिमवान् है। हिमवन्त का *ऋग्वेद* में प्रयोग हुआ है। इतनी पुरानी इस शब्द की यात्रा है। *अमरकोश (३.३)* में इसकी व्युत्पत्ति है : *हिमम् अस्य अस्ति इति हिमवान्।* जहाँ हिम यानी बर्फ है वह हिमवान् है। जहाँ हिम आता-जाता नहीं है, रहता है सो हिमवान् है–जैसे धनवान्, रूपवान्।

लेकिन शब्द वह चीज नहीं। नाम की जरूरत है। इसके बिना उसकी पहचान नहीं। किन्तु नाम वह रूप नहीं। पद वह पदार्थ नहीं। अन्यथा हिमालय, हिमवान्, हिमवन्त, हिमवत वगैरह कहने से ही कुछ तो हिम की शीत, सुन्दरता, नीलिमा यहाँ उतरती, सो तो नहीं।

एक हिमाल जात्रा पोखरा से मुक्तिनाथ की पैदल की थी। 'ट्रेकिंग' की थी। एक ओर अन्नपूर्णा हिमाल, दूसरी ओर धौलागिरि हिमालय। दोनों ही प्रायः ८,००० मीटर ऊँचे शिखरों से, मणि-दीपों से मण्डित। कहते हैं जहाँ बर्फ कभी नहीं पिघलती वह हिम खण्ड भी मणि सरीखे हो जाते हैं। दिप्-दिप् दिखते हैं। दीप्तिवान् हैं। सूर्य-चन्द्रमा के उदय के पहले और अस्त के बाद भी जैसे उजियार करते हैं। मणिदीप सरीखे बरते हैं। तो एक ओर अन्नपूर्णा हिमाल और दूसरी ओर धौलागिरि। बीच में काली गंडकी। कृष्णा तीरे। जैसे जन्म और मृत्यु के दो छोरों के बीच यह जीवन यात्रा है, वैसे ही वह हिमाल जात्रा। किन्तु अन्नपूर्णा तो नाम की है। उसमें तो अन्न का, बल्कि ऊँचाइयों पर तो तृण का भी नाम-निशान नहीं। नाम अन्नपूर्णा! तो नाम वह रूप नहीं।

तो हिमालय का रूप क्या है? एस. सी. बोस, *ज्यॉग्रफी ऑफ द हिमालय* (नेशनल बुक ट्रस्ट, नयी दिल्ली, १९७२) के अनुसार सुविधा के लिए इसे तीन हिस्सों में बाँटा जाता है। एक पश्चिमी हिमालय, दूसरा मध्य हिमालय, तीसरा पूर्वी हिमालय। पश्चिमी हिमालय बलूचिस्तान से नंगा पर्वत तक प्रायः १,५०० किलोमीटर है। पूर्वी हिमालय कंचनजंघा से नामचना बरवा तक प्रायः १,००० किलोमीटर। मध्य नंगा पर्वत से कंचनजंघा तक हिमालय प्रायः २,५०० किलोमीटर है। इस प्रकार पश्चिम में बलूचिस्तान से पूर्व में नामचा बरवा तक ५,००० किलोमीटर

लम्बा है।

मैं इसमें थोड़ा संशोधन की अनुमति चाहता हूँ। इस वर्गीकरण में पश्चिमी हिमालय में उत्तराखण्ड भी शामिल है। मध्य में सिर्फ नेपाल है। पूर्व में कंचनजंघा से लगाकर अरुणाचल तक है। मेरा सुझाव है कि भारत में लदाख सहित जम्मू-कश्मीर, हिमाचल प्रदेश के लाहुल-स्पीति और किन्नौर जिले तो पश्चिमी हिमालय में शरीक हैं। उत्तर प्रदेश के उत्तर काशी, टेहरी गढ़वाल, अलमोड़ा, चमोली और पिथौरागढ़ जिले, यह उत्तराखण्ड मध्य हिमालय का अंग है। इसमें कोई क्षेत्रीय अहंकार नहीं। अगर बदरी-केदार, गंगोत्री-जमनोत्री तीर्थ मध्य हिमालय में नहीं हैं तो मध्य क्या है? वैसे भी पश्चिम, मध्य और पूर्व सापेक्ष्य दृष्टि से है, निरपेक्ष नहीं। इसलिए मध्य हिमालय में उत्तराखण्ड और काली से मेची तक नेपाल हिमालय और फिर मेची नदी, कंचनजंघा पर्वत से नामचा बरवा तक सिक्किम, दार्जिलिंग, कलिम्पोंग, भूटान, अरुणाचल प्रदेश यह सब पूर्व हिमालय में है। इस प्रकार अगर दूरियों को ठीक करना हो तो पश्चिम और पूर्व हिमालय, प्रायः १,०००-१,००० किलोमीटर और मध्य हिमालय प्रायः ३,००० किलोमीटर बनता है।

इन दूरियों को दो छोरों पर दो नद बाँधते हैं : पश्चिम, बायें बाजू सिन्धु और पूर्व, दाहिने बाजू ब्रह्मपुत्र। हाँ, उत्तर में सब दूर तिब्बत भी इसकी पहचान है। भोट भाषा में, सिन्धु सेङ्गे अर्थात् सिंह नदी है। पूर्व में ब्रह्मपुत्र साङ्पो तो जैसे नदी का पर्याय है। जैसे करीब-करीब यहाँ गंगा है। गोदावरी दक्षिण की गंगा है। पहाड़ों में जो भी नदी-नाला आता है, वह गंगा है। गंगाजी से जल भर लाओ, कहा जाता है। इस प्रकार उसमें देवतात्मा की प्रतिष्ठा होती है। 'डिविनिटी' उतरती है। ऐसे ही तिब्बती में साङ्पो का जल है। यह लगभग १,२०० किलोमीटर तिब्बत में बह कर नामचा बरवा के पास मुड़ती है, और भारत में प्रवेश करती है। तो मेरा हिमालय सेङ्गे-साङ्पो के बीच बसता है।

कहते हैं तिब्बत में, हिमवत् देश में, चार प्रमुख नदियाँ हैं। अपने-अपने मुख से जानी जाती हैं : सिंह मुखी, घोड़े के मुख वाली, हाथी के मुख वाली और मयूर के मुख वाली मयूरी। इन नदियों में बराबर जल बहता है। जब तिब्बत में पत्र लिखते हैं तो लिखते हैं कि जैसे इन चारों नदियों में जल बराबर बहता है वैसे ही हमारे तुम्हारे बीच पत्र और प्रेम। जैसे यहाँ कहते हैं कि जब तक गंगा-जमुना में धार है तब तक तुम्हारा

सौभाग्य अचल रहे।

इसके अलावा, हिमालय का बँटवारा बाह्य और अन्तर हिमालय के रूप में भी किया जाता है। कभी नंगा पर्वत से नामचा बरवा तक के हिमालय को महा-हिमालय, 'ग्रेटर हिमालय' की भी संज्ञा दी जाती है। हिमालय का मुख्य चाप (आर्क) यही है। इस पर परत-पर-परत पर्वत शृंखला और शिखर हैं। फिर लदाख, तिब्बत आदि को हिमालय-पार, ट्रांस-हिमालय कहा जाता है। यह पहाड़ी रेगिस्तान है। हिमवत् देश है।

एक परम्परागत बँटवारा सूचक है : अन्तःगिरि-बहिःगिरि। अन्तःगिरि वह है जहाँ पर्वत के पार पर्वत है। बहिःगिरि वह है जहाँ पर्वत के पार पर्वत नहीं, मैदान है। अन्तर्गिरि में मैंने कभी यह सुना था कि वहाँ यह विश्वास था कि तीन पहाड़ों के बाद दुनिया का अन्त है। इतना ही उनका संसार है जो तीन पर्वतों से घिरा है।

अरुणाचल प्रदेश में एक भविष्यवाणी सुनी थी। तिब्बती पंचांग के अनुसार अमुक पशु वर्ष में यह पहाड़ फट जाएँगे। साङ्पो उबलने लगेगी। अपनी धारा बदल देगी। चारों ओर जल ही जल हो जायेगा। प्रलय होगा फिर पर्वतों से स्त्री, पुरुष उतरेंगे। मिलकर रोएँगे। फिर जुड़ेंगे। और नयी सृष्टि करेंगे। तो यह अन्तःगिरि। शेष बहिःगिरि।

फिर, धर्म की दृष्टि से धुर उत्तर में, प्रायः १०,००० फीट की ऊँचाई के आसपास और उससे ऊँचे हिमालय में परम्परागत बौद्ध धर्म है। यह महायान बौद्ध धर्म है। इसका मूल देश तो भारत है लेकिन इसका खास परिपाक तिब्बत में हुआ है, यही भारतीय मूल और तिब्बती प्रस्फुटित बौद्ध धर्म लदाख से लेकर अरुणाचल प्रदेश तक की ऊँचाइयों में व्याप्त है। इस पूरे प्रदेश में धर्म की भाषा भोट भाषा है, देव परिवार, पूजा-पाठ, भोजन, भवन, भूषा की शैली सभी तिब्बती प्रकार की है। यह तो उत्तर में है। दक्षिण में प्रायः हिन्दू-शैव, वैष्णव धर्म हैं। जहाँ उत्तर में बौद्ध हैं, जैसे ऊपरी किन्नौर या लाहुल-स्पीति में, या नेपाल में, अरुणाचल प्रदेश में, वहाँ भी निचले स्तर पर हिन्दू धर्म, पूजा-पाठ और संस्कार या उनका अभाव है। पश्चिमी छोर पर कश्मीर में, करगिल में और लदाख में भी मुसलिम धर्म है। इस्लाम का संदेश और शासन भी है।

यह सब विश्व धर्म हिम खण्ड के ऊपरी दिखते अंश हैं। इसका डूबा हुआ, और न उतना डूबा हुआ अंश आदिम है। आदिम रक्त, रीति-रिवाज सभी ऊपरी आवरण के अन्दर असल और जबर्दस्त रूप में हिमालय में सब दूर है।

इसका एक प्रतीक काठमांडो उपत्यका का बुंगद्यः-लोकेश्वर-मत्स्येन्द्रनाथ संकुल है। बुंगद्यः आदिम देव है। शायद सिर्फ पत्थर का एक खण्ड जो अनादिकाल से पूजा जाता रहा है। जब बौद्ध धर्म ने काठमांडो उपत्यका में प्रवेश किया तो बुंगद्यः पर अवलोकितेश्वर का रूप चढ़ा। पुजारी बौद्ध वज्राचार्य हुए। अवलोकितेश्वर की स्तुति प्रातः-सायं हुई। फिर, कालक्रम में उपत्यका में शायद गोरखा राज के साथ गोरखनाथ का पंथ पहुँचा। तो इसे ही गोरखनाथ के गुरु मत्स्येन्द्रनाथ का रूप दिया गया। मत्स्येन्द्र शतक में मत्स्येन्द्रनाथ के सौ नाम में एक नाम लोकेश्वर हुआ। सो वही बुंगद्यः-लोकेश्वर अब मत्स्येन्द्रनाथ हुआ। सिर्फ मत्स्येन्द्रनाथ का एक मुख लगा। बुंगद्यः-लोकेश्वर का स्वरूप कायम रहा। लेकिन अब उपत्यका में एक रातो, एक सेतो-एक रक्त, एक श्वेत-मत्स्येन्द्रनाथ हुए। शेष पूजा-पाठ अवलोकितेश्वर की चलती है। और मूल में वह आदिम बुंगद्यः तो है ही। यह आदिम-आधुनिक संकुल प्रतीक है-कम-बेश हिमालय के धर्म का।

यह सब और भी बहुत कुछ हिमालय के रूप का बखान किया जा सकता है। किन्तु हिमालय का अनुभव तो हिमालय में ही होता है। परिभाषा में वह बात नहीं। बल्कि आज-कल तो जैसे बच्चों को परिभाषा बताते हैं हाथी की। हाथी के चार पाँव, एक सूंड, बड़े-बड़े कान, काला रंग वगैरह होता है। फिर भी उसे हाथी का बोध नहीं होता। तो बाँह पकड़ कर चिड़ियाघर ले जाते हैं। हाथी दिखाते हैं। देखो यह हाथी है तो उसे झट पहचान होती है। सो ही परिभाषा का, पहचान का तरीका हिमालय का हो सकता है, शब्द चित्र तो सूचक मात्र है। सूत्र-मात्र है इससे न कम, न बेश।

नाम-रूप से पहचान होती है। अब वह जैसी भी आधी-अधूरी है। सो है। ऐसे हिमालय का अनुभव क्या है? यह अनुभव निज का है। इसमें अपनी-अपनी आँख का, पसन्द का, रुझान का भेद है। इस भेद पर से कोई अभेद अनुभव है? यह पता नहीं। मेरा अनुभव तो मेरा निज का है। वह फिर आप तक कैसे पहुँचे? शायद ठीक-ठीक वह आपका अपना नहीं हो सकता। फिर भी...।

बाह्य से अन्तर की ओर चलें। तो पहले तो यह लगता है कि जैसे जिज्ञासा की कमी है। वैसे हिमालय के बारे में कविता बहुत हुई है। हिमालय नगाधिराज है, पृथ्वी

का मानदण्ड है, देवतात्मा है। यह सब कालिदास से लगाकर, भाल है, मुकुट है, संतरी है इत्यादि हाल-हाल तक कहा जाता रहा है। एक औसत देसी मन में हिमालय के लिए पवित्रता का, देवतात्मा का, 'डिविनिटी' का बोध है लेकिन सचमुच गहरी आर-पार देखने की जिज्ञासा की कमी है। यह कम-से-कम मुझे लगता है। जब भी दुर्गम हिमालय से लौट कर आया हूँ, पढ़े-लिखे मित्रों ने भी यही पूछा है कि आप तिब्बत से लौट आये? क्या बार-बार तिब्बत जाते हैं? बराबर यही कहता हूँ कि तिब्बत तो जा नहीं सकता। वह तो चीन के कब्जे में है। लदाख गया था या लाहुल-स्पीति या किन्नौर या...। तो भी उनका प्रश्न ज्यों का त्यों रहता है, हाँ, हाँ वह सब तो तिब्बत ही है। जैसे पूरा दक्षिण एक औसत उत्तर भारतीय के लिए मद्रास है। वैसे ही उत्तरी सीमान्त तिब्बत है, भोट है।

यह सिर्फ अपढ़ या अधपढ़े की बात नहीं। भारत सरकार के एक शिक्षा मन्त्री ने एक बार लदाखी विद्यार्थियों से पूछा कि आप लोग तिब्बत से कब आये? वे लदाखी विद्यार्थी भारत सरकार से छात्रवृत्ति मांगने गये थे। उन्होंने कहा कि हम लोग तो लदाख के हैं। आपके देश के हैं। तिब्बत के नहीं हैं। फिर भी शिक्षामन्त्री यही दुहराते रहे, यह सब तो बराबर है। लेकिन आप लोग तिब्बत से आये कब?

एक बार मेरे विद्वान कुलपति ने अपने जान मेरी तारीफ में ही मेरा परिचय कराया कि आप...हैं। आपने हिमालय में राहुल सांकृत्यायन के साथ बड़ा काम किया है।

जो हो, गहरी जिज्ञासा न होने से ठीक परिचय नहीं। और बिना परिचय के प्रेम भी नहीं। सिर्फ अपरिचय हो तो परिचय कराया जा सकता है। शायद कुछ-कुछ कुसंस्कार भी है। कहीं तो मध्य देश का अहंकार है। जैसे गंगा-जमुना का मैदान तो मध्य है और यह सब पहाड़ प्रत्यन्त प्रदेश हैं। वहाँ पहाड़ी, भोटिया का वास है। जो संस्कारहीन, म्लेच्छ, व्रात्यदेश है। या फिर देव भूमि। यक्ष, किन्नर, गंधर्व, अप्सराओं की काम-केलि की भूमि है, अपने जैसी नहीं। दूर की, दुर्गम और परायी। चाहे म्लेच्छ भूमि, चाहे देव भूमि, जो भी हो।

बदरी केदार गंगोत्री-जमुनोत्री और कैलास-मानसरोवर की तीर्थयात्रा से हिन्दू मन हिमालय से जुड़ता जरूर है। किन्तु वह सब ले-देकर वह दूर का, उस पार का, परे का है। दुर्गम और दुर्लभ, अनुभव है। उसका परिचित जगत् नहीं।

फिर, हिमालय का अनुभव भिन्नता का है। मेरा पहला दरस-परस कुमाऊँ का

है। वहाँ जो चढ़ाई–उतराई का पहला–पहला अनुभव हुआ तो जैसे जाँघ भर आयी। घुटनों और टखनों को भी कितनी बार झटका लगा? तो यह भिन्न अनुभव था। मैंने तभी एक कुमाऊँनी लड़के से पूछा। उसे उल्टा मैदान का अनुभव कठिन लगा था। यह तो पहाड़ ठहरा। चढ़ाई–उतराई। वह मैदान। शीधा–शीधा जाना ठहरा। वहाँ तो उसके पाँव दुखते हैं।

सिर्फ गति में नहीं, सब दूर यह भिन्नता है। इसका आकर्षण है। वैसे तो स्त्री–पुरुष, गोरे–काले, जड़–चेतन, गुण–दोष, अन्धकार–प्रकाश सबमें यह द्वन्द्व है। इसमें ही व्यवहार है। किन्तु गंगा–जमुना के मैदान और उनके उद्गम हिमालय में यह भिन्नता स्पष्ट है। यह भिन्नता सृष्टि का सत्य और सौन्दर्य है। सीधी, सपाट एकरसता नहीं।

हिमालय का एक और अनुभव है। धीरे–धीरे ही हिमालय में रास्ता तय होता है। शास्त्र तो कहता ही है : *शनैः पर्वतलंघनम्।* किन्तु इसका सीधा अनुभव तो पहाड़ में चढ़ने–उतरने में होता है। हिमालय में चलने का भी एक छन्द होता है। जो पकड़ में आ जाता है तो चलना जैसे सहज, समरस हो जाता है। जैसे ध्यान लग जाता है। साँस भी सम। चाल भी। जीप का भोंपू बजता है तो जैसे ध्यान टूटता है। और अगर कहीं साँस उखड़ी तो फिर तो जैसे धौंकनी–सी चलने लगती है। हठयोगियों का भस्त्रिका प्राणायाम शुरू हो जाता है। यह खतरनाक भी हो सकता है। साँसों का वेग बढ़ता ही जाता है। एक साँस वेग से अन्दर–बाहर। फिर कभी एक साँस जो बाहर निकले और अन्दर न लौटे, वह भाथी ही फट जाये? तो मृत्यु है। इसलिए पहाड़ तो धीरे–धीरे ही चढ़ा जा सकता है।

और दूर से ही रम्य दीखता है। निकट से तो विषम है। दुर्गम है। किन्नौर में शायद कालपा में किन्नर कैलास की 'नील नयन आभा' में डूब–उतरा रहा था। तो जैसे उदान वाक्य निकला : रम्य है हिमालय। गुह्य है हिमालय। तुरन्त ही किसी ने टोका। आप तो इस ऋतु में आये हैं। जब रास्ते खुले हैं। थोड़े ही दिनों में यहाँ बर्फ पड़ने लगेगी। फिर सब रास्ते बन्द हो जाएँगे। मकान की छत पर बर्फ, खिड़की तक बर्फ, रास्ते पर बर्फ, खेत में बर्फ, दुकान में, स्कूल में मैदान में सब बर्फ ही बर्फ है। कोई न आता है, न जाता। कभी अकेला कुत्ता भौंकता है। तो पागल बनाने वाला सन्नाटा है। एकान्त है। हिम है। हिमवत देश है। देह है। उस ऋतु में कैसा–कैसा तो लगता है? यह आपको पता है? दूर से

हिमालय रम्य है। गुह्य है। नजदीक से?...

जो हो, हिमालय में जाकर परिप्रेक्ष्य का, नजरिये का विस्तार होता है। एक पहाड़ से दूर-दूर तक पहाड़ की परत-पर-परत दीखती है। नीचे घाटी, दूर से सर्पिणी-सी नदी दीखती है। सीढ़ीदार खेत, घाटी में गाँव और घर डाँड-मेंड़ भी जैसे चित्र लिखे-से दीखते हैं। उनमें धुआँ है, आग है, अभाव है, खटमल, पिस्सू है, औरत-मर्द में छट-पट है, बच्चे की देह पर एक परत चमड़ी, एक परत मैल है, यह सब है लेकिन दूर से तो जैसे ऊँचाई से यह सब दूर का दीखता है। और अच्छा ही दीखता है। ऐसा नहीं कि कोई भावना करनी हो कि यह राग-द्वेष-मोह क्यों? धरती तो विपुला है, काल निरवधि है। दूर-दूर तक नील सबुज-श्याम है। यह सब कोई प्रयत्नतः देखना नहीं है। अयत्न, यों ही दीखता है। यह सब दूर-दूर तक दीखने से मन कुछ खुलता जरूर है। हाँ, अगर कपाट बन्द है, यह सब शब्द, रूप, रस, स्पर्श और गन्ध उसे व्यापता नहीं, तो बात अलग है। अन्यथा यहाँ सामान्य रूप से दृष्टि का विस्तार होता है। इससे मन कुछ तो ऊपर उठता-सा लगता है। सर्वं सर्वत्र सर्वदा के लिए न हो तो उस क्षण भर के लिए ही सही।

हिमालय का अनुभव सन्नाटे का है। सुबह यहाँ के लोगों की तरह सूरज देर से दीखता है। पूरब का आकाश अरुणाभ हो जाता है। उनके आने के पहले उनकी खबर देता है। गाँव है तो सबसे पहले स्त्रियाँ जगती हैं। पानी लाने के लिए कलश या टिन लेकर चुपचाप किसी चश्मे की ओर झुकी-झुकी चलती हैं। पानी भरते हुए भी चुपचाप रहती हैं। अपनी-अपनी पारी का इन्तजार करती हैं। सुबह के धुंध और सन्नाटे में लिपटी, उनींदी सी। और अगर बस्ती नहीं है तो फिर चीड़ का वन गाता है या कोई चिड़िया।

दोपहर को भी अकेला रास्ता चलता हुआ कोई दिख जाता है तो बस है। नहीं तो झां-झां-झां करता सन्नाटा। ऐसा नहीं कि एक गिलास चाय या छंग पी कर, विशेषकर पहाड़ के मर्द गप नहीं करते। खूब करते हैं। पीते हैं और गप करते हैं। और औरतें खटती हैं। लेकिन जैसे गप का और चुगली का कला की तरह मैदान में चलन है वैसा वहाँ बहुत करके नहीं है। कॉफी हाउस जैसा शोर और उसमें अपना-अपना एकान्त तो वहाँ शिमला जैसे पहाड़ी शहर में भी नहीं। दुर्गम क्षेत्र के रास्तों और गाँवों की तो बात ही नहीं। लेकिन शाम ढलते ही जो सन्नाटा उतरता है, उसे गोधूलि वेला में गायों की

घंटियाँ और चिड़ियों का समवेत गान ही तोड़ता है। फिर थम जाता है। फिर धीरे-धीरे रात उतरती है। और सन्नाटा और गहरा होता है। दीए की लौ, या डाक बंगले के लैम्प या बिजली की रोशनी के इर्द-गिर्द भी जैसे धुँधलका और सन्नाटा। सन्नाटे के पोर-पोर में है उसका सुर।

फिर, रहस्यमयता। पहाड़ के हर मोड़ के साथ एक नया दृश्य-पट खुलता है। हर पहाड़ी के बाद लगता है जाने क्या है? जैसे रहस्य की एक-परत-पर परत है जो उघड़ती है। फिर घिरती है। पूरी दीखती भी नहीं, छिपती भी नहीं। ज्ञान की पुत्रियों की तरह अनग्ना, अवसना है। और कहीं धुंध हो तो फिर यह रहस्यलोक और भी रहस्यमय हो जाता है। चीड़ के पेड़ों की पंक्ति, पास की घास, सीढ़ीदार खेत, गाय, पगडंडी, छिट-पुट मकान, दूर दीखते स्त्री-पुरुष या उनका अभाव, कभी दीखता है। फिर सब ओट हो जाता है। फिर जैसे प्रकट होता है। और लय हो जाता है। किसी अदृश्य की लीला की तरह जैसे बाहर, वैसे भीतर भी परत-पर-परत उघड़ती है, छिपती है। और यह अन्तहीन गाँठ न खुलती है, न कसी ही रहती है। पता नहीं उनको भी ऐसा ही लगता है? या मुझे ही?

देह और मन पर हिमालय का क्या असर होता है? यह भी देह-मन के साथ अलग-अलग है। सब देह-मन का अनुभव एक जैसा नहीं। एक ही देह मन का देश काल परिस्थिति और पात्र के लिए एक जैसा नहीं। इसलिए इसका बखान गुह्य है। कठिन है। निसर्ग अपनी विशालता और पवित्रता के साथ टकराता है। दूर, नील, सबुज, श्याम, श्वेत बाहर-अन्दर उग आता है। और फिर लय हो जाता है। धीरे-धीरे-धीरे।

कोई कहे कि हिमालय जाते ही हर कोई वीतराग हो जाता है, सो नहीं। मैंने *लदाख में राग-विराग* का बखान किया है। सो मिथ्या नहीं। मुझे तो लगता है कि अगर राग-चरित हो तो यहाँ राग-प्रबल होता है। जैसे शिव-पार्वती का, किन्नर-किन्नरियों का, पुरूरवा-उर्वशी का, इत्यादि। और अगर विराग-चरित है तो वह शान्त होता है। जैसे किन्नर कैलास, या नीलकण्ठ या भागीरथ शिखर। व्यवहार तो ऐसा ही दो-रसा है। स्त्री-पुरुष, राग-विराग, जीवन-मृत्यु, शान्ति-अशान्ति के दो शृंगों के बीच जीवन की यह धारा बहती है। इसमें से किसी भी शृंग को ढहाना न तो सम्भव है न श्रेयस्कर।

हिमालय में घूमते हुए एक प्रश्न बराबर उठता है। हिमालय में जो स्त्री-पुरुष

सम्बन्ध सहज ही सुन्दर है वह क्या चीज है? कैसे है? तन्त्र के चलते है? या योग का फल है? या अन्य दीर्घ साधना का फल है? या सहज ही सहज है? मुझे तो लगता है कि यह सहजै सहज है। बचपन से ही वर्जना, ऐसे बैठो, न बैठो, सटो, न सटो, आँख नीची कर चलो, यह ढँको-तोपो नहीं है। यौवन का प्रथम ज्वार आता है। और युवा-युवती तन हिमालय में अपूर्व है। लाली बुरांस जैसा खिलता है तो कुछ ऊँच-नीच होता है। लेकिन खास नहीं। समाज उसे समझ सकता है और मर्यादा में बाँध सकता है। यह कोई समस्या नहीं है। सहज ही सुन्दर है।

वैसे भी सौन्दर्य अपने आप में समृद्धि है। यह सौन्दर्य हिमालय में स्त्री-पुरुष देह में और देश में सर्वत्र बिखरा हुआ है। दुःख इस बात का है कि इसके साथ सफाई नहीं। गरीबी है। गन्दगी और गरीबी का अन्योन्याश्रय सम्बन्ध है। सफाई और अमीरी का भी। लेकिन गरीबी के बावजूद साफ रहा जा सकता है। मैंने स्पीति की सुन्दरियों को कहा भी कि अगर उनके देह से मैल की परत छुड़ाई जाये तो उनकी चमड़ी के बराबर मैल छूटेगी। देह हल्की और साफ-सुथरी और स्वस्थ होगी। और सुन्दरता दुगुनी। अन्यथा तो जैसे गन्ध आती है।

हिमालय में सौन्दर्य के साथ जैसे सहजात, सहज सौन्दर्य और शान्ति है, ऐसा नहीं कि वहाँ कलह-कोलाहल नहीं। चालाकी नहीं। राग-द्वेष नहीं। यह सब कहाँ नहीं? जैसे एक साँस आती है जो ठण्डी है। जो बाहर जाती है वह गरम है। उदय-व्यय सब दूर है। लेकिन एक हद के बाद साँसों के आने-जाने की तरह सम है, सहज है, शान्त है। यह सब दूर है। या हो सकता है। किन्तु शायद हिमालय में यह सहज ही समरस है। सुन्दर है। शान्त है। या कम-से-कम मुझे लगता है। आपको कैसा लगता है?

तिब्बत से व्यापार : मौखिक इतिहास *

महाराज, अति कोई भी अच्छा नहीं। अति बूढ़ा हो गया। आँख से कम दिखाई पड़ता है। याद भी कम आता है। क्या खाया यह भी भूल जाता है। पहले आप आया होगा। तो सब बता दिया होगा। अब तो भूल गया।

प्रश्न : आप तिब्बत गये हैं?

उत्तर : तिब्बत १५-१६ साल तक व्यापार के सिलसिले में गये। कैलास-मानसरोवर भी हो आये।

प्रश्न : तिब्बत का रास्ता क्या है?

उत्तर : वही भैरव घाटी हो कर है। जो नदी आती है, जाड़ गंगा उसका नाम है उसके परली तरफ रामपुर-बुशहर है। एक गली है, पतली नहीं है उसके पार निलङ है। निलङ से आगे कोई पाँच सात मील में जादुङ पड़ता है। वहाँ जाड़ लोग बसते थे। अब तो नहीं बसते। निलङ जादुङ दो गाँव था।

प्रश्न : बगोरी वाले निलङ जादुङ रहते? या पहले से बगोरी ही रहते?

उत्तर : पूरी बात बताता हूँ। जब सरकार ने वहाँ से निकाला तो यह जमीन जाला वालों की थी। सरकार ने जाला वालों की जमीन ले कर जाड़ लोगों को दे दिया। तब से शीतकाल में डुंडा बसते। आज-कल बगौरी।

प्रश्न : व्यापार करने जाते तो क्या ले जाते?

उत्तर : फाफरे का आटा और जौ।

प्रश्न : फाफरा क्या है? कुटु?

उत्तर : फाफरा वही है, कुटु वही है। ऋषि लोगों ने अपने वास्ते बनाया।

---

* श्री हरि सिंह (आयु ९७ वर्ष) से भेंट वार्ता से प्राप्त।

फलाहार है। थोड़ा कड़ुवा लगता है।

प्रश्न : अब फाफरा बोते हैं?

उत्तर : अब फाफरा कौन बोता है? छिमि (मटर) बोते हैं। उससे रोजगार करते हैं। वहाँ से नमक, सुहागा। सुहागा कम, नमक ज्यादा। नमक तालाब का है। पहाड़ का नहीं। पहाड़ का तो सेंधा नमक है, काला नमक। नमक अच्छा है। नीचे का नमक खिलाया बकरी को तो खोंसू (खुजली) निकलता है। वहाँ का नमक पशु के लिए बहुत अच्छा है। अब तो वह नमक बन्द हो गया। अब तो नीचे का ही नमक खा रहे हैं।

प्रश्न : आपको ऊपर का नमक अच्छा लगता था या नीचे का?

उत्तर : ऊपर का नमक खारा ज्यादा था। थोड़ा ज्यादा हो जाये तो कड़वा हो जाता था। नीचे का नहीं। पशु के लिए ऊपर का नमक अच्छा था।

प्रश्न : वहाँ से ऊन, पशम लाते थे?

उत्तर : ऊन, पशम लाते थे। पशम बकरी में नीचे से निकलता है। बकरी का बाल निकल जाता है। १ सेर में एक पाव पशम रहता है। १ रुपये में सेर भर पशम हो जाता था। पशम और ऊन बराबर-बराबर था। रुपये में भी व्यापार होता था।

प्रश्न : रुपया वहाँ चलता था?

उत्तर : नकद रुपया गला कर चाँदी बना देते थे। वहाँ चाँदी बहुत बिकता था।

प्रश्न : वहाँ मंडी कौन थी?

उत्तर : हमारी मंडी पुल्लिग थी। ज्ञानी तो जुहार, नीति, माना वालों की थी। हमारी मंडी तो पुल्लिग थी।

प्रश्न : आप थोलिङ मठ गये थे?

उत्तर : थोलिङ मठ तो नजदीक है। हम तो कैलास-मानसरोवर तक गये। कैलास-मानसरोवर में :

बिन हवा पत्थर उड़ते
बिन हवा हिम बरसते

कैलास-मानसरोवर एक ही है न?

ऊपर कैलास है, नीचे मानसरोवर है। कैलास का दूर से दर्शन किया।

ऊपर कौन जाता? वहाँ बड़ा भारी ठण्ड है।

प्रश्न : थोलिङ मठ और बदरीनाथ में कोई सम्बन्ध है?

उत्तर : है। कहते हैं, शास्त्र में तो हमने पढ़ा नहीं, कहते हैं कि पहले बदरीनारायण भगवान थोलिङ मठ में था। वहाँ गोहत्या करते हैं। मांस और जल का भोग लगाते हैं। तो भगवान का वहाँ से भागने का मन हुआ। पहरेदार को मालूम हुआ। लेकिन भगवान छत फोड़ कर बदरीनारायण आ गया। वहाँ सोने का छत है। वह फोड़ कर भगवान भागा है। वहाँ वैसा ही रखा है।

प्रश्न : थोलिङ मठ में चन्दन का खम्भा है?

उत्तर : खम्भा तो है। पता नहीं चन्दन का है या नहीं। वहाँ लकड़ी नहीं है। पेड़ नहीं है। झाड़ है। उसमें काँटा है। उसको उखाड़ कर जाते हैं। बकरी, गाय का कंडा जलाते हैं। ठण्ड बहुत है। वर्षा कम है। हवा से ठण्ड है। भारी हवा चलती है। धूप कि अभी तड़-फड़ हो जाये। ऊँचाई है। सूरज नजदीक है।

प्रश्न : जमीन रेत-रेत है?

उत्तर : रेत-रेत है। किसिम-किसिम की जमीन है। जहाँ नदी है वहीं उतराई-चढ़ाई है। बाकी मैदान है। कहीं सफेद है, कहीं स्याह। किसिम-किसिम की जमीन है। जहाँ नदी के खड्‌ में हवा कम है वहाँ जौ, वा, दो जात है, जौ अलग चीज है, वा के दाने जैसे हमारा गेहूँ है उसी के मुकाबले वा है। वह होता है।

प्रश्न : वह भी यहाँ आते थे?

उत्तर : आते थे। यहाँ नमक, सुहागा, ऊन, पशम सब लाते थे।

प्रश्न : इधर से कौन जाता था?

उत्तर : पाँच-छह गाँव से हम ही जाते थे। दो-चार नौकर साथ में लेते थे। हमेशा, कितने साल। पहले तो कोई और नहीं जाता था। बाद में दो चार और जाते थे।

प्रश्न : वहाँ जंगली जानवर हैं?

उत्तर : जंगली घोड़ा है। टोली की टोली। रास्ता का पता नहीं। यहाँ चुगते हैं,

वहाँ चुगते हैं। विल्सन एक छोटा बच्चा पकड़कर लाया। यहाँ मर गया। वहाँ का जीव है। यहाँ गरमी से मर गया। चँवरी (याक) जंगली भी है, घर का है।

तिब्बत में बड़े-बड़े सेठ हैं, रईस हैं, १,००० बकरी हैं, पशु हैं खिलाना कुछ नहीं, उसी का व्यापार करते हैं।

प्रश्न : वे लोग बौद्ध मज़हब को मानते हैं?

उत्तर : हाँ, बुद्ध भगवान की पूजा करते हैं।

प्रश्न : बड़ा मन्दिर बनाते हैं?

उत्तर : ओह, बहुत बड़ा-बड़ा मूर्ति बनाते हैं। मिट्टी की मूर्ति बनाते हैं। आदमी से बड़ी।

(सिर उठाकर) ऐसे देखना पड़ता है।

प्रश्न : बगौरी के जाड़ और तिब्बती एक ही हैं?

उत्तर : जाड़ की पैदावरी अलग है। यहाँ के हैं। भाषा तिब्बती है। तिब्बती नस्ल से, शकल से फरक हैं।

प्रश्न : जाड़ दोनों की भाषा जानते हैं?

उत्तर : दोनों भाषा जानते हैं। हम भी थोड़ी तिब्बती जानते हैं : बुद्ध को सङ्गे कहते हैं। बुद्ध भगवान को मानते हैं।

प्रश्न : वहाँ आपकी खातिर करते थे?

उत्तर : क्यों नहीं। दोस्त हैं। आढ़त में रखते। खाना-पीना अलग है। हमें मोन कहते। टायदी (ब्राह्मण) कहते। उनका छुआ नहीं खाते, यह जानते थे। वह लोग गोमांस खाते हैं। हमारा दोस्त कहता कि गौ (=पालङ) नहीं खाते, याक खाते हैं।

एक बार याक का चारों पैर बाँध दिया। मुँह बाँध दिया। घर में घुसा दिया। मैंने देखा वह फों-फों करता है। लगा कि मर जायेगा। हम घर में घुस गया। मुँह खोल दिया। तो वह लोग डंडा ले कर आया। हमारे साथ जाड़ था। बोला कि यह हमारा बड़ा भाई है। इसको मारोगे तो हत्या लगेगा। हम भी लड़ कर मर जायेगा। यह लोग गौ (=पालङ) मारने को बड़ा भारी पाप मानते हैं। इसके सामने मत मारो। तो वह लोग हटे। लेकिन जोङ

(तहसीलदार) के यहाँ मुकदमा किया कि हमको मारा।

प्रश्न : यहाँ का रास्ता तो पैदल का रहा होगा?

उत्तर : हाँ, पैदल, डांडी में, कंडी में, बूढ़े-बूढ़े कंडी में। ऋषिकेश से ही पैदल-पैदल चलते थे। पीछे टिहरी तक रास्ता आ गया। टिहरी से धरासू होकर जौनपुर मुलुक है। हमारा टिहरी-गढ़वाल का। जौनपुर मसूरी हो कर रास्ता जाता है। चढ़ाई-उतराई। उधर से रास्ता था। यह रास्ता नहीं था। हल्का पाँव था। हवा की तरह चलता था। यहाँ से निकलता तो पैदल उत्तर काशी पहुँच जाता। लोग कहते कि तुम बहुत चलते हो। बहुत बोलते हो। जल्दी खत्म हो जाओगे। बैठ-बैठ कर वह तो मर गया। चलते-चलते मैं चलता जा रहा हूँ। महाराज। दक्षिण में रामेश्वर, उत्तर में कैलाश गया।

स्वामी कृष्णाश्रम यहाँ बहुत रहा। माघ का महीना। हम उसको भिक्षा देता। तो हवा, बर्फ, हमारा हाथ जकड़ जाता। उसे पसीना आता। हाथ गरम रहता। कुनगर (पहले कुनगर कहते थे, अब सुनगर कहते हैं।) में हमारा नाता-रिश्ता था। हमारी फुफेरी बहन थी। उसे चेली किया। वह तो नंगा रहता था। लेकिन चेली के लिए बहुत संग्रह किया। मैंने कहा कि आप क्यों प्रपंच में पड़ते हो? विरक्त हो? वह इशारे से कहते कि यह चेली क्या खायेगा?

पाँच गाँव में मेरे बराबर बूढ़ा कोई नहीं। मुखबा में मुझसे थोड़ा कम शशिधर है। अब शरीर छूट जाये तो ठीक था। अभी तो हाथ-पाँव चलता है। आगे क्या हो?

प्रश्न : जमाना बहुत बदल गया?

उत्तर : बहुत। हमने आदमियों का सब कार्रवाई किया : गल्लेदारी किया, ठीकेदारी किया, दुकानदारी किया। बहुत-बहुत काम किया। सब बताऊँ तो किताब बन जाये। मेरे बारे में कौन बताया कि बूढ़ा है? बूढ़ा तो और

भी हैं। मैं पढ़ा नहीं। माता-पिता मर गये। बहुत पढ़ा नहीं। सत्संग किया। सत्संग से बोध हुआ। बूढ़ा तो और भी है। मेरे से बूढ़ा तो पाँच गाँव में कोई नहीं। लेकिन और कोई कहीं गया-आया नहीं। हमारे दो तो लड़की है। दो लड़का है।

पहली स्त्री मर गयी। एक लड़का-लड़की उससे थी। लड़की तो है। लड़का खत्म हो गया। वह मर गयी। तो बड़े-बड़े लोगों ने कहा कि हरिसिंह शादी करो। लड़का-लड़की होगा। तो यह दूसरी स्त्री है। उससे दो लड़का, दो लड़की है। नाती, नातिन है। पार्वती देवी पहली स्त्री से है। हरसिल ब्याही हैं। ७०-७५ वर्ष की होंगी। राहुल सांकृत्यायन ने लिखा है कि किरसन महाराज ने राजाराम ब्रह्मचारी की बहू को गीता पढ़ाया। क्या यह सच है?

प्रश्न : क्या माई जी (भगवतस्वरूप) पहले हरसिल ब्याही थीं।

उत्तर : हाँ, राजाराम ब्रह्मचारी का गूंगा लड़का था गंगादत्त। देखने में बड़ा सुन्दर था। स्वामी कृष्णाश्रम वहाँ ठहरते थे। स्त्री ने कहा कि हमें चेली बनाओ। स्वामी जी ने बहुत मना किया। राजाराम ब्रह्मचारी नाराज होगा। यहाँ ठहरा, बहू को योगी किया। स्त्री मानती नहीं थी। तो स्वामी जी भाग कर गंगोत्री चले गये। वह भी चार दिन पीछे गंगोत्री गयी। महाराज, मैं गृहस्थिन नहीं हूँगी, मुझे चेली कीजिए। तो महाराज ने उसे चेली बनाया। फिर, उसके लिए संग्रह किया। प्रपंच में पड़े। मैं सोचता हूँ कि वह इतना कड़ा स्वामी था कि इन्द्र को भय हुआ होगा। इसके तप से सिंहासन हिला होगा। वह माघ के महीने में नंगा रहता था। हाथ गरम रहता। पसीना आता। जब कि हमारा हाथ जकड़ जाता। तो शायद इन्द्र ने यह छल किया हो। चलो माई जी, एक शिवाला है, सत्यनारायण का मन्दिर है। पूजा-पाठ करती है। उदास हो जाते हैं।

हरि:ओम्! हरि:ओम्! हरि:ओम्!

•

हिन्दुस्तान-तिब्बत रोड *

हिन्दुस्तान-तिब्बत रोड किन्नौर की परम्परागत जिन्दगी की रेखा है। नक्शे में यह सतलुज के साथ-साथ चलती है। उपरले प्रायः एक तिहाई हिस्से और निचले में प्रायः दो तिहाई हिस्से को बाँटती है। *डिस्ट्रिक्ट गजेटियर किन्नौर* (शिमला, १९७१) के अनुसार ऊपरी हिन्दुस्तान तिब्बत रोड नेशनल हाई-वे नं. २२ के १९५ किलोमीटर पर टापरी के ऊपर चढ़ती है। फिर २६९ किलोमीटर पर श्यासो खाड़ पर नेशनल हाई-वे में मिल जाती है। इसकी लम्बाई ९३ किलोमीटर है। यह सतलुज के दाहिने किनारे पर बसे कालपा, पाङे, रारङ, जंगी, लाबरङ, कानम जैसे गाँवों को जोड़ती है। यह मूल रूप से १९६० ई. तक पहाड़ी सड़क (ब्रिडल पाथ) थी। इसलिए इसमें खड़ी चढ़ाई-उतराई है। यह शिमला से रामपुर (बुशहर) होकर किन्नौर में प्रवेश करती है और शिपकी-ला (दर्रा) पारकर तिब्बत चली जाती है। किन्नौर के दक्षिण पश्चिम में २९ किलोमीटर पर रामपुर (बुशहर) है। उत्तर पूर्व में शिपकी-ला पार कर तिब्बत में १६७ किलोमीटर पर गर्तोक है। इस सड़क से होकर किन्नर देश का परम्परागत व्यापार तिब्बत से होता था और सिर्फ व्यापार ही नहीं पूरा जीवन धर्म, रीति-रिवाज, सम्बन्ध, सुख-दुःख इस पर निर्भर था। किन्नौर का ध्यान आते ही स्थूल रूप से हिन्दुस्तान-तिब्बत रोड का ध्यान आता है। सिर्फ इसका इतिहास भूगोल नहीं। यह तो ठीक-ठीक मालूम नहीं लेकिन पूरी जिन्दगी की हरकत इस पर टँगी हुई दिखती है।

---

* 'छोस्-खोर-लिङ बौद्ध सेवा संघ', किन्नौर (हिमाचल प्रदेश) के तत्वावधान में २८ जून से ९ जुलाई, १९८७ तक आयोजित 'पश्चिमोत्तर हिमालयी सीमान्त की सांस्कृतिक विरासत' विषयक अखिल भारतीय परिसंवाद गोष्ठी में प्रस्तुत पर्चा।

'६२ के चीनी आक्रमण के बाद वांगतु के ऊपर एक नयी सड़क बन गयी है। यह 'इण्डो तिब्बत बोर्डर रोड' कहलाती है। इस सड़क पर काम सार्वजनिक निर्माण विभाग ने प्रारम्भ किया। १९६१ के प्रारम्भ में टापरी तक यह जीप लायक बन गयी थी फिर यह काम 'बोर्डर रोड्स डेवलेपमेंट बोर्ड' को सौंपा गया। इसका निर्माण कार्य इस संगठन द्वारा पूरा किया गया। ज्ञातव्य है कि बोर्डर रोड्स का यह बोर्ड भारत सरकार के परिवहन एवं प्रतिरक्षा मन्त्रालयों के अन्तर्गत है। अब यह समदु तक भारी वाहन के चलने लायक है।

यह ज्यादा करके प्रतिरक्षा के लिए बनाई गयी है। वांगतु के ऊपर प्रतिरक्षा की 'इनर लाइन' है। किन्नौर के इस अन्त:पुर में प्रवेश परमिट से होता है। यह नयी सड़क किन्नौर की नयी संचार रेखा है। इस पर १९६८ में पहली बार बस चलने लगी और आना-जाना शुरू हुआ। इसके भी पहले सड़क और सुरक्षा के लिए पलटन, पुलिस और कारीगर नीचे से आये। इस तरह मैदान की हवा हिमालय की इस कोख को लगने लगी। पहले रामपुर पहुँचने में हफ्ता-दस दिन लग जाते थे। अब जेब में पैसा हो तो एक दिन में शिमला या दिल्ली पहुँचा जा सकता है। पहले यह सम्भव नहीं था। संचार के साथ नये जीवन मूल्य और तौर-तरीके भी हिमालय की इस कोख में आ रहे हैं। किन्नर-किन्नरियाँ दौड़ में पड़ गये हैं। अशान्त हो गये हैं। हिमालय की शान्ति अन्दर-बाहर से भंग हो रही है। एक कसमसाहट है। यह नयी सड़क के इर्द-गिर्द है।

किन्नौर की पुरानी जीवन रेखा हिन्दुस्तान-तिब्बत रोड है। यह हिन्दुस्तान-तिब्बत के व्यापार और संस्कृति की पुरानी सड़क है। हजारों वर्षों से व्यापारी, तीर्थयात्री, लामा, शान्ति के खोजी, सैलानी इससे तिब्बत आते-जाते रहे हैं। '६२ के चीनी आक्रमण के पहले यह एक मँजी हुई सड़क थी। अब यह जगह-जगह टूटी हुई है। किन्नौर के गाँव इसी पर हैं। यह सब ऊपर को बसे हुए हैं। नयी सड़क नीचे से जाती है। इसलिए ये सब गाँव संचार के नये रास्ते से छूट गये हैं। बेतुके लगते हैं। यह नयी सड़क ही चालू है। पुरानी सड़क टूटी-फूटी है। उन पर बसे हुए गाँव, लोग और जिन्दगियाँ भी। नक्शे पर यह सड़क जीप के चलने लायक बतायी जाती है। जब कोई बड़ा आदमी (वी.आई.पी.) इस सड़क पर कभी-कभार आता है तो यह चालू कर दी जाती है। शेष समय यह जगह-जगह पर कटी रहती है। हिमाचल प्रदेश का सार्वजनिक

निर्माण विभाग इसकी मरम्मत कराता है। इसके पास पैसे और साधनों की इतनी कमी है कि यह मरम्मत नाम की हो पाती है। तब तक जाड़ा आ जाता है। बर्फ पड़ती है। ग्लेशियर आ जाते हैं। यह सड़क फिर टूट-फूट जाती है।

इस पुरानी हिन्दुस्तान-तिब्बत रोड को चालू रखने के अलावा गाँवों को जोड़ने का कोई रास्ता नहीं है। यह रास्ता और इसकी जिन्दगी भारत तिब्बत व्यापार से जुड़ी है। रारंग के ऊपर वाले गाँव के लोग तिब्बत से व्यापार करते थे। प्रायः हर घर से एक या दो आदमी इस व्यापार में लगे हुए थे। कानम, मूरङ, पूह, सुन्नम के लोग जाते थे। रामपुर (बुशहर) में मेला लगता था। आषाढ़ के अन्त में यहाँ से जाते थे। तिब्बत से लगभग ६ महीने बाद कार्तिक में लौट कर रामपुर के मेले में आते थे। रामपुर मेले में नीचे से अमृतसर, अम्बाला, जगाधरी, दिल्ली तक से बर्तन, कपड़ा, राशन-गेहूँ, चावल खरीदते थे। एक-एक के पास पचास-साठ बकरे होते थे। एक-एक पर आठ-दस किलो लाद कर ऊपर जाते थे। ऊपर से ऊन, पशम, सुहागा, नमक, खड्डू, बकरे, घोड़े ले आते थे। हजारों बकरों, घोड़ों पर सामान आता-जाता था। फिर इन बकरों, घोड़ों को भी बेच देते थे। इनके आने-जाने से रास्ता मँजता था। अब यह सब कुछ भी नहीं होता। १९६२ के चीनी आक्रमण के बाद भारत-तिब्बत व्यापार ठप है।

उपरले किन्नौर में रहते हुए मैंने यह महसूस किया कि इस व्यापार के बिना न तो वह रास्ता सँवर सकता है, न यहाँ की अर्थव्यवस्था, न जिन्दगी। वैसे कुछ न कुछ जमीन सबकी है। इसलिए कुछ खेती, कुछ दुकानदारी, कुछ और पेशों में हैं। पुराने व्यापारियों के बच्चे कहीं न कहीं नौकरी में हैं। उनके पास पैसा भी था, बाहर जाकर देखा भी था। एकाध सबके नौकरी में लगे हुए हैं। पैसा न हो तो पुरानी जायदाद है। पुरानी चीजें हैं। दुर्लभ वस्तुएँ हैं। बेची जाएँ तो उनका मूल्य है। जो बाहर नौकरी में हैं, वे जो सिर्फ खेती करते हैं, उनसे अच्छे हैं। इसके अलावा सड़क पर काम करते हैं। लड़के, लड़कियाँ, युवा, युवतियाँ सड़कों पर काम करती दीखती हैं। उन्हें प्रायः ६ रुपये रोज इस काम के लिए मिल जाते हैं। इसे ये लड़के-लड़कियाँ जैसे चाहें खर्च करते हैं घर के लोग पूछते नहीं। पैसे और स्त्री पुरुष के सम्बन्ध के मामले में भी किन्नर-किन्नरी सहज सुन्दर रूप से स्वतन्त्र हैं।

किन्नर देश में नीचे की जैसी बेकारी नहीं है। फिर भी यहाँ वैसी खास कमाई

भी नहीं है। खेती में लक्ष्मी नहीं है। सड़क कूटने में नहीं ही है। लक्ष्मी तो व्यापार में बसती हैं। अभी भी ये थोड़ा व्यापार करते हैं। उपरले किन्नौर से बकरा लाकर नीचे बेच देते हैं। ऊपर लगभग २५० रुपये में खरीदते हैं तो नीचे लगभग ३०० रुपये में बेच देते हैं। इसे भी वे व्यापार कहते हैं। किन्तु असल व्यापार तो उनका तिब्बत से था जो अब ठप है।

किन्नौर के बाजारों में–कालपा, पिओ, पङे, पूह, समदू–सब दूर नीचे से आकर सामान बिकता है। किन्नौर का प्रायः कोई सामान इन कस्बों में नहीं मिलता। सब कुछ शिमला, अंबाला, लुधियाना, चण्डीगढ़ से आता है। सिर्फ एक किन्नौरी पट्टी कहीं–कहीं बिकती है। यह ऊनी पट्टी किन्नौर की विशेषता है। इसका ऊन घरों में खुद कात लेते हैं। गाँव–गाँव में डोमङ् इसे बुन देते हैं। यह १२–१५ हाथ की होती है। चौड़ी कम होती है। सफेद और स्याह पर परम्परागत बुनाई उभरती है। किन्नर–किन्नरी इसके वस्त्र बनाते हैं। पुरुष पैजामा और कोट बनाते हैं। लड़कियाँ भी कोट पहनना पसन्द करती हैं। वे भी इस पट्टी से कोट बनाती हैं। इस पट्टी की बन्द गले की कोट–प्रिंस या अलवर बहुत फबेगी। इसका नीचे उत्तर भारत में अच्छा–खासा बाजार हो सकता है। इन किन्नौरी पट्टियों में किन्नर–किन्नरियों के हाथ की गन्ध और गरमाहट भी होगी। यह किसे न प्रिय लगेगी?

अभी तो यह किन्नौरी पट्टी भी किन्नौर के बाजारों में भी कोई खास दिखती नहीं है। नीचे की चीजों के साथ ढुलाई का भारी खर्च जुड़ जाता है। इस ढुलाई के मारे बैगन भी वहाँ ६ रुपये किलो मिलता है। इस तरह पहाड़ों का धन ऊपर से नीचे बहा जाता है। जब तक ऊपर से भी नीचे चीजें न बिकें तब तक धन का यह प्रवाह नहीं रुक सकता। पहाड़ों के धन के साथ इसका यौवन भी नीचे की ओर ढरक रहा है। किन्नौर के स्वस्थ और सुन्दर लड़के–लड़कियाँ अब किन्नौर में रहना पसन्द नहीं कर रहे हैं। नीचे जाना चाहते हैं। शिमला, चण्डीगढ़, दिल्ली उन्हें खींचते हैं। हिमालय की शान्ति और शीतलता उन्हें रास नहीं आ रही है। वे अशान्ति की ओर जाना चाहते हैं। क्योंकि वहाँ हरकत है, काम–धन्धा है, जिन्दगी है।

किन्नौर में कमाई और जिन्दगी को लौटाने का एक ही रास्ता है। भारत–तिब्बत व्यापार का फिर से खुलना ही वह रास्ता है। इससे ही वह पुरानी सड़क भी मँज सकती है और इनकी अर्थव्यवस्था में भी यह खोयी हुई चमक वापस आ सकती है। आन्तरिक

आवागमन के लिए राष्ट्रीय राजमार्ग के ऊपर गाँवों तक अनेक लिंक-रोड बन सकती है। यह जरूरी है किन्तु काफी नहीं। मैंने जब किन्नौर से लौटकर शिमला और दिल्ली में भारत-तिब्बत व्यापार को चालू करने की जरूरत के बारे में चर्चा की तो प्रायः सयाने लोगों ने यही कहा कि यह तो असम्भव है। फिर भी मैं मानता हूँ कि यह अब असम्भव नहीं है। यह सम्भावना के क्षेत्र में आ गया है। दोनों देशों की सरकारों की कोशिश ऐसी दिखती है कि दोनों देशों के बीच सम्बन्ध सहज हो सकते हैं। जब यह सम्बन्ध सामान्य हो रहे हैं तो दोनों देशों के बीच परस्पर लाभप्रद व्यापार की सम्भावना है।

भारत-चीन के पुराने व्यापार के अनुभव का निचोड़ यह है कि जैसे-जैसे भारत-चीन के सम्बन्ध सुधरते हैं वैसे-वैसे भारत-चीन के बीच व्यापार बढ़ता है। जैसे-जैसे यह सम्बन्ध बिगड़ते हैं वैसे-वैसे यह व्यापार सिकुड़ता है। असल में तो विदेशी व्यापार और विदेशी नीति साथ-साथ चलते हैं या नहीं चलते। १९६० के बाद भारत-चीन के सम्बन्धों में बिगाड़ के बाद व्यापार सिकुड़ने लगा। १९६२ के चीनी आक्रमण के बाद यह बिल्कुल बन्द हो गया।

२७ अगस्त १९७६ को लोकसभा में एक प्रश्न के लिखित उत्तर में बताया गया कि चीन से व्यापार सहित सभी पक्षों में सहज सम्बन्ध कायम करने की संभावनाओं की तलाश की जा रही है। सदन को बताया गया कि १९६२-६३ तक व्यापार बहुत कम रह गया था। उसके बाद व्यापार ठप है। १९५७ में आयात ४.८६ करोड़ रुपये का हुआ और निर्यात ३.६९ करोड़ रुपये का। १९६२-६३ में यह क्रमशः ८९ लाख रुपये और १४ लाख रुपये रह गया था। यहाँ एक तथ्य का विशेष महत्त्व है। २९ अप्रैल १९५४ को भारत और चीन के बीच तिब्बत से व्यापार और यात्रा के बारे में एक आठ वर्ष का समझौता हुआ। इस समझौते के अनुसार (१) चीन सरकार नयी दिल्ली, कलकत्ता और कालिङपोङ में व्यापार की एजेंसियाँ खोलेगी और इसी प्रकार भारत सरकार यातुङ, ग्यांत्से और गर्टोक के तिब्बती शहरों में अपनी एजेंसियाँ कायम करेगी। (२) दोनों देशों के बाजार निर्धारित कर दिये गये और (३) वे छह रास्ते भी तय कर दिये गये जिनसे दोनों देशों के व्यापारी यात्रा करेंगे। यह समझौता आठ वर्ष बाद फिर से नया किया जा सकता था। १९५४ में ही भारत और चीन के बीच दो साल का व्यापारिक करार और भी हुआ। इसमें भारत और चीन के बीच आयात-निर्यात की जाने वाली चीजों की सूची भी तय की गयी।

इन समझौतों की एक खास बात यह है कि भारत और तिब्बत के बीच १९५४ में भी अलग से समझौता हुआ। तब तक भारत सरकार ने तिब्बत को चीन का अंग मान लिया था। चीन में विदेशी व्यापार पूरी तरह चीन की केन्द्रीय सरकार के अधीन है इसलिए तब भी चीन का पक्ष था कि तिब्बत-भारत का व्यापार उन्हीं नियमों के अन्तर्गत हो जो भारत और चीन के व्यापार पर लागू होते थे। भारत सरकार का यह पक्ष था कि तिब्बत की समस्याएँ विशेष प्रकार की हैं इसलिए भारत-तिब्बत व्यापार के बारे में अलग से समझौता हो। अन्ततः इस बात पर सहमति हुई कि भारत और तिब्बत के बीच सिर्फ परम्परागत व्यापार हो। इससे दोनों ओर के बहुत से छोटे-छोटे व्यापारी इधर-उधर जा-आ सकेंगे और अपनी जीविका कमा सकेंगे।

जो हो, भारत-चीन व्यापार अल्प मात्रा में शुरू हो चुका है, भारत-तिब्बत व्यापार नहीं। भारत-चीन का व्यापार दोनों के किस हद तक हित में है यह विचारणीय हो सकता है। किन्तु १९५४ के समझौते की भाँति भारत-तिब्बत के बीच अलग से व्यापारिक समझौता चीन के साथ किया जा सकता है। यह समझौता उन चीजों के बारे में हो सकता है जिनका दोनों देशों के बीच परम्परागत रूप से व्यापार होता रहा है। यह व्यापार मध्य हिमालय में बसे लोगों के लिए लदाख से लेकर अरुणाचल तक पुरानी जीविका और जिन्दगी को पुनर्जीवित करेगा। यह भारत और तिब्बत दोनों के योग-क्षेम को वहन करेगा, इसमें तनिक भी सन्देह नहीं। वैसे हर चीज की तरह, भारत-तिब्बत व्यापार भी दोरुखा है। इसका दूसरा पक्ष यह है कि चीन के अन्तर्गत अगर भारत-तिब्बत व्यापार फिर से शुरू हो तो इसका तिब्बत की स्वतन्त्रता के प्रश्न पर क्या प्रभाव होगा? क्या यह तिब्बत पर चीन के प्रभुत्व को पुष्ट नहीं करेगा? क्या इसका यह अर्थ नहीं होगा कि जैसे सब सामान्य हो गया, कुछ हुआ ही नहीं। रुटीन ढंग से अब तो व्यापार भी हो रहा है, फिर, व्यापार में चीजों और लोगों का आना-जाना शुरू होगा। उसका लोगों के मन-मस्तिष्क पर क्या असर होगा, यह कोई कम महत्त्व का नहीं है। इसलिए यह भी विचारणीय है।

पुनश्च–प्रस्तुत यह पर्चा मूल रूप में कृष्णनाथ की प्रथम किन्नौर यात्रा (१९७६ ई.) के बाद लिखा गया था। इन वर्षों में सतलुज में बहुत पानी बह गया है। भारत-तिब्बत-चीन सम्बन्धों में भी इस बीच बदलाव आ गया है। हिमालयी सीमान्त भी पहले जैसा नहीं है। इसके अलावा भी इस बीच किन्नौर के आर्थिक जीवन में शुभ-

अशुभ परिवर्तन आये होंगे। जैसे, १९७५-७६ में जो मजदूरी की दर, कीमत वगैरह नोट की गयी थी वह तो निश्चय ही बढ़ी होगी। यद्यपि ११ वर्ष पूर्व की खोज को प्रस्तुत करने में कृष्णनाथ को दुविधा हो रही है। लेकिन हम मानते हैं कि इसकी मूलभूत स्थापनाओं में बुनियादी अन्तर नहीं आया होगा और अगर कोई अन्तर आया है तो इसमें संशोधन किया जा सकता है।

हिमालय का सांस्कृतिक परिदृश्य *

पहले तो आपके साथ राहुल जी का स्मरण करता हूँ। विशेषकर हिमालय परिचय के लिए। वैसे तो हिमालय किसी के परिचय का मुहताज नहीं। वह हमारे संस्कार में बसा है। फिर भी राहुल जी ने अपनी यात्राओं और किताबों के जरिये इस परिचय को नया किया। लेखन क्रम में ये हैं : *मेरी लदाख यात्रा (१९२६), किन्नर देश में (१९४८), दोर्जेलिंग परिचय (१९४९-५०), कुमाऊँ (१९५१), गढ़वाल (१९५०-५२), नेपाल (अप्रकाशित-१९५२-५३), जौनसार-देहरादून (१९५३), हिमाचल प्रदेश (अप्रकाशित, १९५४)।* खेद है कि जन्मशती वर्ष में ये प्रायः मिलती नहीं है। इसलिए नयी आगत-अनागत पीढ़ी का इनका साक्षात् परिचय नहीं है। जो कुछ है वह 'दूरदर्शन' के जरिये है। इसलिए यह स्मरण अधूरा, बल्कि धूप-दीप दिखाने जैसा है। फिर भी...।

हिमालय दर्शन जहाँ से शुरू किया, फिर वहीं आ गया हूँ। १९६० की दहाई में कुमाऊँ से ही शुरू किया। हिमालय के पहले यात्रा-वृत्तांत 'कल्पना' में १९६५ में लिखे। प्रायः ३० वर्षों से अधिक लदाख, श्रीनगर, जम्मू, चम्बा, भरमौर, कांगड़ा, कुल्लू, लाहुल-स्पीति, किन्नौर, देहरादून, टिहरी गढ़वाल, नैनीताल, अलमोड़ा, उत्तरकाशी, चमोली, नेपाल, सिक्किम, दार्जिलिंग, कलिम्पोंग, कमेङ्, सुबनसिरि, सियांग, लुहित, तिरप के हिमालयी प्रत्यन्त जनपदों में भटकता रहा। जब अज्ञान था तो कुछ लिखा-पढ़ा भी। अब कुछ-कुछ समझ आयी तो कुछ लिखना-बोलना कठिन जान पड़ रहा है। क्योंकि हिमालय के बारे में मेरा अज्ञान हिमालय जैसा ही है। लदाख से अरुणाचल प्रदेश तक प्रायः ४,००० किलोमीटर की दूरी और ऊँचाई और गहराई है। परत-दर-

* अष्टम राहुल सांकृत्यायन स्मारक व्याख्यान, नैनीताल (आयोजक, 'पहाड़', नैनीताल, ९ अप्रैल, १९९४)

परत हिमालय और उसकी प्रकृति और संस्कृति और विकृति के बारे में कौन जान सकता है? अगर हिमालय का कोई देवतात्मा है तो शायद वह जानता है, शायद वह भी नहीं जानता। आँख-आँख को कहाँ देख सकती है? इसलिए शायद एक दर्पण की जरूरत होती है। लेकिन अगर दरस चाहिए तो दर्पण को माँजते रहना है। अगर दर्पण पर काई पड़ गयी है तो दरस कहाँ से होगा? इस अवस्था में अब चढ़ाई-उतराई की सकत नहीं। वह प्रथम बल नहीं। यह तो विदाई वेला है। इसलिए जहाँ से चला था, वहीं आ गया। राहुल जी को स्मरण करने के निमित्त कुमाऊँ से, 'पहाड़' से, नैना देवी, नन्दा देवी और मित्रों से, वन-वनस्पतियों से, ताल-तलैयों से विदा लेने।

संस्कृति क्या है? महापण्डित राहुल सांकृत्यायन *बौद्ध संस्कृति* में लिखते हैं : "...संस्कृति वस्तुतः देश-जाति से सम्बन्धित है, धर्म के साथ उसका नाता जोड़ना गौण रीति ही से हो सकता है। जाति के साथ संस्कृति या संस्कार का सम्बन्ध वैसे ही है जैसे नये घड़े में घी या तेल भर के कुछ दिन रख कर उसे निकाल देने पर घड़े के भीतर प्रविष्ट स्नेह का अंश बच रहता है। एक पीढ़ी आती है, वह अपने आचार, रुचि-अरुचि, कला-संगीत, भोजन-छाजन या किसी और आध्यात्मिक धारणा के बारे में कुछ स्नेह की मात्रा अगली पीढ़ी के लिए छोड़ जाती है। एक पीढ़ी के बाद दूसरी, दूसरी के बाद तीसरी और आगे बहुत सी पीढ़ियाँ आती-जाती रहती हैं, और सभी अपना प्रभाव या संस्कार अपने से अगली पीढ़ी पर छोड़ती जाती हैं। यही प्रभाव (संस्कार) संस्कृति है..." (*बौद्ध संस्कृति*, १९५३, पृ. ३)।

अब अगर संस्कृति पीढ़ी-दर-पीढ़ी संस्कार प्रवाह है तो हिमालय की परत-दर-परत पर यह संस्कार कैसा है? इसमें देश-काल-पात्र गत कितना भेद-अभेद है? क्या कोई एक कोने से इसे पूरा-पूरा आर-पार देख सकता है और इसका बखान कर सकता है? एक काम-काजी तरीका यह है कि देश-काल के किन्हीं चुने हुए बिन्दुओं से इस दृश्य के कुछ चित्र टुकड़े-टुकड़े पेश किये जाएँ। फिर इन्हें जोड़ा जाये? तो क्या इन टुकड़ों से एक पूरा चित्र बनता है? या फिर, काल के कुछ बिन्दुओं जैसे १९६५ से, फिर तीस साल बाद १९९४ से कुछ 'इंस्टैंट' चित्र पेश किये जाएँ और इनकी तुलना की जाये। शुरू में, तुलना के लिए अन्य बातें, जैसे भूमि, जल, जनसंख्या, टेक्नॉलॉजी, रुचि वगैरह समान मान ली जाये और फिर देखा जाये या फिर कुछ नमूने के पात्र चुने जाएँ। उनका 'पोर्ट्रेट' बनाया जाये और देखा जाये कि हिमालय के विस्तृत 'कैनवस' पर

इनकी रूपरेखा क्या बनती-बिगड़ती है? या फिर 'वीडियो' पत्रिका बने?

इन सब दृष्टि बिन्दुओं की अपनी सीमा है। सामर्थ्य भी। एक स्मारक व्याख्यान की भी अपनी सीमा है। वक्ता-श्रोता के समय और धैर्य की भी। इसलिए यहाँ इनका संकेत ही किया जा सकता है। काल निरवधि है, धरती विपुला है, भवभूति की भाँति यह आशा ही की जा सकती है कि कोई समान धर्मा पैदा होगा। अभी तो टुकड़े-टुकड़े में कुछ कहा जा सकता है।

हिमालय का सांस्कृतिक परिदृश्य इतनी तेजी से बदल रहा है कि कहीं पकड़ में नहीं आता। परिवर्तन तो सबमें सब दूर होता रहा है। लेकिन इधर उसकी गति तेज हो गयी है। इसलिए आज हिमालयी संस्कृति का एक या दूसरा या तीसरा 'सीनारियो' (परिदृश्य) क्या है? यह कहना मेरे लिए कठिन है। शब्द वह चीज नहीं। फिर भी, इसकी परम्परागत परत-दर-परत का एक प्रतीक उभरता है। वह काठमांडो घाटी के बुंगदेव-लोकेश्वर-मत्स्येन्द्रनाथ का है। इसके दो रूप रातो-सेतो-रक्त और श्वेत हैं। मूलरूप से बागमती और फिर काठमांडो में। आदिम रूप में पत्थर की अनगढ़ शिला है। सो ही आदिम देव बुंगद्यः है। उस पर आदिम विश्वास, पूजा-पाठ होता रहा है। फिर जब नेपाल में बौद्ध धर्म का प्रवेश हुआ तो उस पर अवलोकितेश्वर-लोकेश्वर के विग्रह का निर्माण हुआ। अब इस करुणा के बौद्ध देवता की पूजा, स्तुति वगैरह होने लगी। जब इतिहास के अगले दौर में, गोरखा राज आया तो इसी बुंगद्यः-लोकेश्वर पर मत्स्येन्द्रनाथ का मुकुट चढ़ा। अब यह बुंगद्यः-लोकेश्वर-मत्स्येन्द्रनाथ कहलाता है और पूजा जाता है। राहुल जी के साथ भी तो यही है : केदारनाथ पाण्डे-रामोदार दास-राहुल सांकृत्यायन। संस्कार की परत-दर-परत।

इतना तो पकड़ में आता है। किन्तु समकालीन परिवर्तन की पकड़ इतनी आसान नहीं है। ज्यादा निकट की है, पेचीदा है, समझ में न आने वाली है। जो समझ में आती है उसे भी समझ मन ही मन रहने जैसा है। कुछ कहने-सुनने लायक नहीं। कम-से-कम मुझे ऐसा लगता है। वैसे 'कंटेम्पररी चेंजेज एंड द हिमालयन बुद्धिस्ट्स' शीर्षक एक शोध-निबंध इंटरनेशनल असोसिएशन ऑफ बुद्धिस्ट स्टडीज के चौथे सम्मेलन, मैडिसन, १९८१ में प्रस्तुत किया, वह प्रकाशित भी है।

हिमालय के प्रत्यन्त प्रदेश के संस्कार की एक छवि उभरती है। रोहतांग के पार, लाहुल के ठाकरों का गाँव खंगसर है। वहाँ राजमाता ने, और उनकी बेटी ने जो लदाख

की रानी थीं, खुद खाना पकाया। खिलाया। विदा लेते समय उपाध्याय जी ने राजमाता से कहा कि आपके बाद यह सत्कार कौन करेगा? तो राजमाता रोने लगीं। कोई नहीं। कोई बेटा, बहू यहाँ रहना नहीं चाहती। कोई नहीं। यह कोई बीस साल पहले हुआ। पता नहीं, इस समय वहाँ कोई है या नहीं? या क्या यह सिर्फ रोहतांग के पार के गाँव की कथा है या अन्य की भी?

शायद कम-बेश यह सब दूर हो रहा है। किन्तु कभी-कभी लगता है कि हिमालय में यह कुछ ज्यादा ही है। जैसे भाषा-बोली। क्या यह सच है कि और भाषा-बोली वालों की तुलना में, पहाड़ के लड़के-लड़कियाँ ज्यादा आसानी से अपनी भाषा-बोली छोड़ कर हिन्दी या पहाड़ी अंग्रेजी बोलने लगते हैं? ऐसे तो भोजपुरी परिवारों में भी जो लड़के-लड़कियाँ अंग्रेजी माध्यम के स्कूलों में पढ़ रहे हैं वे अपनी बोली से कटते जा रहे हैं, किन्तु अभी तक उनके माता-पिता की पीढ़ी और ज्यादा कर दादा-दादी की पीढ़ी अपनी बोली, रीति-भाँति आपस में चलाते हैं। (वैसे अब धीरे-धीरे अंग्रेजी, 'मातृभाषा' भी बनती जा रही है।) या क्या यह भी कहा जा सकता है कि हिमालय के लोग जिस कदर पहाड़ से मैदानों से होते हुए विदेशों में बसना चाह रहे हैं उस हद तक गंगा-जमुना के मैदान के लोग नहीं? हाँ, पंजाबी, मलयाली आदि भी कम नहीं। क्या इसमें भी मध्य देश और प्रत्यन्त देश का कोई भेद है? पता नहीं। वैसे तो जो भी घर छोड़ कर जाता है उसको अपना घर याद आता है। उसका भी संस्कार है। फिर भी...

क्या हिमालय का कोई अपना स्वभाव है? जो उदाहरण के लिए, मैदानी स्वभाव से भिन्न-अभिन्न? कुछ निश्चित रूप से कहना तो कठिन है। किन्तु कुछ तो भेद है। अब इस भेद को बहुत तानना भी जरूरी नहीं। किन्तु इस स्वभाव भेद से ही शायद हिमालय की अस्मिता का भेद, पहाड़ी अस्मिता का भेद आता हो। अस्मिता का आज-कल बड़ा जोर है। बल्कि अस्मिता का संकट है। यह सिर्फ एरिक्सन का पैदा किया हुआ नहीं है। पतंजलि के *योगसूत्र* में अविद्या, अस्मिता, राग, द्वेष, अभिनिवेश को पाँच क्लेश कहा गया है। यह अविद्या का परिवार है। अस्मिता भी क्लेश है। जिस हद तक मैं हूँ, मेरी पहचान है, उस हद तक तो ठीक है। किन्तु इसमें से जो 'मैं', 'मेरा' और 'तू', 'तेरा', फिर तेरा-मेरा, फिर तू-तू मैं-मैं निकलता है वह तो क्लेश है। इस अस्मिता का मूल कहाँ है? विस्तार कहाँ तक है? जहाँ तक 'अन्य' है। क्योंकि उसकी भी तो

अस्मिता है। और जहाँ उसकी अस्मिता की सीमा में मेरी अस्मिता की घुसपैठ हुई वहाँ उसकी अस्मिता भी डण्डा लेकर खड़ी है। उसे भी भय है, जैसे मुझे है।

यह किस्सा *बृहदारण्यक उपनिषद्* से चला आ रहा है। या असल में तो अनादि है। *उपनिषद्* में सिर्फ दर्ज किया गया है। वह अकेला न रमता था। अकेले उसका मन नहीं लगता था। तो उसने अपने में से ही दूसरा अपना जोड़ा पैदा किया और जब दूसरा हुआ तो उससे भय पैदा हुआ।

तो हिमालय की कोई अपनी अस्मिता है? इसके लिए क्या कोई एक या अनेक राज्य की आवश्यकता है? या राज्य अगर इससे दूर रहे, सिर्फ अविघ्न भाव से उपस्थित रहे तो ही भला है। इसका एक संदर्भ है। आचार्य वसुबन्धु ने हेतु-प्रत्यय के बारे में कहा कि अपने को छोड़ कर सभी अन्य उसके होने में हेतु है। इसमें भी कुछ हेतु ऐसे हैं जो अविघ्न भाव से उपस्थित रहते हैं, जो इस कारण हेतु हैं कि उसके होने में वे विघ्न नहीं डालते। दृष्टान्त है कि एक बार गाँव के लोगों ने एक दावत की। जब दावत हो गयी तो लोगों ने जाकर राजा को कहा कि आपकी कृपा से हम लोगों की दावत भली प्रकार हो गयी। राजा ने कहा कि मैंने तो इसके लिए कुछ किया नहीं। तो लोगों ने कहा कि यह क्या कम है कि आपने कोई विघ्न नहीं डाला? तो क्या लोगों के हित के लिए, सुख के लिए राज्य का अविघ्न भाव से उपस्थित रहना काफी है? या राज्य जरूरी है? पता नहीं।

सरला बहन ने अरुणाचल प्रदेश में मिशनरियों की गतिविधि पर प्रतिक्रिया करते हुए *हिमालय* (मार्च, १९७९) में लिखा : *"व्यक्तिगत रूप से मैं धर्म परिवर्तन के लिए किये जा रहे प्रचार की विरोधी हूँ। व्यक्ति का अपना धर्म उसके लिए बहुत ही व्यक्तिगत और पवित्र मसला होता है।"*

किन्तु "सवाल तो यह है कि जनजातीय संस्कृति के लिए एक धर्म से किसी दूसरे जड़ धर्म में परिवर्तन ज्यादा खतरनाक है या दुनिया में आज 'प्रगति और विकास' का जो धर्म प्रचलित है वह उनके लिए ज्यादा खतरनाक है। क्या, दूसरा सांस्कृतिक दृष्टि से ज्यादा खतरनाक नहीं है?"

यह एक विचारणीय प्रश्न है। यह प्रगति और विकास का नया धर्म सभी पुराने संगठित धर्मों पर हावी है। यह जन-जीवन में, यहाँ तक कि उनके मन में इस कदर समा गया है कि वह किसी धर्म, जाति, देश-विशेष तक सीमित नहीं है। हिमालय में पर्यावरण-

यानी भूमि, जंगल, जल, वायु और आकाश का नाश विकास के नाम पर हो रहा है। अगर यही विकास है तो विनाश क्या है? विकास और पर्यावरण का द्वन्द्व चल रहा है। क्या वाद-प्रतिवाद ही है, या इनके बीच कोई संवाद भी बन सकता है?

जो हो, 'प्रगति' और 'विकास' का धर्म लोगों के मन-प्राण में बस गया है, जन-जीवन में उतर गया है और पर्यावरण अभी तक विचार-प्रचार में है, लोक आचार में, और लोक चित्त में नहीं। लोग विकास चाहते हैं, सड़क चाहते हैं या 'वीडियो' बस चाहते हैं। गाँव में स्कूल, अस्पताल, थाना, ब्लॉक चाहते हैं। सीधे ट्रेन से दिल्ली-बम्बई जाना चाहते हैं। टी. वी. का 'ट्रांसमिशन टॉवर' चाहते हैं, केबुल चाहते हैं, रात की फिल्म देखना चाहते हैं, इत्यादि? इसमें पहाड़, जंगल, जल, वायु, हवा और आकाश और मन दूषित होता है तो हो। लेकिन यह सब न हो तो प्रगति कहाँ? विकास कहाँ? इसका विरोध तो प्रगति का विरोध है। विकास का निषेध है सो तो मृत्यु है। इसलिए यह तो चाहिए ही चाहिए। होना ही होना है। यह 'प्रगति और विकास' का धर्म है। और यह सरला बहन को 'सांस्कृतिक दृष्टि से ज्यादा खतरनाक' लगता है। आपको क्या लगता है?

पलट कर कोई पूछ सकता है कि आपको क्या लगता है? पता नहीं, मैं तो परदेशी ठहरा। कोई बीस साल बाद कुमाऊँ आ रहा हूँ। मैं क्या जानूँ? आने के पहले इसी चिन्ता में था कि पता नहीं अब क्या हाल है? मैंने तो 'सूखा ताल, इन्द्रिय सुख...लेकिन रास्ता क्या है?' (*कल्पना*, जुलाई, १९६७) आदि तो प्रायः तीस साल पहले लिखा था? आज क्या हाल है? तो प्रोफेसर रमेश चन्द्र तिवारी को पत्र लिखा। पद्मपुरी (वाया भीमताल), जिला नैनीताल से २८.२.१९९४ का उनका पत्र मिला। उसका कुछ अंश बिना उनकी अनुमति के उद्धृत करने की अनुमति चाहता हूँ :

"यहाँ सब कुछ बदल गया है। संस्कार विहीनता का बोलबाला है। विपरीत सांस्कृतिकता और अविनय का ज्वार उठ रहा है। रीति-रिवाज, बोल-चाल सब बदल रहा है। जिस रास्ते पर हम निकले थे अब वह निर्जन पथ नहीं बाजार का चौराहा बन चुका है।...होना ही होगा यह सब तभी तो हो रहा है।"

"आपको राहुल व्याख्यान माला में भाषण देना है। हिमालय के बदलते परिदृश्य पर। मैंने एक झलक आपके चार वाक्यों के छोटे से पैराग्राफ में उस परिदृश्य के एक पहलू की दी है। उसके अनगिनत पहलू हैं। तिब्बत को हान साम्राज्यवाद पीट रहा है,

उसकी संस्कृति का हानीकरण (और वास्तव में आधुनिक हानीकरण) कर रहा है और हम हिमालय के इस पार अपनी संस्कृति की हानि का, या हानिकरण का बीड़ा उठाये हुए हैं। कुछ तरक्की के नाम पर, कुछ जातियों की अस्मिता को तेजस्विता देने के नाम पर और बहुत करके व्यक्तिगत तथा सामूहिक तथा क्षेत्रीय प्रगति के नाम पर यह सब हो रहा है। ऑडियो-विडियो-दूरदर्शन, स्टार, ज़ी.टी.वी. का साम्राज्य फैल रहा है। रूपर्ट मरडाक अब इष्टदेव होते जा रहे हैं। खैर, यह सब तो चल ही रहा है...।"

क्या हिमालय के बदलते सांस्कृतिक परिदृश्य का यह चित्र सही है या उसके तो अनगिनत पहलू हैं। यह सिर्फ उसका एक पहलू है तो दूसरा क्या है?

•

बौद्ध संगीतियाँ : कुछ विचारणीय प्रश्न *

विनय पिटक (अनुवादक : राहुल सांकृत्यायन) के अनुसार प्रथम संगीति की कार्यवाही इस प्रकार है :

तब आयुष्मान् महाकाश्यप पाँच सौ भिक्षुओं के साथ पावा और कुसीनारा के बीच रास्ते में थे। मार्ग से हटकर एक वृक्ष के नीचे बैठे थे। उस समय एक आजीवक कुसीनारा में मदार का फूल लेकर पावा के रास्ते जा रहा था। महाकाश्यप ने उस आजीवक से रास्ते के बारे में पूछा।

आजीवक ने बताया एक सप्ताह हुआ, श्रमण गौतम को परिनिर्वाण प्राप्त हो गया। वहाँ जो अवीतराग थे उनमें कोई–कोई बाँह पकड़ कर रोते थे। किन्तु जो वीतराग भिक्षु थे वह इसे सहन करते थे। उस समय सुभद्र नामक एक वृद्ध भिक्षु उस परिषद् में था। उसने भिक्षुओं को कहा, मत शोक करो, मत रोओ। हम सुमुक्त हो गये। उस महाश्रमण से पीड़ित रहते थे। अब हम जो चाहेंगे सो करेंगे, जो नहीं चाहेंगे वह नहीं करेंगे।

यह सुनकर महाकाश्यप ने भिक्षुओं को कहा हम धर्म और विनय का संगायन करेंगे। महाकाश्यप ने एक कम पाँच सौ अर्हत् चुने। भिक्षुओं ने कहा कि आनन्द यद्यपि अर्हत् नहीं हैं, किन्तु इन्होंने भगवान् से बहुत धर्म (=सूत्र) और विनय प्राप्त किया है, इसलिए आनन्द को भी चुनें। महाकाश्यप ने आनन्द को भी चुन लिया।

यह तय हुआ कि राजगृह में वर्षावास करते धर्म और विनय का संगायन हो। प्रथम मास में टूटे–फूटे की मरम्मत की।

---

* केन्द्रीय बौद्ध विद्या संस्थान, चोगलमसर, लेह, लदाख में 'बौद्ध संगीतियों' पर अगस्त २००२ में आयोजित सेमिनार में प्रस्तुत पत्र।

आनन्द ने सोचा कि बैठक होगी। अर्हत् हुए बिना उसमें जाना उचित नहीं। बहुत रात तक स्मृतिपूर्वक बैठे। भिनसार चित्त आश्रवों से मुक्त होकर अर्हत् हो गये। अर्हत् होकर ही बैठक में गये।

महाकाश्यप ने संघ की अनुमति से उपालि से विनय–पूछा।–"आवुस! उपालि! प्रथम पाराजिका कहाँ प्रज्ञप्त की गयी? राजगृह में–किसको लेकर–सुदिन्न कलन्द-पुत्र को लेकर–किस बात में?–मैथुन धर्म में।"

तब महाकाश्यप ने उपालि को प्रथम पाराजिका की वस्तु भी पूछी, निदान भी पूछा, पुद्गल भी पूछा, प्रज्ञप्ति भी पूछी, अनुप्रज्ञप्ति भी पूछी, आपत्ति भी पूछी, अन–आपत्ति भी पूछी।

इस प्रकार द्वितीय, तृतीय, चतुर्थ पाराजिका के बारे में; भिक्षु, भिक्षुणी के विनय के बारे में पूछा। उपालि ने पूछे का उत्तर दिया।

तब महाकाश्यप ने संघ की अनुमति से आनन्द से धर्म (=सूत्र) पूछा। आवुस आनन्द! ब्रह्मजाल सूत्र को कहाँ भासित किया?–राजगृह और नालन्दा के बीच में, अम्बलट्ठिका के राजागार में। किसको लेकर–सुप्रिय परिव्राजक और ब्रह्मदत्त माणवक को लेकर। तब महाकाश्यप ने ब्रह्मजाल सूत्र के निदान को भी पूछा। पुद्गल को भी पूछा।...इस प्रकार पाँचों निकायों को भी पूछा।

तब आयुष्मान् आनन्द ने स्थविर–भिक्षुओं से कहा–"भन्ते! भगवान् ने परिनिर्वाण के समय ऐसा कहा–आनन्द! इच्छा होने पर मेरे न रहने के बाद, क्षुद्र–अनुक्षुद्र (छोटे-छोटे) शिक्षापदों (भिक्षु–नियमों) को हटा दें।"

"आवुस आनन्द! तूने भगवान् को पूछा? किन क्षुद्र–अनुक्षुद्र शिक्षापदों को।"

"भन्ते! मैंने भगवान् से नहीं पूछा।"

महाकाश्यप ने इस पर आनन्द को कहा।

"यह तुमने बुरा किया जो भगवान् को नहीं पूछा।"

इसी प्रकार आनन्द की कुछ और भूलों के लिए भी उन्हें दुक्कट की देशना करने को कहा गया। आनन्द ने कहा कि इसे मैं दुष्कृत नहीं समझता किन्तु आयुष्मानों के खयाल से देशना (=क्षमायाचना) करता हूँ।

इस प्रकार राजगृह की प्रथम संगीति में धर्म विनय का संगायन हुआ।

उस समय पाँच सौ भिक्षुओं के साथ आयुष्मान् पुराण दक्षिणागिरि में चारिका कर रहे

थे। पुराण धर्म और विनय के संगायन के समाप्त हो जाने पर जहाँ राजगृह में कलंदक निवाप का वेणुवन था, जहाँ पर स्थविर भिक्षु थे, वहाँ गये। पुराण को स्थविर भिक्षुओं ने कहा–स्थविरों ने धर्म और विनय का संगायन किया है। आओ तुम भी संगीति को मानो।–स्थविरों ने धर्म और विनय को सुन्दर तौर से संगायन किया है। तो भी जैसा मैंने भगवान् के मुँह से सुना है, मुख से ग्रहण किया है, वैसा ही मैं धारण करूँगा।

इस प्रकार राजगृह की प्रथम संगीति से ही असहमति के प्रारम्भ की सूचना है। यह संगीति भगवान् के परिनिर्वाण के एक वर्ष के अन्दर ही होने पर सहमति है।

दूसरी संगीति भगवान् के परिनिर्वाण के सौ वर्ष बीतने पर वैशाली में होने की सूचना है। वैशाली निवासी वज्जिपुत्तक (= वृज्जि–पुत्र) भिक्षु दस वस्तुओं का प्रचार करते थे : (१) शृंगि–लवण कल्प विहित है। (२) द्वि–अंगुल कल्प विहित है। (३) ग्रामान्तर कल्प विहित है। (४) आवास कल्प विहित है। (५) अनुमति कल्प विहित है। (६) आचीर्ण कल्प विहित है। (७) अमथित कल्प विहित है। (८) जलोगी–पान कल्प विहित है। (९) अ–दशक कल्प विहित है। (१०) जातरूप कल्प विहित है।

उस समय आयुष्मान् यश काकण्डपुत्त वज्जी में चारिका करते हुए जहाँ वैशाली थी वहाँ पहुँचे। उस समय वैशाली के वज्जि पुत्तक भिक्षु उपोसथ के दिन काँसे की थाली को पानी से भर भिक्षु संघ के बीच में रखकर, आने–जाने वाले वैशाली के उपासकों से कहते थे–

संघ को कार्षापण (= तांबे का सिक्का) दो, अर्द्ध–कार्षापण दो, पाद–कार्षापण दो, मापक रूप भी दो। संघ के परिष्कार का काम होगा।

ऐसा सुनने पर यश ने वैशाली के उपासकों से कहा–मत संघ को कार्षापण, अर्द्ध–कार्षापण...दो। श्रमणों को जातरूप (सोना) रजत (चाँदी) विहित नहीं। ऐसा कहने पर भी उपासकों ने संघ को कार्षापण दिया। तब वैशाली के वज्जि–पुत्तक भिक्षुओं ने उस रात के बीतने पर भोजन के समय हिस्सा लगाकर बाँट दिया। यश को कहा यह हिरण्य का हिस्सा तुम्हारा है। यश ने कहा–मेरा हिरण्य का हिस्सा नहीं। मैं हिरण्य का उपभोग नहीं कर सकता।

इस पर वैशाली के वज्जिपुत्तक भिक्षुओं ने आपत्ति की। और दण्ड की कार्यवाही की। यश ने अनुदूत भिक्षु के साथ वैशाली में प्रवेश कर वैशालिक उपासकों से कहा–

आयुष्मानो! मैं श्रद्धालु उपासकों को निन्दता हूँ, फटकारता हूँ, अप्रसन्न करता

हूँ, जो कि मैं अधर्म को अधर्म कहता हूँ, धर्म को धर्म कहता हूँ, अविनय को अविनय कहता हूँ, विनय को विनय कहता हूँ ?–एक समय भगवान् श्रावस्ती में अनाथ-पिण्डक के आराम जेतवन में विहार करते थे। वहाँ आवुसो! भगवान् ने भिक्षुओं को आमंत्रित किया–भिक्षुओ! चन्द्र-सूर्य को चार उपक्लेश (मल) हैं, जिन उपक्लेशों से उपक्लिष्ट (मलिन) होने पर चन्द्र-सूर्य न तपते हैं, न भासते हैं, न प्रकाशते हैं। कौन-से चार? भिक्षुओ! बादल, चन्द्र-सूर्य का उपक्लेश है, जिस उपक्लेश से उपक्लिष्ट होकर चन्द्र-सूर्य न तपते हैं, न भासते हैं, न प्रकाशते हैं। महिका (= कुहरा) ०। धूमरज (धूमकण) ०। राहु असुरेन्द्र (= ग्रहण) ०। इसी प्रकार भिक्षुओ! श्रमण-ब्राह्मण को भी चार उपक्लेश हैं जिन उपक्लेशों से उपक्लिष्ट होकर श्रमण-ब्राह्मण नहीं तपते, नहीं भासते, नहीं प्रकाशते। कौन से चार? (१) कोई-कोई श्रमण-ब्राह्मण सुरा पीते हैं, मेरय (कच्ची शराब) पीते हैं, सुरा-मेरय पान से विरत नहीं होते। यह प्रथम उपक्लेश है ०। (२) कोई-कोई श्रमण-ब्राह्मण मैथुन सेवन करते हैं, मैथुन धर्म से विरत नहीं होते० यह दूसरा०। (३) ०जातरूप रजत उपभोग करते हैं, जातरूप-रजत ग्रहण से विरत नहीं होते०। (४) ०मिथ्या जीविका करते हैं, मिथ्या-आजीव से विरत नहीं होते। भिक्षुओ! यह चार श्रमणों-ब्राह्मणों के उपक्लेश हैं०। जिन उपक्लेशों से उपक्लिष्ट हो श्रमण-ब्राह्मण नहीं तपते०।

ऐसा कहने पर वैशाली के उपासकों ने कहा कि यश ही श्रमण है, यह सभी अश्रमण हैं। इत्यादि।

तब दोनों ओर से पक्ष-संग्रह की सूचना है। यश ने अवन्ती-दक्षिणापथ के भिक्षुओं को अपने पक्ष में किया। इस सिलसिले में आयुष्मान् रेवत जो बहुश्रुत हैं, शिक्षाकामी हैं, उनसे इन दस वस्तुओं के बारे में जो प्रश्नोत्तर है वह इस प्रकार है :

१. भन्ते! शृंगि-लवण कल्प-विहित है?–क्या है आवुस! यह शृंगि-लवण-कल्प?–भन्ते! सींग में नमक रखकर पास रखा जा सकता है, कि जहाँ अलोना होगा, लेकर खाएँगे। क्या वह विहित है? आवुस नहीं विहित है।
२. द्वयंगुल-कल्प विहित है?–क्या है द्वयंगुल-कल्प?–दोपहर को दो अंगुल छाया को बिता कर भी विकाल भोजन करना क्या विहित है?–नहीं विहित है।
३. क्या ग्रामान्तर-कल्प विहित है? क्या है ग्रामान्तर कल्प?–भोजन कर चुकने पर, छक लेने पर गाँव के भीतर भोजन करने जाया जा सकता है?–नहीं जाया जा

सकता है।

४. क्या आवास-कल्प विहित है?—क्या है आवास-कल्प?—एक सीमा के बहुत से आवासों में उपोसथ करना क्या विहित है?—नहीं विहित है।

५. क्या अनुमति-कल्प विहित है? क्या है अनुमति-कल्प? एक वर्ग के संघ का (विनय) कर्म करना, यह ख्याल करके कि जो भिक्षु पीछे आएँगे, उनको स्वीकृति दे देंगे, क्या यह विहित है?—नहीं विहित है।

६. क्या आचीर्ण-कल्प विहित है?—क्या है आचीर्ण-कल्प?—यह मेरे उपाध्याय ने आचरण किया है, यह मेरे आचार्य ने आचरण किया है, ऐसा समझ कर किसी बात का आचरण करना, क्या विहित है?—कोई-कोई आचीर्ण-कल्प विहित है, कोई-कोई आचीर्ण-कल्प अविहित है।

७. अमथित-कल्प विहित है?—क्या है अमथित-कल्प?—जो दूधपन को छोड़ चुका है, दहीपन को नहीं प्राप्त हुआ है, उसे भोजन कर चुकने पर, छक लेने पर, अधिक पीना क्या विहित है?—नहीं विहित है?

८. क्या जलोगी-पान विहित है?—क्या है जलोगी-पान?—जो सुरा अभी चुआई नहीं गयी है, जो सुरापन को अभी प्राप्त नहीं हुई है, उसका पीना क्या विहित है?—विहित नहीं है।

९. अदशक निषीदन (= बिना मगजी का आसन) विहित है?—नहीं विहित है।

१०. जातरूप-रजत (= सोना-चांदी) विहित है?—नहीं विहित है।

उधर वैशाली के भिक्षुओं ने भी अपने पक्ष का प्रचार किया। पक्ष में प्रयत्न किया।

तब उस विवाद के निर्णय के लिए संघ एकत्र हुआ। निश्चय करते समय अनर्गल बकवास होते देख आयुष्मान् रेवत् ने प्रस्ताव किया कि इस मामले को उद्वाहिका (कमिटी) शान्त करे। चार-चार भिक्षु चुने गये।

एक-एक कर दस वस्तुएँ पूछी गयीं। उनकी व्याख्या की गयी। और यह विनय के अनुसार क्यों विहित नहीं है यह बताकर निर्णय लिया : यह दस वस्तुएँ धर्म-विरुद्ध, विनय-विरुद्ध, शास्ता के शासन के बाहर की हैं।

तब आयुष्मान् रेवत् ने संघ के बीच में भी आयुष्मान सर्वकामी से यह दस वस्तुएँ पूछीं। पूछने पर सर्वकामी ने व्याख्यान किया।

इस प्रकार यह विवाद शान्त, उपशान्त हो गया।

इस विनय-संगीति में न कम, न बेश सात सौ भिक्षु थे। इसलिए यह विनय-संगीति 'सप्त-शतिका' कही जाती है।

प्रथम दो संगीतियों का यह विवरण पालि *विनय पिटक* (अनुवादक : राहुल सांकृत्यायन) के आधार पर सम्पादित है। *विनय पिटक* में संकलित होने के कारण यह मूल स्रोत है। थेरवादी परम्परा में ६ संगीतियों की सूचना है। महायान परम्परा में ३ संगीतियों की। प्रथम २ संगीतियों की जो सूचना बुतोन रिनपोछे (अंग्रेजी में अनूदित : *द हिस्ट्री ऑफ बुद्धिज्म इन इण्डिया एण्ड तिब्बत,* अनुवादक : ई. ओबरमिलर, हाइडेलबर्ग, १९३२) में है, उसमें इनका तिब्बती में अनूदित विनय पिटक में होने का संकेत है। तीसरी कनिष्क के राज्य में जालंधर में हुई किन्तु उसका *विनय पिटक* में उल्लेख नहीं है, ऐसी सूचना बुतोन रिनपोछे ने दी है। पहली दो संगीतियों के वर्णन में ऊपर दिये गये वर्णन से कुछ भेद-कुछ अभेद दीखता है। जैसे प्रथम संगीति के बारे में :

"बुद्ध के परिनिर्वाण और स्तूपों आदि के बनने के बाद देवताओं में धर्म के प्रति तिरस्कार की भावना पनपने लगी : शास्ता के शब्द धुएँ की तरह बिखर रहे हैं। जो बहुश्रुत भिक्षु थे वे गुजर चुके हैं। अब त्रिपिटकों को कोई बताने वाला नहीं रहेगा।" इस तिरस्कार भावना का अन्त करने के लिए महाकाश्यप ने संगीति बुलाने का संकल्प किया। इस वृत्तांत में गवाम्पति नामक अति-मनुष्य और पूर्ण के संवाद का विस्तार से वर्णन है, जो पालि में नहीं मिलता। इत्यादि।

तो विचारणीय प्रश्न यह है कि मूल सर्वास्तिवादी विनय में इन दो प्रथम संगीतियों का क्या वर्णन दिया गया है? यह थेरवादी से किस प्रकार भिन्न-अभिन्न है? क्या परम्परागत विद्वान् इस पर प्रकाश डालेंगे?

फिर, एक यक्ष-प्रश्न है : मूल बुद्धवचन क्या है?

भगवान् बुद्ध के परिनिर्वाण के बाद की शताब्दियों में बौद्ध १८ निकायों में विभाजित हुए, यह सूचना है। जैसा इन विवादों में सहज है, हर निकाय अपने को मूल वचन-धर्म और विनय का एकमात्र वारिस मानता है और दूसरे निकाय के धर्म विनय को बुद्ध वचन ही नहीं मानता। यह प्रवृत्ति प्राचीन भी है और आधुनिक भी। थेरवादी पालि बुद्ध वचनों को मूल मानते हैं, महायान परम्परा के संस्कृत सूत्र को बुद्धवचन नहीं मानते। इतना ही नहीं महायान ग्रंथों में भी महायान सूत्रों की बुद्ध वचनता पर लम्बा विमर्श इसका संकेत है कि इस बाबत संशय है। आधुनिक पाश्चात्य परम्परा में पिछले

१०० वर्षों से जो बौद्ध धर्म दर्शन का अध्ययन–अनुसंधान हुआ उसमें बहुत करके पालि बुद्धवचन मूल हैं, प्रथम हैं और महायान पश्चात। पालि सूत्रों में भी कुछ मूल बताये जाते हैं, इत्यादि। इस बाबत बुतोन रिनपोछे ने एक राजा के स्वप्न का जिक्र किया है। राजा कृकी स्वप्न देखता है कि १८ लोग कपड़े के एक ही टुकड़े को अपनी–अपनी ओर खींच रहे हैं। जाहिर है कि इस खींचतान में यह टुकड़ा फट जाने वाला है। अतः बुतोन रिनपोछे का समाधान है कि सभी १८ निकायों में विभक्त मूल बुद्धवचन ही हैं। किन्तु गोष्ठी के लिए फिर भी यह विचारणीय प्रश्न बना रहेगा कि मूल बुद्धवचन क्या है? और इसका साक्ष्य क्या है?

फिर, ई. लामोत, *हिस्ट्री ऑफ इण्डियन बुद्धिज्म* (फ्रेंच मूल से अनूदित, १९९८) के अनुसार ऐसा प्रतीत होता है कि संगीतियों में चिन्ता विनय के बारे में है, न कि धर्म के बारे में। क्या यह सही है?

एक विचारणीय बात यह है कि इन प्रारम्भिक संगीतियों में क्या पूरे के पूरे त्रिपिटक का संगायन हुआ? या पहले संक्षेप में, शायद मात्रिकाओं का संगायन हुआ?

संगीतियों के स्थान, तिथि, भाग लेने वालों की संख्या, आदि की तफसील के बारे में अनेक मत–मतान्तर हैं। मैं उन प्रश्नों में नहीं पड़ना चाहूँगा। किन्तु गोष्ठी तो शायद इनसे बच नहीं सकती। जो हो।

इन परम्परागत प्रश्नों के साथ–साथ, एक प्रश्न आधुनिक किस्म का है। आधुनिक काल में बौद्ध धर्म–दर्शन–साधना का यूरोप–अमेरिका में प्रवेश हो चुका है, इसमें तनिक भी सन्देह नहीं। पाश्चात्य संस्कृति की भूमि में बौद्ध सूत्र और तन्त्र के प्रवेश से धर्म और विनय दोनों ही के लिए कई प्रश्न पाश्चात्य आधुनिक बौद्धों के लिए और परम्परागत बौद्धों के लिए उठ खड़े हुए हैं। इस बाबत कोई प्रमाण के लिए नहीं, उदाहरण के लिए रिचर्ड पी. हेज, *लैंड ऑफ नो बुद्ध* (बर्मिंघम, १९९८) का जिक्र किया जा सकता है। क्या पश्चिमी बौद्धसंघ को भी एक निकाय माना जा सकता है? या नहीं? इससे जुड़े हुए धर्म विनय के अनेक प्रश्न उठते हैं। शायद यह एक अलग ही परिसंवाद का विषय है। फिलवक्त, परम्परा प्राप्त बौद्ध संगीतियों से उठने वाले प्रश्नों की चर्चा करें तो अच्छा।

•

लदाख-खण्ड के निमित्त
(पुरोवाक्)

(१)

हिमालयी बौद्ध संस्कृति विश्वकोश परियोजना के बीजवपन काल से जुड़े हुए होने का मुझे सुयोग प्राप्त है। अब वह क्षण निकट है जबकि यह योजना प्रथम फल प्राप्त करने को है। कबीर के शब्दों में–'माली सींचै सौ घड़ा ऋतु आवै फल देत'। अब वह ऋतु आती दीख रही है। इस परियोजना के बारे में लिखने के अधिकारी प्रधान सम्पादक प्रोफेसर रमेशचन्द्र तिवारी हैं। विश्वकोश के स्वरूप, उद्देश्य, संरचना, सम्पादन के सिद्धान्त आदि के बारे में यथासमय भूमिका में प्रकाश डालेंगे। उनका आग्रह है कि मैं इस बारे में कुछ लिखूँ। उनका आग्रह मेरे लिए आदेश तुल्य है। ऐसे उनके आग्रह का अनादर कैसे करूँ?

'जीवेछल' (शांतिवन) में लदाख-खण्ड के बारे में लिखने का यह दुर्लभ क्षण प्राप्त है। यह क्षण सम्पत्ति एक बार हाथ से गयी तो गयी। इस क्षण लदाख के पिछले तीस वर्षों को मुड़कर देख रहा हूँ और मेरे सामने लदाख-खण्ड की विस्तृत योजना है। यह दस खण्डों में है। खण्ड-१ लदाख के परिचय; खण्ड-२ लदाख में बौद्ध धर्म के विकास के बारे में; खण्ड-३ गोनपाओं का है। खण्ड-४ धार्मिक विशिष्टजन, खण्ड-५ कला एवं शिल्प; खण्ड-६ विशिष्ट परम्पराएँ एवं संस्थानात्मक व्यवस्थाएँ; खण्ड-७ धर्म भाषा एवं साहित्य; खण्ड-८ पवित्र भौगोलिक स्थल तथा प्राकृतिक रचनाएँ; खण्ड-९ सामाजिक जीवन एवं लोक संस्कृति पर बौद्ध परम्परा का प्रभाव; खण्ड-१० जम्मू एवं कश्मीर तथा हिमाचल प्रदेश से सांस्कृतिक धार्मिक सम्बन्ध के बारे में है। यह रूपरेखा विश्वकोश नहीं। जैसे लदाख का नक्शा लदाख नहीं।

यह योजना सहसा आकाश से अवतरित नहीं हुई। बीसवीं सदी के सातवें दशक के अन्तिम वर्षों में हिमालयी बौद्ध संस्कृति के प्रत्यक्ष स्पर्श से इसका बीज वपन हुआ। लदाख बौद्ध विहार, दिल्ली में एक बैठक में प्रोफेसर रमेशचन्द्र तिवारी से इसकी रूपरेखा तैयार करने का आग्रह किया गया। अपने स्वभाव के सहज संकोच के साथ उन्होंने इसे स्वीकार किया। एक योजना तैयार की। केन्द्रीय बौद्ध विद्या संस्थान, चोगलमसर, लेह-लदाख को इसे कार्यान्वित करने को दिया गया। प्राचार्य डॉ. टशी पलजोर ने इसे भारत सरकार के संस्कृति मन्त्रालय को प्रेषित किया। वहाँ यह प्रायः १२ वर्षों तक सुप्तावस्था में पड़ी रही। फिर, जब केन्द्रीय बौद्ध विद्या संस्थान को विश्वविद्यालय का दर्जा देने की बात आयी तो इस परियोजना को पूरा करने की नये सिरे से कर्म-चेष्टा प्रारम्भ हुई। तिब्बत हाउस, नयी दिल्ली में गहन विचार-विमर्श हुआ। और उसमें इसके दिशा-निर्देश सूत्र उभर कर आये। इस पर से केन्द्रीय उच्च तिब्बती शिक्षा संस्थान, सारनाथ, वाराणसी में एक कार्यशाला का आयोजन हुआ। इसमें विश्वकोश के सम्पादन के सिद्धान्त, क्रम, खण्ड आदि का स्वरूप उभरा। मेरी जानकारी में किसी विश्वकोश के निर्माण के पूर्व इतनी जमीन नहीं तैयार की गयी है। विश्वकोश के लिए जो विशेष उद्देश्य निर्धारित किये गये, वे इस प्रकार हैं—समग्रता, व्यापकता, लघुता, गुणवत्ता, उपयोग में सुविधा, बोधगम्यता, आन्तरिक सुसम्बद्धता और पक्षपातहीनता।

हिन्दी भाषा एवं देवनागरी लिपि में ही नहीं, संसार की किसी भाषा एवं लिपि में हिमालयी बौद्ध संस्कृति विषयक विश्वकोश ऐसा स्वप्न भी नहीं देखा गया। दीर्घ रात्रि में इस सपने को देखने का योगायोग हुआ, इसका अपना सुख है।

प्रथम खण्ड तो हिमालयी बौद्ध संस्कृति के मुख प्रवेश का है। शायद वह अन्त में प्रकाशित हो। प्रारम्भ में लदाख स्थित केन्द्रीय बौद्ध विद्या संस्थान द्वारा लदाख-खण्ड का प्रकाशन हो, यह सर्वथा उचित है। इसके नमूने पर हिमाचल प्रदेश से लगाकर अरुणाचल प्रदेश तक की बौद्ध संस्कृति का वर्णन-विश्लेषण प्रस्तुत करने की कल्पना है। लम्बे गर्भाधान काल के पश्चात् अब स्थिति सन्तान सम्भवा है। इस अपूर्व कल्पना और कृति के प्रकाशन की पूर्व संध्या पर प्रोफेसर रमेशचन्द्र तिवारी और उनके सहयोगियों को हार्दिक बधाई और साधुवाद।

(२)

इस क्षण प्रायः ३० वर्षों की लदाख यात्रा की स्मृति जाग रही है। वर्ष १९७७ ई. में श्रद्धेय बकुल रिनपोछे का पत्र लेकर पहली बार लदाख यात्रा की। लदाख के प्रसिद्ध विद्वान् श्री टशी रबग्येस् उन दिनों जम्मू-कश्मीर सरकार के सूचनाधिकारी थे। गोनपा एसोसिएशन के दफ्तर के सचिव भी। उन्होंने बकुल रिनपोछे का पत्र पढ़कर और मुझसे थोड़ा प्रश्न-परिप्रश्न कर गोनपा सोमा (जिसे आजकल जोखङ विहार कहते हैं) उसके ऊपर दफ्तर के कमरे में मुझे रहने की इजाजत दी। उन दिनों लदाख के प्रतिष्ठित बौद्ध भिक्षु गेशे येशे टुण्डुप गोनपा में रहते थे और लेह के युवा अधिकारियों और उन युवा-युवतियों को सद्धर्म का उपदेश करते थे। गोनपा में प्रायः एक माह रहकर मैंने लदाख की प्रायः सभी प्रसिद्ध गोनपाओं का दर्शन किया। इसमें मेरे सहयात्री भिक्षु नवाङ छेरिङ हुए। डॉ. नवाङ छेरिङ इन दिनों केन्द्रीय बौद्ध विद्या संस्थान, चोगलमसर, लेह के प्रिंसिपल हैं। इस यात्रा काल में हेमिस गोनपा का प्रसिद्ध छम्-छेशु घटित हुआ। उसमें देश-विदेश के श्रद्धालु स्त्री-पुरुषों और टूरिस्टों ने भाग लिया। मैंने भी तटस्थ द्रष्टाभाव से इसे देखा।

इसके पहले लाहुल घाटी में गेमूर गोनपा में लदाख की रानी पार्वती देवी और राजकुमार तथा वाराणसी के प्रसिद्ध बौद्ध विद्वान् प्रो. जगन्नाथ उपाध्याय, भिक्षु सेम्पा दोर्जे, श्री टशी पलजोर तथा अन्य मित्रों के साथ हम छम्-छेशु देख चुके थे। मुझे हेमिस गोनपा के छम्-छेशु पर टूरिस्ट आक्रमण को देखकर सच कहूँ तो अच्छा न लगा था। जो हो, प्रथम लदाख यात्रा का बखान पहले *दिनमान* (साप्ताहिक, नयी दिल्ली) में 'लदाख के रास्ते में' शीर्षक से और *लदाख में राग-विराग* शीर्षक हिमालय कथा के तीसरे पद के रूप में प्रकाशित हुआ। प्रथम दो पद हैं-*स्पीति में बारिश* और *किन्नर धर्म लोक।* (यह लिखने का प्रयोजन इनका प्रचार करना नहीं। इनका जिक्र कर उसे दुहराने से बचत का है। कृपया जिस भाव से लिखा उससे ही ग्रहण करें, अन्यथा नहीं।) जो हो, प्रथम लदाख यात्रा ने मुझे उच्च रक्तचाप का रोग दिया। शरीर थका। किन्तु मन इस अपूर्व अनुभव से आनन्द से भर गया। अगले वर्ष सीमान्त प्रदेशीय बौद्ध महासभा के तत्वावधान में और भारत सरकार के शिक्षा संस्कृति मन्त्रालय के सहकार से पंडित जगन्नाथ उपाध्याय के निदेशन में एक अध्ययन दल लदाख आया। इस दल के अन्य

सदस्यों में प्रोफेसर रमेशचन्द्र तिवारी, गेशे येशे थबख्ये, अर्चा टुल्कू, भिक्षु लोब्जंग नोरबु शास्त्री का नाम याद आता है। अन्य नाम-अनाम मित्रों के सहकार से लदाख का प्रथम सांस्कृतिक सर्वेक्षण वर्ष १९७८ में सम्पन्न हुआ। इसकी रिपोर्ट यथासमय भारत सरकार को सिपुर्द की गयी। (फिर उसका क्या हुआ यह एक अलग खोज का विषय है।)

जो कुछ हो, संस्कृति जैसे संस्कार की परत-दर-परत है। इस सम्बन्ध में मुझे काठमांडो घाटी के एक संकुल का प्रतीक स्मरण हो आता है। वह है बुंगद्यः-लोकेश्वर-मत्स्येन्द्रनाथ। बुंगद्यः आदिम प्रस्तर शिला है। उस पर जब काठमांडो घाटी में बौद्ध धर्म का प्रवेश हुआ तो अवलोकितेश्वर की प्रतिमा और पूजा-पाठ का निर्माण हुआ। पुजारी वज्राचार्य हुए। फिर जब गोरखा शासन आया तो उन पर मत्स्येन्द्रनाथ के नाम का आदिकाल से मध्यकाल तक होता हुआ वर्तमान काठमांडो में आज भी विद्यमान है। इस प्रतीक का लदाख की संस्कृति को समझने में एक सीमा तक अर्थ है, सीमा के पार अनर्थ।

परम्परा एक से दूसरे तक परस्पर या सीधे और गुह्य और पवित्रता के भाव के साथ ही दी-ली जाती है। अगर यह सीधे न दी-ली जाये तो नष्ट हो जाती है।

इस बीच सिंधु में बहुत जल बह गया। प्रथम बल नहीं रहा। अन्तर-बाह्य अनेक शुभ-अशुभ परिवर्तन हुए। बाह्य रूप से अब लेह, लदाख ज्यादा सम्पन्न दीखता है। लेह बाजार में घुसते ही जो पुराना छोस्तेन था, वह नये प्रवेश-द्वार के आगे दब गया है, किनारे पड़ गया है, बहुत-सी नयी-नयी दुकानें आ गयी हैं। और उनमें देशी-विदेशी माल पटा हुआ है। बहुत से नये-नये मकान बन गये हैं। होटल खुल गये हैं। सड़कों पर टैक्सियाँ दौड़ रही हैं। युवा-युवतियों के कपड़े ज्यादा फेशनेबुल और सुगन्धित हैं। इत्यादि। यह तो समय के साथ होना ही होना है। किन्तु इस बाह्य बदलाव के साथ ऐसा लगता है कि जैसे मन भी बदल गया है। कुछ से कुछ हो गया है। सो भी होना ही होना है। सब अनित्य है, बदलता है, यह कोई पोथी में लिखने वाली बात नहीं है। यह तो होना ही होना है। जगत् के व्यवहार का नियम है। इसमें कितना शुभ है? कितना अशुभ? यह निर्णय करने वाले हम कौन हैं? काज़ी बनने वाला, तुलना करने वाला, मन तो दुःख देने वाला है।

जो हो, इसके बारे में लदाख से लेकर अरुणाचल प्रदेश की यात्रा कर मैंने

'कंटेम्परेरी चेंजेज एण्ड द हिमालयन बुद्धिस्ट्स' शीर्षक का एक निबन्ध इण्टरनेशनल एसोसिएशन ऑफ बुद्धिस्ट स्टडीज के चौथे अन्तर्राष्ट्रीय सम्मेलन में (यूनिवर्सिटी ऑफ विस्कांसिन, मैडिसन, संयुक्त राष्ट्र अमेरिका) में वर्ष १९८१ ई. में प्रस्तुत किया। अमेरिका में प्रसिद्ध तिब्बती विद्वान् गेशे सोपा ने उस सत्र की अध्यक्षता की थी। (यथासमय यह निबन्ध प्रो. पाण्डुरंग वामन बापट अभिनन्दन ग्रंथ, *अमला प्रज्ञा,* दिल्ली, १९८९ में प्रकाशित हुआ।)

प्राय: २५ वर्षों बाद उस निबन्ध को दुहराना तो न सम्भव है, न श्रेयस्। संक्षेप में उस निबन्ध में जिन परिवर्तनों का वर्णन-विश्लेषण किया गया है, वे हैं—१. हिमालय में धर्म राज के स्थान पर धर्मनिरपेक्ष राज और संविधान तथा सरकार की स्थापना; २. तिब्बत में चीन के आधिपत्य से सद्धर्म का नाश और परम पावन दलाई लामा के नेतृत्व में सृजनशील अल्पमत का तिब्बत से महाभिनिष्क्रमण; ३. गोनपा की केन्द्रीय सत्ता से च्युति; ४. रेडियो, ट्रांजिस्टर, टेलीविजन का प्रभाव; ५. सड़क, हवाई संचार के साधनों का प्रभाव; ६. भोट भाषा के स्थान पर अंग्रेजी, हिन्दी का बढ़ता चलन; ७. टूरिस्ट आगमन इत्यादि।

इनमें से प्रत्येक का अगर गम्भीरता और तफसील से वर्णन-विश्लेषण करें तो अति विस्तार हो जायेगा। अति विस्तार से सत्क्रिया, अच्छा काम तो नष्ट होने वाला है। अत: जिन्हें रुचि और अवकाश हो, वे उक्त निबन्ध देख सकते हैं। वैसे न पढ़ें और खुद अपनी आँखों से देखें, कानों से सुनें और काया से स्पर्श करें और मन ही मन गुनें तो और भी अच्छा है।

जो हो, प्राय: तीस वर्षों बाद इस यात्रा में आकर मुझे ये सब बदलाव जो बतलाये गये हैं, वे तो कम-बेश दीखते ही हैं, दो चीजें विशेष रूप से देखने में आयी हैं। एक तो लगता है कि जैसे बाहर की हवा के साथ मौसम बदल रहा है। लदाख तो शायद इस सृष्टि के प्रारम्भ से हाल-हाल तक एक ठण्डा मरुस्थल था, पहाड़ी रेगिस्तान, हिमालय पार का पठार जिसके इस पार भरत खण्ड और उस पार तिब्बत। इस बाबत एक कथा का उद्धरण—'लदाख के रास्ते में' शीर्षक यात्रा-वृत्तान्त (*दिनमान,* साप्ताहिक, नयी दिल्ली) में किया था। वह दुहराने जैसी है। सिद्ध नडपाद (नरोपा) को हिमालय पार के श्रद्धालुओं ने इस पार आकर धर्म उपदेश करने का बार-बार आग्रह किया। उनकी दुर्निवार श्रद्धा देखकर नरोपा ने आना स्वीकार किया। उनकी पत्नी दु-

जी-लामो ने पति के साथ आने की जिद की। नरोपा ने उन्हें मना किया। उस पार के लोगों को तुम्हारी गंध पसन्द न आएँगी, वह कठिन भूमि है, इत्यादि कह कर। किन्तु आज की स्त्रियों की तरह ही वह तब भी पति की आज्ञा कहाँ मानने वाली। साथ चलीं। जब वह सोनमर्ग पार कर ला (दर्रा) पर आयीं तो नरोपा ने उन्हें सख्ती से बरजा। इतना बस है। अब तुम यहाँ से लौट जाओ। कहते हैं कि दु-जी-लामो (जिनके नाम का अर्थ मुझे बताया गया चार मौसमों की देवी) कश्मीर घाटी की ओर मुँह कर और लदाख की ओर पीठ कर वहीं ला पर खड़ी रहीं। और उन्होंने कश्मीर घाटी को हर मौसम के सुख का वरदान और लदाख को सिर्फ शीत का शाप दिया। वह शाप लदाख में बहुत करके आज तक बना हुआ है। हाँ, कहते हैं कि जोजीला इन्हीं दु-जी-लामो के नाम का अपभ्रंश है। इस जोजीला दर्रे पर खड़े होकर मुझे वह कथा जीवन्त दीख पड़ी। ऐसा लगा जैसे विरहणी स्त्री अपनी लटें बिखराए आज भी कश्मीर घाटी को हर ऋतु का वरदान दे रही है और लदाख को शीत का शाप। जो हो, शायद यह न तो शाप है, न वरदान, लदाख की अपनी नियति है, प्रकृति है। किन्तु इस बीच जो लदाख खुला और नीचे की हवा आयी, सड़क आयी, पलटन आयी, गाड़ियों का 'कनवाइ' आयी, वनस्पति, पेड़-पौधे की रोपाई हुई तो उसके साथ-साथ लदाख का हवा-पानी, जलवायु भी जैसे बदल रहा है। पता नहीं यह किसी खास ग्रह-नक्षत्र का अस्थायी प्रभाव है, या मौसमी गरमी का दबाव है, मुझे तो दुनिया में वैश्विक गर्मी का प्रभाव देखने को मिला है, जैसे यूरोप में राइन नदी का ग्लेशियर पिघल कर पीछे-पीछे जा रहा है, गंगा का उद्गम गोमुख पीछे पिघल रहा है, आर्कटिक अंटार्कटिक की सनातन बर्फ पिघल रही है, हिमालय की अनादि वैदूर्य मणि-सी चमकती चोटियाँ नंगी हो रही हैं, इत्यादि देखकर भय है कि लदाख का मौसम बदल रहा है और यह जलवायु परिवर्तन एक गुजरती हुई आफत नहीं। बल्कि बनी रहने वाली है। अगर यह आशंका सही है तो भूगोल के इस बदलाव के साथ लदाख के मकान की छत, गोनपा की बनावट, स्थापत्य में भी बदलाव से बचत नहीं। शायद छतें ढालुआँ बनानी पड़ेंगी। और गोनपा के भित्ति-चित्रों, मूर्तियों वगैरह की रक्षा के लिए कुछ करना जरूरी होगा। इस भौगोलिक परिवर्तन का भी कुछ अशुभ-शुभ परिणाम होगा। जिन्दगी तो शुभ-अशुभ के ताने-बाने से बुनी जाती है और भूगोल से इतिहास और वर्तमान और भविष्य बदलता है। इस लिहाज से कुछ भौगोलिक परिवर्तन अब लदाख-जंस्कर पर्वतमालाओं

पर और घाटियों पर दस्तक दे रहा है। इसके कदमों की आहट हम भाँप कर कुछ इसके मुताबिक बदलाव लाएँ तो ही अच्छा लगता है।

इस बाह्य मौसमी परिवर्तन के साथ-साथ स्त्री-पुरुष सम्बन्धों में भी परिवर्तन दीख रहा है। जीना तो सम्बन्धों में होता है और फिर इन सम्बन्धों, संयोजनों को देखने में ही इनसे छुट्टी या मुक्ति या निर्वाण है। निर्वाण किसी तुषित लोक में जाना नहीं। संसार को जस का तस देख लेना ही उससे छुट्टी और ठोस रूप में स्त्री-पुरुष सम्बन्ध विचारणीय हैं। मुझे स्त्री-पुरुष सम्बन्ध का सीधा व्यक्तिगत वैसा अनुभव नहीं। फिर भी, ऐसा लगता है कि अनेक आर्थिक-सामाजिक कारणों से यह सम्बन्ध सब दूर बदल रहा है। लदाख में भी। इस बारे में, कैथरीन ई. हे, 'जेंडर, माडर्नाइजेशन, एण्ड चेंज' शीर्षक शोध निबन्ध (रीसेंट *रिसर्च ऑन लदाख-८,* नयी दिल्ली, १९९९, पृ. १७४-१९४) द्रष्टव्य है। एक अमेरिकी युवती ने लदाखी स्त्रियों के साथ जी कर और उनसे भेंट कर जो अनुभव प्राप्त किया है, वह बताता है कि वैसे तो एक-एक स्त्री की अलग-अलग स्थिति और नियति है, किन्तु आमतौर पर आधुनिकीकरण ने स्त्रियों का काम बढ़ा दिया है। और उनकी गतिविधि कम की है। वैसे देखने में तो इसका उल्टा भी दीखता है। पहले की तुलना में पानी लाने और ईंधन जुटाने में जो स्त्रियों का समय लगता रहा है, गृहस्थी के प्रपंच में, चूल्हे-चौके और प्रसव में जितनी मुसीबत रही है, वह बढ़ी है? या कमी है? ऊपर-ऊपर से कहना कठिन है। इस शोध-निबन्ध में आधुनिक स्त्री-दृष्टि से यह देखा गया है कि पुरुषों के नौकरी करने से, वेतन कमाने से उनका बाहर जाना-आना बढ़ा है और स्त्रियों का काम बढ़ा है, 'वर्क लोड' बढ़ा है। थोड़ी स्त्रियाँ पढ़-लिखकर कुछ सरकारी नौकरी पाती हैं। उनका काम दुगुना हुआ है। दफ्तर के या अस्पताल के या सड़क के या होटल के काम के साथ-साथ घर का काम, खाना बनाना, बच्चों का पालंन-पोषण दोनों ही उनके जिम्मे हैं। गोनपा आदि में आयोजित सभाओं में पहले की तुलना में स्त्रियाँ कम दीखती हैं। इसका कितना कारण 'वर्क लोड' बढ़ जाना है? कितना उनकी रुचि का बदलना है? टेलीविजन के सीरियल वगैरह में दिलचस्पी है, मनोरंजन के अन्य साधनों में उनका मन और समय लग रहा है, यह कहना कठिन है। जो हो, स्त्री धर्म का धारण करती है। परिवार और परम्परा का वहन करती है। जो स्त्री चाहती है वह पुरुष करता है। जो पुरुष चाहता है वह स्त्री करती है। स्त्री-पुरुष दोनों ही सदा से शिक्षा से मनोरंजन अधिक पसन्द करते हैं।

इधर मनोरंजन के साधन बढ़ गये हैं। अब शीत ऋतु में भी घरों में बैठकर गेसर गाथा, गाने सुनने वाले कितने हैं? और टी.वी., कम्प्यूटर, वीडियो गेम्स में जुड़ने वाले स्त्री-पुरुष कितने हैं? उनकी गणना कठिन है। फिर भी लदाख में ऊपर-ऊपर से तो लदाख की सांस्कृतिक धार्मिक विरासत के संरक्षण-संवर्धन की चिन्ता तो दीखती है। अन्दर-अन्दर क्या चल रहा है? यह कौन जानता है? अपने ही मन का भेद जानना कठिन है। तो दूसरे के मन को जानना और समूह मन को जानना तो और भी ज्यादा। जो कुछ हो, मन प्रधान है, मन अगुआ है, स्त्री का मन जिधर जाता है उधर पुरुष और पुरुष का मन जिधर जाता है उधर स्त्री। घर में तो स्त्री की प्रभुता है, बाहर पुरुष जो भी अकड़ दिखाए। जो भी हो, संक्षेप में, इतना तो कहा ही जा सकता है कि बाहर की हवा के लदाख में आने से स्त्री-पुरुष सम्बन्ध बदल रहा है। इस बदलाव के पेटे में शुभ-अशुभ दोनों हैं। इसमें से लदाख की परम्परा के संरक्षण-संवर्धन के लिए क्या संकेत मिलता है? यह चिन्ता का विषय है।

(३)

लदाख-खण्ड हिमालयी बौद्ध संस्कृति कोश का अंग है। हिमालय न तो हिन्दू है, न बौद्ध, न ईसाई, न मुसलमान, न सिख; हिमालय तो हिमालय है। कालिदास के शब्दों में 'हिमालयो नाम नगाधिराजः' हैं। इसके उत्तर में हिमालय नाम का पहाड़ का महाराज है। जो पृथ्वी का मानदण्ड है। दक्षिण सिन्धु और ब्रह्मपुत्र बीच गंगा-जमुना का मैदान है। बौद्ध भूगोल में मध्यदेश और हिमालय प्रत्यन्त प्रदेश। सिन्धु और ब्रह्मपुत्र और गंगा-जमुना आदि तो सभ्यता और संस्कृति की जीवन धारा है। यह कोश केन्द्रीय बौद्ध विद्या संस्थान के तत्त्वावधान में बनाने की योजना हैं। संस्थान के मानवीय और पूँजीगत संसाधन सीमित हैं। और उनके वैकल्पिक प्रयोग हैं। इसलिए चुनाव जरूरी हो जाता है। शायद इसी दृष्टि से इसे हिमालयी बौद्ध संस्कृति की सीमा में रखा गया। अन्यथा यह बिखर जाता।

अब बौद्ध संस्कृति की भी एक नहीं अनेक धाराएँ हैं। तीन यान हैं- श्रावकयान, प्रत्येक बुद्धयान और महायान। महायान के अन्तर्गत भी पारमितानय और मन्त्रनय हैं। इनमें से लदाख से लेकर अरुणाचल प्रदेश तक ऊँचे हिमालय और हिमालय पार भारतीय मूल और तिब्बती पल्लवन-पुष्पन 'फ्लावरिंग' वाले महायान बौद्ध धर्म

संस्कृति का प्रचार-प्रसार हुआ है। अशोक काल में ही माध्यंतिक भिक्षु से यह इतिहास प्रारम्भ होता है। लदाख में कनिष्क स्तूप और विहार का साक्ष्य परम्परा से प्राप्त है। किन्तु वर्तमान बौद्ध परम्परा तिब्बत से सिन्धु नदी के साथ जैसे लदाख में अवतरित हुई है। उसमें भी लिखित इतिहास तो लदाख के राजवंश से प्राप्त है। यह लंग-दरमा के दमन के पश्चात् द्वितीय उन्मेष से संगठित रूप में जाना जाता है। वैसे आचार्य नरेन्द्रदेव के शब्दों में "संस्कृति चित्त भूमि की खेती है।" इस खेती के लिए बीज तो पिछली फसल से ही प्राप्त हुआ है। संस्कृति का वह प्रथम बीज कब कहाँ से प्राप्त है, यह कहना कठिन है। अगर कोई इस सृष्टि का अध्यक्ष है तो शायद वह जानता है, शायद वह भी नहीं जानता। जो कुछ हो, हिमालय के इस लिंग (द्वीप) में ज्ञात इतिहास के पूर्व प्रथम स्त्री-पुरुष कौन थे? किस नस्ल के थे और उनके शील सैन संस्कार क्या थे? कहना कठिन है। किरात, दरद, मोनपा और एक क्षेत्र में आर्य नस्ल के होने का प्राचीन काल से उल्लेख है। फिर मध्य युग में इस्लाम के उदय के साथ पश्चिम एशिया से इस्लाम के धर्म-प्रचारकों के आने का भी इतिहास मिलता है। मुस्लिम आक्रमण और कश्मीर में मुस्लिम शासन का और बौद्ध संस्कृति के ह्रास का इतिहास भी मध्य युग में प्राप्त है। लदाख में वह संघर्ष आज भी एक अर्थ में जारी है। फिर जोरावर सिंह की विजय के साथ डोगरा हिन्दू शासन का भी इतिहास विदित है। भारत में अंग्रेजी राज की स्थापना और जम्मू-कश्मीर के साथ लदाख पर उनके वर्चस्व का इतिहास भारत की स्वतन्त्रता और कश्मीर के भारतीय गणतन्त्र में विलय के साथ ही अन्त होता है। इन राजनीतिक परिवर्तनों के बीच भी लदाख राजवंश इस प्रत्यन्त प्रदेश में अपनी स्वायत्तता कायम रखने में सफल हुआ। भूगोल ने इस क्षेत्र को स्वायत्तता प्रदान की है। किन्तु स्वतन्त्रता प्राप्ति के पश्चात्, विशेषकर वर्ष १९४८ ई. में पश्चिम से हुई घुसपैठ और १९६२ ई. में चीनी आक्रमण के पश्चात् लदाख क्षेत्र भारत से सड़क और हवाई यातायात और संचार के साधनों के कारण से जुड़ा। इसका लदाख के चित्त पर, चित्त भूमि पर, संस्कृति पर क्या प्रभाव पड़ा, यह खोज का विषय है।

लदाख की सांस्कृतिक परम्परा भी इसी प्रकार की निरन्तरता और परिवर्तन के दो पाटों के बीच बहती है, जैसे सिन्धु की धारा। इसमें से किसी एक पर्वत शृंखला को, पाट को ढहा देने का अर्थ है-खण्ड प्रलय। इस दृष्टि से लदाख की बौद्ध संस्कृति के संरक्षण और संवर्धन के लिए क्या करणीय है? यह लदाख के बौद्ध भिक्षु, आचार्य,

उपाध्याय ही तय करने के अधिकारी हैं। उसमें भी विद्या-आचरण सम्पन्न, शील-दर्शन सम्पन्न भिक्षु की भूमिका प्रधान है। गोनपा उसका भौतिक आयतन है, और भोट भाषा उसका माध्यम। बौद्ध संस्कृति की रक्षा बौद्ध धर्म के बिना नहीं। धर्म का दुविध फल है और लौकिक और पारमार्थिक दोनों ही दृष्टियों से फलदायक है। धर्म ही धारणा करने की, टिकने की, सीलन की, शील की भूमि प्रदान करता है। जैसे अन्तरिक्ष की उड़ान के लिए भी दृढ़ भूमि की आवश्यकता है, वैसे ही भौतिक आध्यात्मिक समृद्धि और सम्पन्नता की उड़ान के लिए भी धर्म की, शील की दृढ़ भूमि आधारभूत है। यह सिर्फ टूरिस्ट ढाँचा खड़ा करने से ही नहीं होने वाला। जैसे अगर हिंसा और प्रतिघात और आतंकवाद फैले तो यहाँ कौन अपनी जान गँवाने आएगा। या वीडियो कैमरा और धन और सम्पत्ति रूप बिना दिये छीना-झपटी शुरू हो, या काम मिथ्याचार हो, या व्यर्थ की बकवास और शोर-शराबा हो, और झूठ का व्यापार हो या नशे-पत्ते में धुत ड्राइवर बस या टैक्सी चलाएँ या दुकानदारी, तो टूरिस्ट धंधा भी नहीं चल सकता। और धर्म है यानी बौद्ध त्रिशिक्षा-शील, समाधि, प्रज्ञा है तो ही समृद्धि और सम्पन्नता है, अन्यथा नहीं। जहाँ शहद है वहाँ मधुमक्खी अपने आप आती है और मधु संचय कर बिना फूल को नष्ट किये उड़ जाती है।

हिमालय संस्कृति सर्वेक्षण में लदाख, किन्नौर और अरुणाचल प्रदेश में बौद्ध धर्मग्रन्थों, थंकाओं और पूजा-पाठ की सामग्रियों का एक सूची पत्र तैयार करने का काम शुरू किया गया। सरकार की ओर से पाण्डुलिपियों और कुछ गोनपाओं की भित्ति चित्रों आदि का, संरक्षण का काम हो रहा है। वर्ष १९५९ में बकुल रिनपोछे, प्रथम प्रधानमन्त्री पण्डित जवाहरलाल नेहरू के संरक्षण में और गोनपाओं के स्थानीय सहकार से बौद्ध दर्शन विद्यालय का आरम्भ किया। इसका प्रयोजन था कि जो विद्यार्थी पहले तिब्बत बौद्ध धर्म दर्शन और साधना के लिए जाते थे, वे अब तो वहाँ चीन के आधिपत्य के बाद जा नहीं सकते तो उनकी शिक्षा-दीक्षा की व्यवस्था यहीं की जाये। कालक्रम में यह विद्यालय केन्द्रीय बौद्ध विद्या संस्थान के रूप में भारत सरकार के अनुदान और संरक्षण में स्वायत्त संगठन के रूप में काम कर रहा है। इस बारे में जो शोधकर्ता हैं, उनके लिए डॉ. नवाङ छेरिङ का निबन्ध 'द फेट ऑफ ट्रेडिशनल एजुकेशन इन लदाख' (रिसेन्ट रिसर्च ऑन लदाख ४-५, १९९५) द्रष्टव्य है।

हमारी यह यात्रा इसी केन्द्रीय बौद्ध विद्या संस्थान द्वारा आयोजित अखिल

भारतीय पंच दिवसीय परिसंवाद (४-८ अगस्त, २००६) के निमित्त सम्पन्न हुई। परिसंवाद का विषय था–'चार ब्रह्म विहार' मैत्री, करुणा, मुदिता और उपेक्षा। हिमालय बौद्ध संस्कृति कोश की योजना भी इसी संस्थान के तत्वावधान में चल रही है। इस प्रत्यन्त प्रदेश में प्राचीन बौद्ध पंच महाविद्या और यत्किंचित आधुनिक समाज विज्ञान के समन्वय का जो संयोजन चल रहा है उसका सही मूल्यांकन करने का शायद अभी क्षण उपस्थित नहीं। यह संस्थान विश्वविद्यालय का दर्जा प्राप्त करने के क्रम में है। सो तो जरूरी है। मगर काफी नहीं। बौद्ध परम्परा की दृष्टि से यह तभी सम्भव और सार्थक है जब इससे विद्या-आचरण सम्पन्न, शील दर्शन सम्पन्न अध्यापक जुड़ें और ऐसे ही विद्यार्थी निकलें। सुझाव और कार्यक्रम देने वालों की कमी नहीं। आवश्यकता है विद्या-आचरण सम्पन्न कार्यकर्ताओं की। उसमें भी जैसे दीप से दीप प्रज्वलित होता है, वैसे ही प्रज्ञा से प्रज्ञा का दीप प्रज्वलित हो, और प्रज्ञा-उपाय का युगनद्ध सिर्फ थंका में, मूर्ति में नहीं लदाख में दैनन्दिन जीवन में घटित हो तो ही यह सम्भव है। ऐसी संघटना हो तो ही इस सबकी सार्थकता है, अन्यथा नहीं। यही प्रार्थना है : 'चिरं रक्खन्तु त्वं परन्ति'।

जो कुछ हो, न हो; अगर हम जैसे आये वैसे ही चले जाएँ और लदाख की संस्कृति का सुधार न करें तो कम-से-कम बिगाड़ न करें तो ही बस है। यथागतं, जैसे आएँ वैसे जाएँ, और हो सके तो इसे थोड़ा साफ-सुथरा और सुगन्धित करके जाएँ, तो ही बस है।

●●●